KB009465

대표패턴 1500

Common Patterns in English Conversation

by E&C

MENTORS

후다닥 하룻밤에 끝내는
영어회화 대표패턴 1500

2024년 7월 22일 초판 발행
2024년 10월 14일 2쇄 발행

지 은 이 Chris Suh
발 행 인 Chris Suh
발 행 처 MENTORS
경기도 성남시 분당구 분당로 53번길 12 313-1
TEL 031-604-0025 FAX 031-696-5221
mentors.co.kr
blog.naver.com/mentorsbook
* Play 스토어 및 App 스토어에서 '멘토스북' 검색해 어플다운받기!
등록일자 2005년 7월 27일
등록번호 제 2022-000130호
I S B N 979-11-980848-7-3
가 격 15,600원(MP3 무료다운로드)

PREFACE

계속 시작만 반복하고 있어

10년 영어를 해도 말 한마디 하지 못하는 것은 영어회화에 투자한 절대적인 시간부족이 주원인이긴 하지만 그에 못지 않게 영어회화학습의 요령부족에 기인하기도 한다. 들려야 말할 수 있다는 강박관념하에 많은 시간을 리스닝에만 할애하거나 영어회화 해보겠다고 오로지 단문의 영어문장을 암기하거나 상황별 영어회화에 집중한 탓도 무시 못할 원인이다. 심지어는 철없는 완벽주의(?)인지는 몰라도 부질없이 영어 처음부터 다시 시작한다고 비장한 각오로 문법부터 다시 시작하는 경우도 심심치않게 볼 수 있다. 차근차근 기초부터 다지겠다는 맘이야 가상하지만 결국에는 영어를 해도해도 못하는 동호회에 가입하게 될 뿐이다. 마치 100m 스타트를 잘 하겠다고 계속 출발연습만 하는 사람과 마찬가지인 셈이다.

기초자에게는 뭐니뭐니해도 패턴식 학습이 최고이다!

이제 그런 전철은 밟지 말자. 준비운동은 준비운동으로 끝내고 이젠 본론으로 들어가야 한다. 문법을 몰라도, 잘 안들려도 영어로 말할 수 있다. 가장 중요한 것은 거두절미하고 바로 영어회화교재로 영어회화공부를 하는 것이다. 그 안에 문법이 들어있고 또 하다 보면 자연 들리게 되어 리스닝도 해결될 수 있다. 영어를 해도 해도 안된다는 체념과 영어실력이 너무 딸린다는 푸념이야말로 영어회화의 가장 큰 장애요인이다. 이젠 나도 할 수 있다는 자신감으로 바로 영어회화에 도전해보자.그럼 영어로 말 한마디 못하는 기초자에게 가장 좋은 영어회화 학습방법은 무엇일까? 그것은 뭐니 뭐니해도 패턴식 학습법이다. 모든 언어가 그렇듯 영어에도 반복적으로 많이 쓰이는 패턴들이 있다. 이 많은 패턴들 중에서도 가장 기본적인 영어회화문장을 만들어내는 패턴들을 집중적으로 학습해야 한다. 패턴이란 문장이 아니라 여러 다양한 문장을 만들어내는 공식과도 같은 것이다. 물론 모든 문장을 패턴화할 수는 없지만 회화에서 많이 쓰이는 패턴들을 익혀두고 잘 활용할 수 있다면 초보가 처음 영어 말하기 하는 데 커다란 도움이 될 것이다.

어느새 자신도 모르게 영어회화문장이 입에서 술술~~

이 책 〈후다닥 하룻밤에 끝내는 영어회화대표패턴 1500〉은 영어회화를 처음 시도해보는 기초자 혹은 여러 번 시도해봤지만 한마디도 못하고 제자리에서 맴맴 도는 안타까운 사람들이 영어를 말할 수 있도록 꾸며진 영어회화학습서이다. 영어회화에서 가장 기본적이면서도 가장 많이 쓰이는 패턴들만 모아 모아서 1500개를 선정하였다. 영어회화를 하다보면 안쓰고는 못배기는 패턴들만 모았기 때문에 이 1500개의 패턴을 다 학습하고 무한반복하게 되면 어느새 영어회화문장이 입에서 술술 나오는 자신의 모습을 보게 될 것이다.

이 책의 특징

Common Patterns in English Conversation

❶ 영어말하는 데 꼭 필요한 기초적인 패턴 1500개를 모았다.

❷ 각 패턴의 가장 많이 쓰이는 핵심문장만을 달달 외우도록 수록하였다.

❸ 실제 패턴이 어떻게 쓰이는지 네이티브의 생생한 소리를 맛볼 수 있다.

❹ 알파벳으로 본격적으로 들어가기에 앞서 기본적으로 알아두어야 하는 핵심코아패턴을 정리하였다.

❺ 조금은 어려울 수도 있으나 회의 등에서 긴요하게 써먹을 수 있는 고급패턴도 일부 수록하였다.

이 책의 구성

Common Patterns in English Conversation

❶ 총 1500 여개의 패턴들이 알파벳 순서로 사전식으로 정리되어 있다.

❷ 알파벳 구성은
A-D,
E-H,
IJK,
L-T,
WY 등,
그리고 알파벳 시작에 앞서 보는 핵심코아 등 총 6파트로 대분되어 나뉘어져 있다.

A-D

❸ 각 파트가 끝날 때는 Check It Out!이 있어 실제 영어회화에서 각 패턴들이 어떻게 쓰이는지 보여주고 있다.

이책을 쉽게 보는 법

Common Patterns in English Conversation

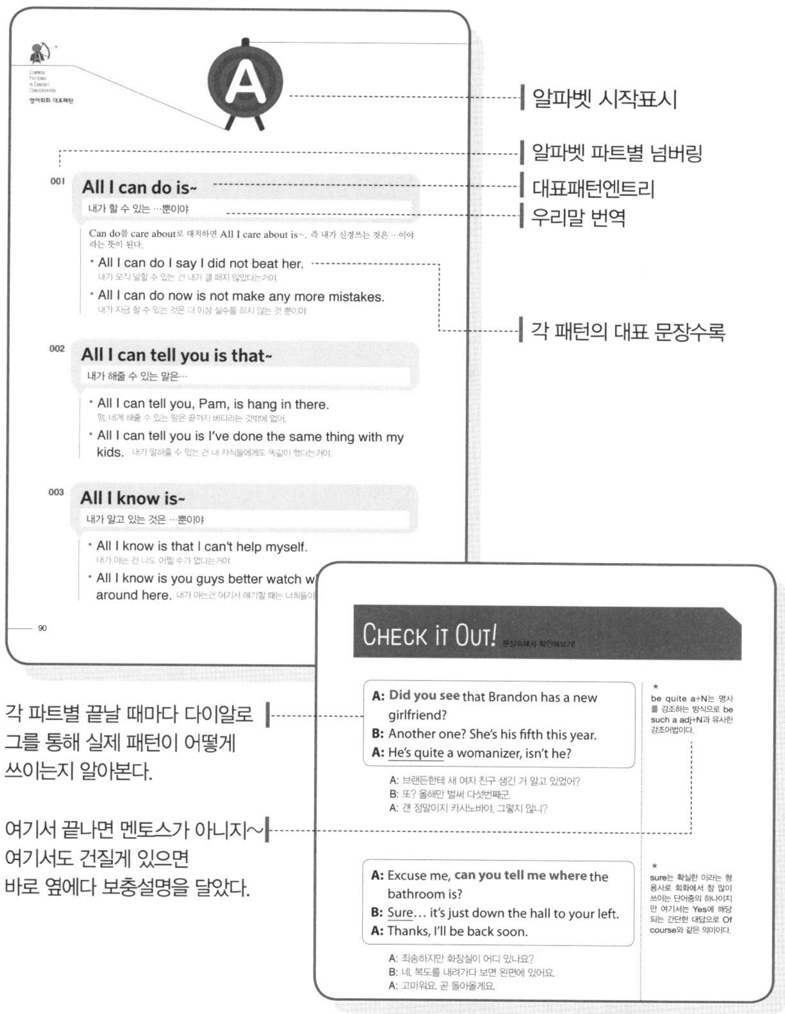
알파벳 시작표시
알파벳 파트별 넘버링
대표패턴엔트리
우리말 번역
각 패턴의 대표 문장수록
각 파트별 끝날 때마다 다이알로 그를 통해 실제 패턴이 어떻게 쓰이는지 알아본다.
여기서 끝나면 멘토스가 아니지~ 여기서도 건질게 있으면 바로 옆에다 보충설명을 달았다.

A

영어회화 대표패턴

001 **All I can do is~**

내가 할 수 있는 …뿐이야

Can do를 care about로 대치하면 All I care about is~. 즉 내가 신경쓰는 것은 …이야라는 뜻이 된다.

- All I can do I say I did not beat her.
  내가 오직 말할 수 있는 건 내가 걜 패지 않았다는거야.
- All I can do now is not make any more mistakes.
  내가 지금 할 수 있는 것은 더 이상 실수를 하지 않는 것 뿐이야.

002 **All I can tell you is that~**

내가 해줄 수 있는 말은…

- All I can tell you, Pam, is hang in there.
  팸, 네게 해줄 수 있는 말은 끝까지 버티라는 것밖에 없어.
- All I can tell you is I've done the same thing with my kids. 내가 말해줄 수 있는 건 내 자식들에게도 똑같이 했다는거야.

003 **All I know is~**

내가 알고 있는 것은 …뿐이야

- All I know is that I can't help myself.
  내가 아는 건 나도 어쩔 수가 없다는거야.
- All I know is you guys better watch w
  around here. 내가 아는건 여기서 얘기할 때는 너희들이

90

CHECK IT OUT! 문장속에서 확인해보기!

A: **Did you see** that Brandon has a new girlfriend?
B: Another one? She's his fifth this year.
A: He's quite a womanizer, isn't he?

A: 브랜든한테 새 여자 친구 생긴 거 알고 있었어?
B: 또? 올해만 벌써 다섯번째군.
A: 걘 정말이지 카사노바야, 그렇지 않니?

★ be quite a+N는 명사를 강조하는 방식으로 be such a adj+N과 유사한 강조어법이다.

A: Excuse me, **can you tell me where** the bathroom is?
B: Sure… it's just down the hall to your left.
A: Thanks, I'll be back soon.

A: 죄송하지만 화장실이 어디 있나요?
B: 네, 복도를 내려가다 보면 왼편에 있어요.
A: 고마워요. 곧 돌아올게요.

★ sure는 확실한 이라는 형용사로 회화에서 참 많이 쓰이는 단어중의 하나이지만 여기서는 Yes에 해당되는 간단한 대답으로 Of course와 같은 의미이다.

CONTENTS

Common Patterns in English Conversation

Common Patterns in English Conversation

후다닥 시작하기 전에 꼭 봐야 하는

1 have to

I have to~ 나 …해야 돼

have to는 「나 …해야 돼」라는 의미로 가볍게 말할 때 널리 쓰이며, 또한 구어체에서는 'have got to+동사원형,' 혹은 'got to+동사원형'으로 쓰이기도 한다

Samples

I have to **study for my exams.** 시험공부 해야 돼.

I have to **work late tonight.** 오늘 밤에 늦게까지 일해야 돼.

I have to **go to China on business.** 일 때문에 중국에 가야 해.

I have to **tell you.** 너한테 말해야겠어.

I have to **think about it.** 생각해봐야겠어.

You don't have to~ …할 필요는 없지, …하지는 않아도 돼

You don't have to+동사는 네가 …할 필요는 없지」, 「…하지는 않아도 돼」라는 의미로 상대방에게 충고하거나 혹은 「…할 것까진 없잖아」라고 항의할 때 쓰인다.

Samples

You don't have to **do it.** 그렇게 할 필요는 없어.

You don't have to **walk me home.** 집까지 바래다줄 것까진 없는데.

You don't have to **give me an answer right now.**
지금 당장 대답해야만 하는 건 아냐.

You don't have to **say you're sorry.** 미안하다고 말할 필요는 없어.

You don't have to **do anything special for me.**
넌 날 위해서 뭔가 특별한 것을 할 필요가 없어.

Do you have to~? 너 꼭 …을 해야 해?

Do you have to+동사?하게 되면 상대방이 처한 상황을 물어보는 것으로 「너 꼭 …을 해야 해?」라는 의미이다.

Samples

Do you have to **work tonight?** 오늘 밤에 일해야 해?

Do you have to **attend the meeting?** 그 회의에 참석해야 해?

Do you have to **do anything special at work?**
뭐 특별히 해야 할 업무라도 있어?

Do you have to **work on an important project?**
중요한 일을 해야 되는 거야?

Do you have to **go now?** 이제 가야 돼?

I had to~ …해야만 했어

과거에 자신이 어쩔 수없이 뭔가를 해야 되었다는 사실을 말할 때 사용한다.

Samples

I had to **break up with her.** 걔랑 헤어져야만 했어.

I had to **stay until everything was finished.**
다 끝날 때까지 남아있어야 했어.

I had to **go after her to the airport.** 난 공항까지 걜 뒤쫓아야 했어.

I had to **make do with milk in my coffee.**
커피를 탈 때 프림이 없어서 우유로 때웠다.

I had to **put on lotion.** 로션을 발라야했어.

2

need to

I need to~ …해야 돼

I need to+동사하게 되면 내가 뭔가를 꼭 해야 한다라는 의미의 패턴이 된다.

Samples

I need to **think about it.** 거기에 대해 생각 좀 해봐야겠어.

I need to **lie down.** 나 좀 누워야겠다.

I need to **go to see a doctor.** 의사한테 가봐야겠어.

I need to **borrow your phone.** 네 전화 좀 빌려야 되겠어.

I need to **go home early today.** 오늘 집에 일찍 가야 돼.

We need to~ 우리가 …해야 돼

주로 함께 얘기나 토의를 하자고 할 때 자주 쓰인다.

Samples

We need to **talk.** 우리 얘기 좀 해.

We need to **save more money. Am I right?**
우린 돈을 좀더 저축해야 돼. 내 말이 맞지?

We need to **get the forty-two bus.** 우린 42번 버스를 타야 돼.

We need to **get this job done by the end of the month.**
이 일은 월말까지 끝내야 돼.

We need to **discuss the meeting schedule.** 회의 일정 논의 좀 해야 돼.

I don't need to~ …하지는 않아도 된다

You don't need to~하면 상대방에게 「…하지 않아도 돼」, 「…할 필요없어」라는 뜻이 된다.

Samples

I don't need to **tell her.** 내가 걔한테 말해야 할 것까진 없잖아.

I don't need to **pay for it.** 내가 그 비용을 지불할 것까진 없잖아.

You don't need to **know.** 넌 몰라도 돼.

You don't need to **decide right now.** 지금 당장 결정하지 않아도 돼.

You don't need to **explain it to me.** 그걸 내게 설명할 필요없어.

Do you need to~? …해야 돼?

Do you need to+동사~?로 상대방이 …을 꼭 해야 하냐고 물어보는 표현으로 Do you need+명사~?가 되면 …가 필요하냐고 물어보는 뜻이 된다.

Samples

Do you need to **take a rest?** 쉬어야 돼?

Do you need to **go now?** 지금 가야 돼?

Do you need to **get up early tomorrow morning?** 내일 아침 일찍 일어나야 돼?

Do you need **a day off?** 하루 쉬어야 돼?

Do you need **an answer right now?** 지금 당장 답변이 필요해요?

3 want to

I want to~ …하고 싶어

내가 원하는 걸 말한다는 점에서 I'd like~와 같은 의미이지만 I'd like~가 부드러운 표현임에 반해 I want~은 친구 등 친밀한 사이에서 격의없이 말할 때 사용하는 표현

Samples

I want to **reconfirm my reservation.** 예약을 재확인하려구요.

I want to **thank you for helping me.** 도와줘서 고마워요

I want to **ask you something.** 뭐 좀 물어볼게.

I want to **make sure it's perfect.** 그게 완벽한지 확인하려고.

I want to **take a walk around the park.** 공원 근처에 산책하러 가려고.

I don't want to~ …하고 싶지 않아

부정으로 I don't want to~하게 되면 …하고 싶지 않아라는 의미가 된다.

Samples

I don't want to **be rude.** 무례를 범하고 싶지 않아.

I don't want to **lose you.** 너를 잃고 싶지 않아.

I don't want to **work overtime every day.** 매일 야근하고 싶지 않아.

I don't want to **live with my parents.** 부모랑 같이 살기 싫어.

I don't want to **go for a walk in the rain.** 비맞으며 산책하고 싶지 않아.

Do you want to~ ? ...할래?

상대방이 필요한 게 무언지 또 무엇을 하고 싶은지 등 상대방의 의향을 물어보거나 혹은 상대방에게 필요한 것을 권유하는 내용으로 ...할래?, ...하고 싶어?의 뜻이다.

Samples

Do you want to **go to a movie?** 영화보러 갈거니?

Do you want to **come see a movie with us?**
와서 우리랑 같이 영화볼래?

Do you want to **go get a drink?** 가서 한 잔할래?

Do you want to **go get something to eat?** 밖에 나가서 뭘 좀 먹을래?

4 like to

I like to~ …하는 것을 좋아해

내가 좋아하는 행동을 말할 땐 I like to+동사를 이용하면 되는데, 지금 현재 뭔가 하고 싶을 때 말하는 I'd like to+동사와 착각하지 말아야 한다.

Samples

I like to **watch TV.** 난 텔레비전 보는 걸 좋아해.

I like to **swim.** 난 수영하길 좋아해.

I like to **jog in the morning.** 난 아침에 조깅하는 걸 좋아해.

I like to **take walks alone.** 난 혼자서 산책하길 좋아해.

I like to **watch[watching] baseball games.**
난 야구경기 관람하는 걸 좋아해.

I like ~ing …하는 것을 좋아해

I like~는 I'd like~와 달리 to+V 뿐만아니라 ~ing도 목적어로 받는다.

Samples

I like **living here.** 난 여기 사는게 좋아.

I like **watching action movies.** 난 액션영화 보는 걸 좋아해.

I like **listening to pop songs.** 난 팝송 듣는 걸 좋아해.

I like **watching good movies on TV.** TV에서 좋은 영화 보는 걸 좋아해.

Now and then I like **smoking cigars.** 때때로 난 시가를 피는 것을 좋아해.

I don't like~ …하기 싫어해

I like to~/~ing(…하기를 좋아해)의 부정형태로 I don't like 다음에 to+동사나 ~ing을 붙이면 된다.

Samples

I don't like to **talk about it.** 거기에 대해서는 얘기하기 싫어.

I don't like to **see her.** 걜 보고 싶지 않아.

I don't like to **think about that.** 거기에 대해 생각하기 싫어.

I don't like to **ask[asking] him.** 걔한테 물어보기 싫어.

I don't like **doing the washing.** 세탁하는 걸 싫어해.

Do you like to~ …하는 것을 좋아해?

I like to+동사/~ing을 의문문형태로 바꾼 것으로 상대방에게 어떤 행위를 하는 것을 좋아하는지 물어보는 것이다.

Samples

Do you like to **play golf?** 골프치는 거 좋아해?

Do you like to **sing?** 노래부르는 거 좋아해?

Do you like to **hike?** 등산하는 거 좋아해?

Do you like to **watch basketball games?** 농구경기 보는 거 좋아해?

Do you like **working there?** 거기서 일하는 거 좋아해?

5 would like to

I'd like+N …을 원해요

'지금,' '현재' 내가 원하는 것을 표현하는 것으로 I want+명사와 비슷하다. – 일반적으로 내가 좋아하는 것을 말하는 I like+명사와는 구분해야 한다.

Samples

I'd like **a window seat.** 창가쪽 자리로 주세요.

I'd like **another beer.** 맥주 한잔 더 마실래요.

I'd like **that.** 그렇게 하고싶어. (상대의 말을 that으로 받아서)

I'd like **the same.** 같은 걸로 할게요. (음식주문 등의 경우)

I'd like **a round-trip ticket to New York.**
뉴욕행 왕복 항공권을 사고 싶은데요.

I'd like to~ …하고 싶어

I'd like 다음에 to+동사가 오면 지금 현재 뭔가 하고 싶은 것을 말한다. 역시 일반적으로 좋아한다는 I like to+동사와 헷갈리지 않도록 한다. I'd love to~와 같은 뜻이고, I want to+동사보다는 부드러운 표현이다.

Samples

I'd like to **go with you.** 너하고 같이 가고 싶어.

I'd like to **check in.** 체크인 하고 싶은데요.

I'd like to **order a large pizza.** 라지 사이즈 피자를 주문하고 싶어요.

I'd like to **know what you're thinking about.**
네가 뭘 생각하는지 알고 싶어.

I'd like to **talk[speak] to Simon.**
사이먼하고 얘기하고 싶어. (전화통화시 바꿔달라는 의미로도 쓰임)

Would you like+N? …할래요?, …을 줄까?

Would you like~?는 음식을 권하거나 뭔가 제안하며 상대의향을 물어보는 패턴. 특히 Would you like+명사?는 주로 음식 등을 권할 때 자주 사용된다. 상대방의 일반적인 기호를 물어보는 Do you like~?와는 구분해야 한다.

Samples

Would you like **something to drink?** 마실것 좀 드릴까요?

Would you like **some beer?** 맥주 좀 드릴까요?

Would you like **a small or a large size?**
작은 걸로 드실래요, 큰 걸로 드실래요?

Would you like **soup or salad with your lunch?**
점심식사에 곁들여서 수프를 드시겠습니까, 샐러드를 드시겠습니까?

Would you like **a glass of wine before dinner?**
저녁 먹기 전에 와인 한잔 하실래요?

Would you like to~ ? …할래요?

이번에는 like 다음에 명사가 아니라 to+동사가 온 경우로 주로 어떤 일을 함께 하자고 제안하면서 상대의향을 물어보는 말. 좀 더 캐주얼하게 말하려면 Do you want to+동사?를 사용하면 된다.

Samples

Would you like to **join us?** 우리랑 같이 할래?

Would you like to **go for a drive?** 드라이브 갈래요?

Would you like to **go out with me sometime?**
언제 한번 나랑 데이트 할래요?

Would you like to **come for dinner?** 저녁 먹으러 올래요?

Would you like to **eat at McDonald's?** 맥도널즈에서 먹을래요?

6 should

I should~ 나 …해야 돼

내가 …을 해야겠다고 말하는 것으로 주로 자리에서 일어날 때 자주 사용된다.

Samples

I should **go now.** 지금 가야 돼.

I should **be get going.** 가야 돼.

I should **go see what's going on.** 무슨 일인지 가서 봐야겠어.

I should **try something new.** 뭔가 새로운 걸 해봐야겠어.

I should **probably send a thank you letter to her.**
걔한테 감사카드를 보내야 할 것 같아.

Should I~? 내가 …해야 돼?

Should I+동사?'은 「내가 …을 해야 하는지」물어보는 것으로 상대방에게 조언을 구할 때 사용하는 패턴이다.

Samples

Should I **go there alone?** 거기 혼자 가야 하나?

Should I **take a taxi?** 택시를 타야 하나?

Should I **call him back?** 걔한테 다시 전화해줘야 하나?

Should I **take the northern route?** 북쪽 도로를 타야 하나요?

Should I **stop seeing Carla?** 칼라를 그만 만나야 하나?

You should~ …하는게 나아, …하는게 좋아

해야 한다라는 의미지만 must보다 강제성이 덜하다.You should~(…해야지) 형태로 상대에게 충고 · 조언을 할 때 사용한다.

Samples

You should **do that.** 당연히 그렇게 해야지.

You should **rest.** 너 좀 쉬어야겠다.

You should **talk to her.** 걔하고 얘길 해봐.

You should **ask her out.** 걔한테 데이트 신청을 해봐.

You should **help her[him] .** 걸 도와줘야지.

You shouldn't ~ …하지 마

You shouldn't+V~하게 되면 상대방에게 충고나 금지할 때 쓰는 표현으로 하지 마라, …하지 않는 게 좋겠어라는 의미가 된다.

Samples

You shouldn't **lie anymore.** 더이상 거짓말하면 안돼.

You shouldn't **eat so much chocolate.** 초콜릿 그렇게 많이 먹으면 안돼.

You shouldn't **spend so much money.** 그렇게 돈을 많이 쓰면 안돼.

You shouldn't **be so quick to judge!** 그렇게 섣불리 판단해선 안돼!

You shouldn't **say things like that.** 그렇게 말하면 안되지.

7

will

I will~ …할거야

be going to처럼 미래를 나타내는 조동사로 I will+동사하게 되면 내가 앞으로 그렇게 하겠다는 의지를 표현한다.

Samples

I'll **call you later.** 내가 나중에 전화할게.

I'll **take this one.** 이걸로 할게요. (물건을 살 때)

I'll **have the soup.** 전 스프를 먹을게요. (음식을 주문할 때)

I'll **do my best.** 최선을 다할게요.

I'll **show you around the city.** 이 도시 관광을 시켜드릴게요.

I won't ~ …하지 않을게

will~의 부정형태인 I will not~을 축약하게 되면 I won't~가 된다. won't의 발음은 [wount]로 want와 헷갈리지 않도록 주의해야 한다.

Samples

I won't **tell anyone.** 아무에게도 말하지 않을게.

I won't **let it happen again.** 다시는 그런 일 없도록 할게.

I won't **be at home on Friday.** 금요일에는 집에 없어.

It won't **be easy.** 쉽지 않을거야.

She[He] won't **want to go with me.** 걘 나랑 같이 가고 싶어하지 않을거야.

I will never~ 난 절대로 …하지 않을거야

I will not~의 강조형으로, 상대방 보고 You will never~하게 되면 넌 …하지 못하게 될거야라는 뜻이 된다. 물론 You will not~의 축약형인 You won't도 함께 익혀둔다.

Samples

I will never **get into medical school.** 난 절대로 의대에 안 갈거야.

I'll never **get through this.** 난 절대 못해낼 거야.

You'll never **believe it.** 이 얘기 못믿을 거야.

You will never **see me again.** 날 다시는 못보게 될거야.

You won't **regret this.** 이걸 후회하지 않게 될거야.

Will you~ ? …해줄래?

Will you~?로 시작하면 보통「…해줄래요?」라는 부탁의 의미로 좀 더 예의바르게 하려면 앞서 나왔던 Would[Could] you~?를 사용한다.

Samples

Will you **marry me?** 나하고 결혼해줄래?

Will you **help me?** 나 좀 도와줄래?

Will you **dance with me?** 나랑 춤출래?

Will you **please answer the phone?** 전화 좀 받아 줄래?

Will you **go with me?** 나랑 같이 갈래?

8 can

I can~ 난 …을 할 수 있어

can은 '능력,' '가능'을 나타내는 조동사로 「할 수 있다」는 의미이다. 또한 I can~은 「내가 상대방에게 …을 해주겠다」라는 뜻으로도 쓰인다.

Samples

I can **do it.** 난 할 수 있어.

I can **type this for you.** 이거 내가 타이핑해 줄게.

I can **drop you off when I leave.** 내가 갈 때 널 태워다 줄게.

I can **handle it by myself.** 혼자(내힘으로) 처리할 수 있어.

I can **download them on my cell phone.**
휴대폰으로 그것들을 다운로드 받을 수도 있어.

I can't~ 난 …할 수 없어

'I can+동사'의 부정형태인 'I can't+동사'의 패턴으로 – 내가 뭔가를 할 수 없음을 말할 때 사용한다. 특히 발음구분이 힘든데 can은 약하게 [큰], can't은 [캐앤]이라고 발음하면 된다.

Samples

I can't **hear you very well.** 네 목소리가 잘 안들려.

I can't **stop thinking about you.** 네 생각이 떠나질 않아.

I can't **watch a movie without popcorn.** 난 팝콘 없이는 영화 못봐.

I can't **do this anymore.** 더 이상은 이렇게 못해.

I can't **find my passport.** 내 여권이 안보여.

You can~ 넌 …할 수 있어, 넌 …해도 돼

이번에 반대로 주어가 'I'가 아니라 'You'로 바뀐 패턴으로 – 「넌 …을 할 수 있어」라며 상대방의 기운을 북돋아주고 싶을 때, 「…해도 좋다」, 「해도 된다」라고 상대방에게 허가를 할 때, 혹은 「…을 해라」라는 소프트한 명령문으로도 쓰인다.

Samples

You can **call me Bill.** 빌이라고 불러.

You can **board the plane now.** 이제 승선해주십시오.

You can **call me any time.** 언제든 내게 전화해.

You can **ask me anything you want to.** 뭐든 물어 봐.

You can **say that again.** 내말이 그말이에요.

You can't~ …하면 안돼

You can~이 허가인 반면 You can't~은 반대로 금지의 표현이 된다. You can't 하면 「넌 …하면 안돼」라는 의미이다.

Samples

You can't **change your parents.** 부모를 바꿀 수는 없잖아.

You can't **smoke in here.** 이 안에서는 담배 피우면 안돼.

You can't **miss it.** 놓칠래야 놓칠 수가 없어.

You can't **talk to her.** 걔한테 말하면 안돼.

You can't **give up.** 포기하지마.

Can I~ ? …해줄까?, …해도 될까?

Can I+동사?는 (내가) …해줄까」하고 제안하거나 혹은 「(내가) …해도 괜찮을까?」라고 미리 상대방의 허가를 구할 때 사용한다.

Samples

Can I get you something? 내가 너한테 뭐 좀 갖다줄까?. 뭘 드릴까요?

Can I pay by credit card? 신용카드로 계산해도 돼요?

Can I give you a ride? 태워다줄까?

Can I talk to you for a second? 잠깐 얘기 좀 할 수 있을까?

Can I ask you a question? 뭐 하나 물어봐도 될까?

Can you~ ? …해줄래?

Can you~? 형태를 쓰면 상대방에게 「…을 해달라」는 것으로 상대방에게 부탁할 때 혹은 뭔가 제안하면서 상대 의향을 물어볼 때 쓴다. 좀 더 정중하려면 끝에 please를 붙이거나 Could[Would] you ~?라 한다.

Samples

Can you get me some water, please? 물 좀 갖다줄래요?

Can you pass me the TV guide? TV가이드 좀 건네줄래?

Can you come to my party on Friday?
금요일에 내가 여는 파티에 와줄래?

Can you join us? 우리랑 같이 할래?

Can you meet me on Sunday? 일요일에 만날래?

9 could

I could~/I couldn't~ …할 수가 있어[없어]

could는 형태는 과거지만 문맥에 따라 can의 부드러운 용법으로 혹은 가정법으로 그리고 솔직하게 과거시제로 쓰이기도 한다.

Samples

I could even help you study if you want.
원한다면 공부도 도와줄 수 있어.

I couldn't help feeling sorry for her. 걔한테 미안해할 수밖에 없어.

I couldn't help myself because she was acting so hot.
걔가 너무 섹시하게 행동해서 나도 어쩔 수가 없었어.

I couldn't watch her suffer anymore.
난 걔가 고통당하는 걸 더 이상 볼 수 없었어.

I couldn't care less. I don't like politics. 알게 뭐람. 정치를 싫어해서.

You could~/You couldn't~ 넌 …할 수 있어/…해서는 안돼

시제일치상 과거로 쓰이지만 주로 부드러운 용법 혹은 가정법으로 현재의미로 사용된다.

Samples

You couldn't pay me to do it. 이걸 하라고 돈으로 시킬 수는 없어.

You could leave whenever you want. 원할 때 언제든지 가라.

You could spend time with your family.
넌 네 가족과 시간을 보낼 수 있어.

You couldn't do that during business hours.
근무시간에 그렇게 하지 마라.

You couldn't find a better roommate.
넌 더 좋은 룸메이트를 찾지 못할거야.

Could I~?/Could you~? …할까요?/…해줄래요?

Could I~?는 상대방에게 허락을 구하거나 부탁을 할 때 그리고 Could you~?는 상대에게 뭔가 해달라고 부탁하거나 뭔가 하자고 제안할 때 쓰는 것으로 공손한 느낌을 준다.

Samples

Could I **speak to Chris, please?** 크리스 좀 바꿔주세요

I'm sorry to trouble you, but could I **borrow a cell phone?**
귀찮게 해 미안하지만 핸드폰 좀 빌릴 수 있을까요?

Could you **do me a favor?** 부탁 하나 들어 줄래요?

Could you **recommend one for me?** 저한테 하나 추천해 주실래요?

Could you **check something on the computer?**
컴퓨터에 뭐 좀 확인할 수 있어?

I could have+pp~/I couldn't have+pp~ …할 수 있었어

could+have +pp는 과거에 그럴 수도 있었지만 실제로는 그러지 않았다는 의미로 우리말로 하면 …이었을 수도 있다라는 과거의 가능성을 각각 뜻한다.

Samples

You could have **taken the subway.** 지하철 탈 수도 있었잖아.

It could have **happened to anyone.** 누구한테나 일어날 수 있는 일인 걸요.

If I had had a key, I could have **gone in**
열쇠가 있었으면 들어갈 수 있었을텐데.

I could have **gotten him to propose.**
내가 걔한테 청혼하게끔 할 수도 있었을텐데.

I could have **saved those men.** 내가 그 사람들을 구할 수도 있었을텐데.

10 would

I would~ …할텐데, 가끔 …했어

형태는 과거형이지만 의미를 부드럽게 혹은 가정법일 경우에는 의미가 현재라는 점에 주의한다.

Samples

I would play the violin when I was young.
어렸을 때 간혹 바이올린을 켰어.

I would really appreciate it. 그래주면 정말 고맙지.

I would prefer non-smoking. 비흡연석으로 주세요.

I would think you'd be happy. 네가 행복할 거라고 생각했는데.

I would say that you are around 30 years old.
넌 한 30살 쯤으로 보이는데.

You would~ 넌 …할텐데

주로 종속절속에서 will의 과거형으로 시제의 일치나 가정법으로 쓰인다.

Samples

You told me you would call. 전화한다고 했잖아.

I'd appreciate it if you would let me know.
알려주시면 고맙겠어요.

You would feel more comfortable if Linda left the room.
린다가 방을 나갔으면 네 기분이 더 편할텐데.

You would tell me if there's anything wrong?
뭐 잘못되면 내게 말해줄테야?

You would do the same thing. 너라도 같은 일을 했을거야.

Would you~ ? …해줄래요?

더 공손히 하려면 Would[Could] you please ~?로 물어보면 된다.

Samples

Would you **have dinner with me sometime?**
언제 한번 저하고 같이 저녁식사 할래요?

Would you **lend me your phone?** 전화 좀 써도 될까요?

Would you **hold the line for a second?**
잠깐 끊지 말고 기다려 주실래요?

Would you **pass me the salt?** 소금 좀 건네 주실래요?

Would you **speak more slowly, please?**
조금 천천히 말씀해주시겠어요?

I would have+pp ~ …했었을텐데

과거에 일어나지 않은 상황을 표현하는 것으로 우리말로는 …했었을텐데라는 뜻으로 특히 가정법과거의 주절에서 많이 쓰인다.

Samples

Maybe you wouldn't have **failed your presentation.**
아마 프리젠테이션 망치지 않았을텐데.

If I had never met him this never would have **happened!**
그를 만나지 않았더라면 이일이 절대로 일어나지 않았을 텐데!

If I had known it, I wouldn't have **gone there.**
그 사실을 알았더라면, 거기 가지 않았을텐데.

If I had seen you, I would have **said hello.**
내가 널 봤더라면 인사 했겠지.

If he had not liked it, he would have **told you.**
그게 맘에 안들었으면 걔가 너한테 얘길 했겠지.

11 may

I may~/I may not~ 난 …일지도 몰라/난 …아닐 수도 있어

평서문에서 may는「…일지도 몰라」라고 자신없는 추측을 할 때 사용된다. 주어는 3인칭이 많이 쓰인다.

Samples

I may **have to move to Paris for my job.**
일 때문에 파리로 이사가야 할지도 몰라.

She may **be right.** 걔가[걔 말이] 맞을 지도 몰라.

It may **rain tomorrow.** 내일은 비가 올지도 모르겠어.

It may **be in your bag.** 그건 네 가방 안에 있을지도 몰라.

He may **come here first.** 걔가 여기 제일 먼저 올지도 몰라.

You may~/You may not~ …일 수도 있어/…없을지도 몰라

아직 잘 모르는 이야기를 할 때 쓰는 표현으로 …일 수도 있어, …할지도 모르겠다라는 말.

Samples

You may **go now.** 가도 돼.

You may **have a cancer.** 암일지도 모릅니다

You may **find this very hard to believe, but it's true.**
이거 믿기 어렵겠지만 사실이야.

You may not **get an opportunity to do that research.**
넌 그 연구를 할 기회가 없을지도 몰라.

You may **lose a chance to go to university if you fail the class.** 낙제하면 대학교에 입학할 기회를 잃을 수도 있어.

May I~ ? …해도 될까요?

상대방의 허가를 구한다는 점에서 Can I~?와 같은 의미이나 보통 손윗사람 · 낯선 사람에게 예의를 차려야 할 때 사용하는 패턴이다.

Samples

May I **come in?** 들어가도 되겠습니까?

May I **ask you a question?** 한가지 여쭤봐도 될까요?

May I **have your name again?** 성함을 다시 말씀해 주시겠어요?

May I **have your attention, please?** 주목해 주시겠습니까? (연설 시작 전에)

May I **see your boarding pass?** 탑승권을 보여 주시겠습니까?

I may have+pp …였을지도 몰라

과거의 불확실한 이야기를 할 때 사용하는 추측 패턴.

Samples

You may have **heard of it.** 아마 들어본 적이 있을 거야.

I may have **told a few stories about the old days.**
내가 과거에 대해 이야기를 좀 했을지도 몰라.

I may have never **said that, but now I did.**
내가 절대 그렇게 말했을 리가 없지만 지금은 그렇게 말했어.

I think I may have **asked all my questions.**
내가 할 질문들을 다 물어봤을 수도 있을 것 같아.

I was worried that I may have **caused some big problems.**
저 때문에 큰 문제가 생길까봐 걱정했어요.

12 might

I might~ …할거야

may의 과거형이지만 주로 현재의 의미로 may보다 …한 추측을 말한다.

Samples

I might be late. Can you wait? 늦을 것같아. 기다려줄래?

I might be about 30 minutes late. 한 30분 늦을 것 같아.

He mentioned that maybe I might quit.
걘 내가 그만두어야 할지 모를거라고 말했어.

I'm so worried that I might fail the exam. 시험에 떨어질까 걱정야.

I might get sick if I stay here. 내가 여기 남으면 아플지도 모르겠어.

You might (not)~ …일지도 몰라, 아닐지도 몰라

여기서 might는 무늬만 과거일 뿐 현재의 의미라는 것에 주의해야 한다.

Samples

You might be true. 네 말이 맞을지도 몰라.

You might take the blame for something you didn't do.
하지도 않은 일에 대한 비난을 뒤집어 쓸 수도 있다.

It's too cold. Don't go out. You might catch a cold.
너무 추우니 나가지마. 감기 걸릴지도 몰라.

Well, you might want to get used to it.
저기, 그거에 익숙하는 게 좋을거야.

I'm worried you might be a little cold. 네가 좀 춥지 않을까 걱정돼

It might~ …일지도 몰라

might의 주어는 3인칭인, he, she, it, 그리고 they로 많이 쓰인다.

Samples

It might **be true.** 사실일 수도 있어.

It might **be raining.** 비가 올지 몰라.

It might **help. Just try it.** 그게 도움이 될 수도 있으니 해봐.

She might **have a boyfriend.** 걘 남자친구가 있을지 몰라.

They might **decide to refuse my offer.**
그 사람들은 내 제안을 거절할지도 모른다구.

I might have+pp …했을지도 몰라

may[might]+have+pp는 …였을지도 모른다라는 뜻의 과거의 약한 추측.

Samples

I think I might have **killed him.** 내가 걜를 죽였을지도 모를 것 같아.

I think I might have just **found our murder weapon.**
금방 살인무기를 발견했을 수도 있을 것 같아.

If I had waited, I might have **lost my nerve.**
내가 기다렸더라면 내가 주눅이 들었을지도 몰라.

I might have **been hiding stuff.** 내가 물건들을 숨겨뒀을지도 몰라.

They might have **finished by writing quickly.**
걔네들은 빨리 작성해서 끝마쳤을지도 몰라.

13 must

I must~ 난 …해야 돼

must는 …해야 한다라는 의미로 강제성이 강한 조동사. 강제적인 측면에서 should나 ought to보다는 have to에 가깝다.

Samples

I'm sorry! I must be off right now. 미안해! 나 지금 바로 나가야돼.

I must be going. 나 가야 돼.

I must go now. 지금 가야 돼.

I must say good bye. 그만 헤어져야 돼.

I must say I'm disappointed in you. 너한테 실망했어.

You must~/You must not~ …해야 돼/…하면 안돼

You must(not)는 …해야 한다(하면 안된다)라는 금지의 패턴.

Samples

You must stop! You're a bad actor. 그만해! 연기 정말 못하네.

You mustn't go in there. 거기 들어가면 안되는데.

You must not hit your children. 애들을 때리면 안돼.

You must work on Saturday or on Sunday.
토요일 아니면 일요일 일해야 돼.

Never say die. You must keep trying.
약한 소리 마. 계속 시도해봐야 한다구.

You[He] must be~ …임에 틀림없어

You must be가 되면 추측을 나타내는 것으로…임에 틀림없다 정도가 된다.

Samples

You must be **very upset about that.** 엄청 열받아있겠구만.

You must be **new here.** 여긴 잘 모르시겠네요.

You must be **very proud.** 무척 자랑스러우시겠어요.

There must be **a bad connection.** 연결상태가 안좋은가봐.

He must be **with a client.** 그는 고객과 함께 있어요.

must have+pp …였음에 틀림없어

must+have+pp라 하게 되면 …이었음에 틀림없다

Samples

It must've **been terrible.** 끔찍했겠구만.

You must have **been hungry.** 배고팠겠구만.

I left the door open and she must have **gotten out.**
난 문을 열어놓아서 걔가 나갔음에 틀림없어.

It's so pretty. This must have **cost him a fortune.**
정말 예쁘네. 걔 돈 많이 들어갔겠다.

She must have **had her hands full.** 걔가 무척 바빴던 게 틀림없어.

14 have

I have~ …을 갖고 있어, …가 있어

I have 다음에 물건, 사람, 돈 등 형체가 있는 명사가 오는 경우로 「…를 가지고 있다」, 「…가 있다」라는 의미로 쓰인다.

Samples

I have **four tickets to tonight's game.**
나한테 오늘밤 경기 입장권이 네 장 있어.

I have **a date tonight.** 오늘 밤에 데이트가 있어.

I have **a job interview next week.** 다음 주에 면접이 있어.

I have **a meeting at three.** 내가 3시에 회의가 있어.

I have **a sore throat.** 목이 따끔따끔해.

I have~/I'll have~/I had~ 먹다, 먹을게, 먹었다

have 다음에 음식을 나타내는 명사가 오는 경우로 의미는 「…을 먹다」라는 뜻이 된다. 먹었다는 I had~, 그리고 …을 먹겠다고 할 때는 I'll have~가 된다.

Samples

I usually have **lunch at noon.** 난 보통 정오에 점심을 먹어.

I'll **have a beer.** 난 맥주 마실래요. (음식주문시)

I'll **have a ham sandwich and some milk.**
햄샌드위치하고 우유 좀 먹을래요.

I had **steak for dinner.** 난 저녁으로 스테이크 먹었어.

I had **dinner with her yesterday.** 나 어제 걔하고 저녁 먹었어.

I'm having~ …해

현재 진행중인 상황이나 가까운 미래의 일을 언급할 때 사용하면 된다.

Samples

I'm having a party tonight. Can you come?
오늘 밤 파티 할건데. 올래?

I'm having drinks with friends. 난 친구들과 술 마시고 있어.

I'm having a little chat with her. 난 걔랑 좀 얘기나누는 중이야.

I don't want to go. I'm having fun. 가기 싫어. 재밌다고.

I'm having a good time. 좋은 시간을 보내고 있다.

I don't have~ …가 없어

I don't have~는 반대로 …가 없어라고 말을 할 때 사용한다. 강조를 하려면 I don't have any~를 쓰면 된다.

Samples

I don't have a choice. 선택의 여지가 없어.

I don't have time (for this). (이런 거 할) 시간이 없어.

I don't have any brothers. 형제가 아무도 없어.

I don't have any money[cash]. (현금) 돈이 하나도 없어.

I don't have any questions. 아무런 질문도 없어.

I have no~ …가 없어

I have~의 부정형태는 일반적으로 I don't have~가 있지만 I have no+명사로 간단히 사용해 「나 …가 없어」라고 말해도 된다.

Samples

I have no **idea.** 몰라.

I have no **choice.** 선택의 여지가 없어.

I have no **friends.** 친구가 없어.

I have nothing **to say.** 할 말이 없구나. [얘기 안할래]

I have no **time to see you.** 널 만날 시간이 없어.

You have~ 너 …이네, …하구나

You have 역시 다양한 명사를 목적어로 취하면서 다양한 문장을 만든다. 「네게 …가 있다」, 즉 「너 …하구나」, 또는 「너 …이구나」 정도의 의미이다.

Samples

You have **a medical appointment today.** 오늘 병원 예약이 되어있지.

You have **a large family.** (당신 가족은) 대가족이네요.

You have **a good memory.** 기억력이 좋으시네요.

You have **a call from Mr. Kobs.**
콥스 씨에게서 전화 왔어요. (전화를 바꿔주면서)

You have **a lot of friends.** 친구들이 많으시군요.

You don't have~/You have no~ 넌 …가 없어

You have~의 부정으로 You don't have~ 혹은 You have no~라고 하면 된다.

Samples

You probably feel like you don't have a chance.
아마 기회가 없다고 느낄지도 몰라.

Don't try to tell me you don't have it. 너한테 없다고 말하지마.

You don't have the guts. 넌 배짱이 없어.

You're sure you have no money? 정말 너 돈 없어?

You have no idea how much I hate her.
내가 걜 얼마나 싫어하는지 넌 모를거야.

Do you have~ ? 너 …갖고 있어?

Do you have+명사~?는 상대방에게 「…갖고 있느냐」라고 물어보는 패턴. 유형 · 무형의 여러가지 명사들이 올 수 있으며 의미는「너 …갖고 있니?」

Samples

Do you have kids? 자녀가 있나요?

Do you have a room for tonight? 오늘밤 묵을 방 있나요? (호텔 등에서)

Do you have time to have dinner? 저녁 먹을 시간 있어요?

Do you have time to talk about the meeting?
회의에 대해 얘기할 시간 있어요?

Do I have time to get a coffee before we go?
가기 전에 커피 한잔 마실 시간 있을까요?

Do you have any~ ? 뭐 …가 있어?

Do you have any+명사?는 「뭐 …가 있어?」라는 의미의 문장으로 질문의 초점은 명사의 있느냐 없느냐에 맞춰져 있다

Samples

Do you have any **questions?** 질문 있나요?

Do you have any **plans?** 무슨 계획이라도 있어?

Do you have any **idea?** 뭐 좀 아는 것 있어?

Do you have any **other brands?** 다른 상표(의 상품)은 있나요?

Do you have any **beer?** 맥주 있니?

Did you have~ ? …가 있었어?

Do you have~?의 과거형으로 have 다음에는 명사를 넣으면 된다.

Samples

Did you have **fun with her?** 걔하고 재밌었어?

Did you have **a nice weekend?** 멋진 주말 보냈어?

Did you have **a chance to check it?** 확인할 기회가 있었어?

Did you have **a meeting with her yesterday?** 걔랑 어제 회의했어?

How many drinks did you have **last night?**
지난 밤에 술을 몇 잔이나 마셨어?

15 have got/get

I've got~ …가 있어

have got은 구어체표현으로 have와 별반 다를 것 없이 쓰인다. 즉 have got+명사는 have+명사와 똑같이「…을 갖고 있다」는 의미. 하지만「갖고 있다」이외 딴 의미의 have는 have got으로 대체불가.(have lunch≠> have got lunch)

Samples

I've got **four tickets.** 나 티켓 네 장 갖고 있어.

I've got **a date.** 나 데이트가 있어.

I've got **an idea.** 나한테 생각이 있어.

I've got **two kids.** 애가 둘이에요.

I've got **a plan.** 나한테 계획이 있어.

You've got~ 네게 …가 있어

You have~와 같은 의미로 생각하면 된다.

Samples

You've got **nothing to lose.** 손해볼 게 없어.

You've got **a meeting at three.** 3시에 회의 있어요.

You've got **to be kidding!** 농담말아, 웃기지마!

You've got **a bunch of kids at home.** 넌 집에 아이들이 아주 많아.

You've got **a lot of nerve.** 넌 용기가 많아.

I got~ …을 받았어, 얻었어

get이「받다」(receive)라는 의미로 쓰이는 기본적인 경우를 보자. 이때 get은 돈을 주고 사거나 어디 가서 가져오거나 누가 거저 주었거나 어쨌든「손에 넣는 것」을 의미한다.

Samples

I got an e-mail from her. 걔한테서 이메일 받았어.

I got a new swimsuit at the store. 그 상점에서 새 수영복을 샀어.

I got my driver's license. 운전면허를 땄어.

I got a promotion. 나 승진했어.

I got a new job. 새 일자리를 구했어.

I got+장소명사 …에 도착했어

get home으로 대표되는 get+장소명사 패턴은「…에 다다르다」,「도착하다」라는 의미로 쓰인다. 특히 get there(그 곳에 도착하다), get here(여기에 오다)가 많이 쓰인다.

Samples

I got home after work. 퇴근 후에 집에 왔어.

I got downstairs for dinner. 저녁을 먹으려고 아래층에 내려갔지.

I got there on time. 난 거기 제시간에 도착했어.

I will let you know when I get there. 도착하면 알려줄게.

There's only one way to get there. 거기 가는 길은 딱 하나야.

get+형용사 …해지다

get 뒤에 형용사가 오면 「…하게 되다」, 「…해지다」라는 의미의 패턴으로 전통적인 동사인 become의 의미와 같게 된다

Samples

I got fat. 나 살이 쪘어.

I got really mad at him. 나 걔한테 엄청나게 화났었어.

I get red when I drink. 술을 마시면 난 빨개져.

It's getting better[worse]. 점점 나아지고[나빠지고] 있어.

My feet are getting cold. 발이 차가워지고 있어.

get+pp …해졌어

get+과거분사는 be+과거분사 문장에서 be동사 대신 쓸 수 있다. be동사 대신에 쓰여 과거분사의 '동작'을 강조하는 패턴이다. 의미는「과거분사의 상태가 되다」라는 것.

Samples

I'm getting married in May. 나 5월에 결혼해.

I got fired today. 나 오늘 해고됐어.

I got drunk. 나 취했어.

I got locked out. 열쇠도 없이 문을 잠그고 나와버렸네.

He got caught by the police. 그 사람은 경찰에게 붙잡혔어.

get sb sth …에게 …을 갖다주다

get에 목적어가 두 개 연속으로 붙는 경우로 get+사람+사물하면 「…에게 …을 갖다주다」 혹은 「사다주다」라는 의미가 된다. 이때 순서를 바꾸어쓰면 get+사물+to 사람 형태가 된다는 점에 주의하자.

Samples

I'll get you **some coke.** 내가 너한테 콜라 갖다줄게.

He got me **an expensive dress.** 걔가 나한테 비싼 옷 사줬어.

Let me get you **a piece of pie.** 너한테 파이 한조각 갖다줄게.

Could you get me **a newspaper?** 나한테 신문 좀 갖다줄래요?

Can you get me **a taxi, please?** 택시 좀 잡아줄래요?

get+N+adj …을 …하게 하다

get+명사 다음에 '형용사'가 오는 get+명사+형용사의 형태. 「주어가 목적어를 형용사의 상태로 만든다」는 의미로 make+명사+형용사와 같은 구문이다

Samples

He always gets me **upset.** 걘 항상 날 화나게 해.

I can't get my hands **warm.** 손을 따뜻하게 할 수가 없네.

Nothing can get him **mad.** 그 어떤 것도 걜 화나게 만들 수 없어.

We must get dinner **ready.** 저녁을 준비해야 돼.

Don't get me **wrong.** 오해하지마.

16 have got to

I've got to~ …해야 돼

have got은 have와 같은 의미로 보면 have got to~ 역시 have to와 동일한 뜻이 된다. 의미는 「…해야 한다」는 뜻

Samples

I've got to **go.** 나 이제 가봐야 해.

I've got to **tell you.** 너한테 말해야겠어.

I've got to **go back to my office.** 난 사무실로 돌아가 봐야 해.

I've got to **do something now.** 난 이제 뭔가 해야만 해.

I've got to **get back inside and shower.** 이제 들어가서 샤워해야겠어.

You've got to~ 넌 …해야 돼

역시 You have to+V와 같은 의미의 패턴.

Samples

You've got to **be careful.** 조심해야 돼.

You've got to **help me!** 나 좀 도와줘야 돼!

You've got to **be kidding!** 농담말아, 웃기지마!

You've got to **hold my hand.** 내 손을 잡아줘야 돼.

You've got to **apologize to me.** 넌 내게 사과해야 돼.

17

had better

I'd better~ …하는게 좋겠어

자기가 뭔가를 해야하는 상황을 말하는 것으로 주로 뭔가 시작하거나 출발할 때 자주 사용된다.

Samples

I'd better get going. 출발해야겠어.

I'd better get back to work. 다시 일해야겠어.

I'd better get a move on it. 빨리 서둘러야겠어.

We'd better go. The movie starts in 20 minutes.
우린 가야 돼. 영화가 20분 후에 시작해.

We'd better get started. Wouldn't you say?
시작하는 게 나을 것 같아. 안 그래?

You'd better~ …해라

You'd better+동사는 보통 친구나 아랫사람에게 하는 말로 …해라, …하는 게 좋을 것이라는 뜻으로 충고내지는 문맥에 따라서는 경고로 쓰이기도 한다. 보통 줄여서 You'd better, I'd better, we'd better로 쓰고 아예 had를 빼고 I(We, You) better+V 라고 쓰기도 하고 심지어는 인칭도 빼고 Better + V 라 쓰기도 한다.

Samples

You'd better be on time tomorrow. 내일 늦지 않도록 해라.

You'd better get used to it. 적응하도록 해라.

You'd better do it now. 그거 당장 하는 게 좋을 걸.

You'd better be careful. 조심해라.

You'd better not to use my hair dryer. 내 헤어드라이어기 쓰지 마라.

18 be going/be going to

I'm going to+장소명사 …로 가(갈거야)

I'm going 다음에 부사(there), to+장소명사가 오는 경우로 「…로 갈 것이다」, 「…로 가고 있는 중이다」라는 뜻이다. 또한 I'm going+~ing해도 「…에 가다」, 「…하러 가다」라는 패턴이다.

Samples

I'm going to **the library.** 나 도서관 가는 중이야. [갈거야]

I'm going to **Canada this summer.** 올 여름엔 캐나다에 갈거야.

I'm going to **the game tonight.** 오늘 밤 경기에 갈거야.

I'm going **fishing next weekend.** 다음 주에 낚시하러 갈거야.

I'm going **jogging tomorrow morning.** 내일 아침에 조깅하러 갈거야.

I'm going to+V …할거야

I'm going to+동사는 「…할 거야」라는 의미로 미래의 일을 언급한다. 여기서 be going to에서 go의 의미는 없고 단순히 will과 미래를 표시한다.

Samples

I'm going to **get a driver's license.** 운전면허를 딸거야.

I'm going to **marry her someday.** 언젠가 걔랑 결혼할 거야.

I'm going to **practice English every day.** 매일 영어공부 할 거야.

I'm going to **stay for a week.** 일주일간 머무를 거야.

I'm going to **let him borrow five hundred dollars.**
걔한테 500달러 빌려주려고 해.

I'm not going to+V …하지 않을거야

앞으로 …하지 않을거야라는 의미이고 주어를 바꿔서 You're not going to+V하게 되면 넌 …하지 못할거야라는 패턴이 된다.

Samples

I'm not going to let it happen again. 다시는 그러지 않도록 할게.

I'm not going to die that easy. Don't worry about that.
그렇게 쉽게 난 안 죽을거야. 걱정마.

I'm not going to spend all of the money on one party.
한 파티에 돈을 몽땅 쓰지는 않을거야.

You're not going to end up alone. 넌 결국 외롭게 끝나지 않을거야.

You are not going to believe what I just did.
내가 방금 뭘 했는지 믿지 못 할거야.

Are you going to+V? …할거야?

상대방이 앞으로 …할건지 의향을 물어보는 표현. 단 Are you going to+장소명사가 오게 되면 …로 갈거냐라고 물어보는 패턴이 된다.

Samples

Are you going to the party tomorrow night?
내일 밤 파티에 갈 거니?

Are you going to the Halloween Party? 할로윈파티에 갈거야?

Are you going to ask Kate on a date? 케이트한테 데이트 신청하려고?

Are you going to be here on the weekend?
주말에 여기 있을 건가요?

Are you going to attend the meeting? 회의에 참석할거야?

19 used to

I used to+V 예전에 …했어

'used to+동사'는 예전에 정기적으로(regularly) 뭔가를 했다는 의미이다. 「…에 익숙해지다」라는 be[get] used to+명사와 헷갈리지 않도록 한다.

Samples

I used to **go there.** 예전에 거기 다녔다.

I used to **jog every day.** 예전에 매일 조깅을 했죠.

I used to **drink a lot in college.** 대학때 과음하곤 했어.

I used to **be just like you.** 나도 전엔 너 같았어.

We used to **skip school together.** 우린 학교를 빼먹곤 했어.

You used to~ 예전에 …하곤 했었지

상대방이 예전에 규칙적으로 뭔가 했던 것을 말하는 표현법. 참고로 Did you used to+V?하게 되면 상대방에게 예전에 …하곤 했었지?라고 물어보는 패턴이 된다.

Samples

You used to **like playing the piano.** 넌 피아노치는 걸 좋아하곤 했는데.

You used to **go by the name of "Sam."** 넌 '샘'이란 이름으로 통했었어.

You used to **tell me the story all the time.**
넌 항상 그 얘기를 내게 들려주곤 했었어.

You used to **watch TV for hours every day.**
넌 매일 수시간 TV를 보곤 했었어.

What kind of guys did you used to **go out with?**
넌 어떤 아이들하고 어울려 돌아다녔었어?

He[They] used to~ 걔는 …하곤 했었어

주어만 3인칭으로 바뀐 패턴으로 역시 과거의 규칙적인 습관을 말한다. 참고로 There used to~하게 되면 「과거에 …가 있었다」라는 의미가 된다.

Samples

She used to be his wife. 그 여잔 예전에 그 사람 부인이었어.

They used to work together. 그 사람들은 예전에 같이 일했었어.

He used to play baseball with Tim. 걘 예전에 팀하고 야구를 하고 놀았지.

He used to get drunk and beat up my mom.
술 취해서 엄마를 때리곤 했어.

There used to be a crazy old lady who lived here.
예전에 여기에 노망난 할머니가 사셨었어.

get used to …에 적응하다

used to는 그 자체가 조동사로 앞에 be나 get이 붙지 않는다. 따라서 get used to 하게 되면 used to하고는 전혀 상관없는 표현으로 …에 적응하다라는 전혀 다른 뜻.

Samples

You have to get used to it. 적응해야지.

I'm sorry to say I'm getting used to it.
미안한 말이지만 난 이제 적응이 되고 있어.

I'm getting used to driving at night. 밤에 운전하는데 적응하고 있어.

Did you get used to the weather in Canada?
캐나다의 날씨에 적응했나요?

I'm just not used to being treated like such a girl.
난 그런 여자로 취급당하는데 적응되지 않아.

20 should have+pp

I should have+pp …했어야 했는데

과거에 대한 후회의 감정이 듬뿍 담긴 문장으로 과거에 「…을 했어야 했는데」 그때 그러지 못했다는 내용이다.

Samples

I should have **gotten up early this morning.**
오늘 아침에 일찍 일어났어야 했는데.

I should have **double checked my ticket.**
표를 다시 한번 확인해봤어야 했는데.

I should have **asked him.** 걔한테 물어봤어야 했는데.

I made a mistake. I should have **told you.**
내가 실수했어. 네게 말했어야 했는데.

I should have **told you about that earlier.** 더 빨리 네게 말했어야 했는데.

I shouldn't have+pp …하지 말았어야 했는데

반대로 하려면 shouldn't have+pp로 하면 된다.

Samples

I shouldn't have **said yes[that].** 승낙하지[그렇게 말하지] 말았어야 했는데.

I shouldn't have **asked.** 물어보지 말았어야 했는데.

I shouldn't have **bought this new car.** 이 새 차를 사지 말았어야 했는데.

I shouldn't have **met him.** 걜 만나지 말았어야 했어.

I screwed up. I shouldn't have **lied.**
내가 망쳤어. 거짓말하면 안 되는 거였는데.

You should have+pp 넌 …을 했어야 했는데

상대방이 과거에 했어야 했는데 하지 못한 일을 아쉬워하면서 하는 패턴.

Samples

You should have **seen it.** 넌 그걸 봤어야 했는데.

You should have **been here hours ago.** 몇시간 전에 도착했어야 하잖아.

I was worried about you... you should have **called.**
걱정했잖아… 전화를 했어야지.

You should have **said something before I met her.**
걔 만나기 전에 얘기를 해줬어야지.

You should have **seen Chris play last night.**
지난밤에 크리스가 경기하는 것을 봤어야 하는데.

You shouldn't have+pp …을 하지 말았어야 했는데

반대로 부정형으로 쓰면 과거에 하지 말았어야 되는 일을 한 경우에 질책하면서 쓸 수 있는 표현이다.

Samples

You shouldn't have **done this(that).**
이럴 필요까지는 없는데. (특히 선물을 받을 때)

You shouldn't have **come here.** 넌 여기에 오지 말았어야 하는데.

You should not have **said that.** 넌 그렇게 말하지 말았어야 했는데.

You shouldn't have **left me in there.**
날 그곳에 내버려 두지 말았어야 했어.

You shouldn't have **gone in his apartment.**
넌 걔 아파트에 들어가지 말았어야 했는데.

21 have+pp

I have+pp ...했어

과거행위가 현재까지 영향을 미치는 경우인 현재완료(have+pp)는 계속되다가 방금 막 끝난 '동작,' '경험'(…한 적이 있다), 지금도 계속되고 있는 '상황, 그리고 결과(…해버렸다) 등을 표현할 때 쓴다.

Samples

I have **lost my key.** 열쇠를 잃어버렸어.

I have **visited New York.** 뉴욕에 가본 적이 있지.

I have **been in New York for 3 years.** 3년째 뉴욕에 살아.

I have **planned a very special day for us tomorrow.**
내일 아주 특별한 행사를 가지려고 계획했어요.

I've **decided to break up with her.** 걔랑 헤어지기로 결정했어.

I haven't+pp 난 ...하지 않았어

I have+pp의 과거형으로 과거부터 시작을 했으나 아직 마무리 못했거나 혹은 하지 못한 일을 말할 때 사용하면 된다.

Samples

I haven't **decided yet.** 아뇨, 아직 못정했는데요.

We haven't **thought about that stuff.** 그거에 대해 생각해본 적이 없어.

I haven't **made up my mind yet.** 아직 결정을 못했는데.

Do we have to do this now? I haven't **had my coffee yet.**
우리가 지금 이거 해야 돼? 난 아직 커피도 못마셨는데.

I haven't **called him in a while.** 한동안 전화 못 드렸어.

You haven't+pp 넌…하지 않았어

You haven't+pp하게 되면 상대방이 뭔가 아직 하지 않은 것을 말하는 것으로 반대는 You have+pp로 하면 된다.

Samples

You haven't **asked her yet, have you?**
아직 그여자한테 안 물어봤지, 그지?

You haven't **cleaned up your room.** 넌 네 방을 청소하지 않았어.

You haven't **changed a bit.** 너 정말 하나도 안 변했구나.

You haven't **given me a chance.** 넌 내게 기회를 주지 않았어.

You haven't **spoken to her recently?**
최근에 걔와 대화를 나눠본 적이 없어?

Have you (ever)+pp? …했어?, …한 적 있어?

현재완료의 의문형으로 상대방에게 …한 적이 있는지를 물어볼 때 유용하게 써먹을 수 있다. Have you+pp~? 혹은 ever를 삽입하여 강조하면서 Have you ever+pp~? 라고 해도 된다.

Samples

Have you **looked at their investment plan?**
그쪽의 투자전략은 훑어봤어?

Have you **seen my car keys?** 내 자동차 열쇠 못봤어?

Have you **seen the weather forecast?** 일기예보 봤어?

Have you ever **fractured your leg before?**
전에 다리가 부러진 적 있습니까?

Have you **traveled overseas?** 해외 여행 해본 적 있어?

22 Let's~

Let's~ …하자

Let's+동사 패턴은 바로 Let us+동사를 축약한 것으로 「…하자」라는 의미.

Samples

Let's **go to the movies.** 영화보러 가자.

Let's **try this one.** 이거 한번 먹어보자. [해보자]

Let's **take a coffee break.** 잠깐 커피 마시며 쉬자구.

Let's **go Dutch.** 더치페이 하자.

Let's **play golf this weekend.** 이번 주말에 골프치자.

Let's not~ …하지 말자

부정으로 Let's not~ 하면 …하지 말자라는 뜻이 된다.

Samples

Let's not **think about it.** 그건 생각하지 말자.

Let's not **make a scene. It's not worth it.** 소란피지마. 그럴 가치도 없어.

You know what? Let's not **talk.** 있잖아. 얘기하지 말자고.

Let's not **talk about the past.** 과거 얘기는 하지 말자.

Let's not **fight about it. It's over.** 그걸로 싸우지 말자. 끝났어.

23 Let me~

Let me ~ …할게

Let me+동사는 직역하면 「내가 …하게 해줘」라는 의미이지만 – 상대 허락을 구하는 것이 아니라 상대방에게 뭔가 제안하거나 알려주는 정도의 표현으로 「내게 …해줘」 혹은 「내가 …할게」라는 의미이다.

Samples

Let me **think about it.** (그것에 대해) 생각해볼게.

Let me **see.** 어디 보자…(잠깐 생각해볼 때)

Let me **help you with your baggage.** 짐 드는 것 도와줄게요.

Let me **get you some coffee.** 내가 커피 갖다줄게.

Let me **ask you a question.** 뭐 하나만 물어보자.

Let him[it]~ …가 …하도록 해

Let 다음에 3인칭 사람명사가 오거나 비인칭 it이 오는 경우로 …가 …하도록 하다라는 의미. 반대로 부정으로 쓰려면 Don't let~이라고 하면 된다.

Samples

Let him **go! Get your hands off him, right now!**
걜 보내! 걔한테서 손떼, 지금 당장!

Let it **go. It was just a mistake.** 그냥 잊어버려. 실수였잖아.

Don't let **it happen again.** 다신 그러지마.

Don't let **it bother you.** 너무 신경쓰지마.

Don't let **the weather depress you.** 날씨 때문에 우울해 하지마.

24 Don't+V

Don't~ …하지마

가장 일반적으로 많이 쓰이는 부정명령문의 형태로, Don't~ 다음에 동사원형를 붙이면 된다.

Samples

Don't **worry about it.** (그것에 대해서) 걱정하지 마.

Don't **do that.** 그런 짓 하지 마.

Don't **bother me.** 귀찮게 하지 마.

Don't **forget to call him.** 걔한테 전화하는 거 잊지 마.

Don't **cry.** 울지 마.

Don't be~ …하지마

Don't be+형용사 형태의 부정명령문을 살펴본다.

Samples

Don't be **late.** 늦지마.

Don't be **sorry.** 미안해하지 마.

Don't be **noisy.** 시끄럽게 굴지 마.

Don't be **silly.** 바보같이 굴지 마.

Don't be **nervous.** 긴장하지 마.

Do not~ ...하지 마라

Do not+V하게 되면 Don't~의 강조어법으로 뭔가 상대방에게 강하게 하지 말라고 할 때 사용한다.

Samples

Do not break wind in the park. 공원에서 방귀를 뀌지 마라.

Do not breathe a word of this. 이건 절대로 말을 꺼내지 마라.

Oh! Do not disturb. I'm eating. 오! 방해하지마. 식사 중이잖아.

Do not tell me about my own culture. 내 문화에 대해 내게 말하지마.

Do not stay in there with him. 그 사람과 함께 그곳에 남아있지마.

Never+V 절대로 ...하지 마라

역시 부정명령문의 강조어법으로 Never mind(걱정마), Never say die(죽는 소리 하지마) 등이 유명하다.

Samples

Never mind that we don't have it. 그게 없다고 신경쓰지마.

Never mind. Let's get on with the game.
신경쓰지 말고 게임이나 계속하자.

Never go into business with somebody you're sleeping with. 함께 자는 사람하고는 절대로 일하지마.

Never give up. 절대 포기마.

Never trust a car salesman. 자동차 영업사원은 절대 믿지마.

25 seem

He seems~

seem의 주어로 It이 아닌 사람을 뜻하는 명사가 오는 경우로 이때는 seem 뒤에는 형용사나 명사 등의 보어가 오게 된다. 의미는 「…한 것 같아」라는 뜻이다.

Samples

He seems **nervous.** 걘 신경이 날카로운 것 같아.

They seemed **an ideal couple.** 걔들은 이상적인 커플같았는데.

Sean seems **tired this morning.** 션은 오늘 아침 피곤한 것 같네.

She seems **very smart.** 그 여잔 굉장히 똑똑해 보여.

You seem **a little nervous.** 너 좀 초조해보여.

seem to+V …하는 것 같아

seem to 다음에 보어로 to+동사가 오는 경우.

Samples

He seems to **hate you.** 걔는 널 싫어하는 것 같아.

You seem to **be getting a little fat.** 너 조금씩 살이 붙고 있는 것 같다.

You seem to **have everything you need.**
네가 원하는 건 다 가진 것 같아.

He doesn't seem to **be in good mood yet.** 아직 기분이 안좋아보여.

That doesn't seem to **be too complicated.**
그게 그렇게 복잡한 것 같지는 않아.

It seems (to me) that~

(나에겐) …처럼 들리다, 내가 보기엔 …인 것 같다

「…인 것 같아」라고 하며 자신의 의견을 부드럽게 말할 때 쓰는 표현. 뒤에는 절이 오는 경우로 It seems to me~하면 개인적인 견해라는 점을 강조할 수도 있다.

Samples

It seems **he's always busy.** 걘 항상 바쁜 것 같아.

It seems that **you've got a problem.** 문제가 있는 것 같군요.

It seems **I have lost my wallet.** 지갑을 잃어버린 것 같아.

It seems to me **she doesn't love you.**
내 생각에 걘 널 사랑하지 않는 것 같아.

It seems to me **I've seen it before somewhere.**
그걸 전에 어디선가 본 것 같아.

It seems like~ …인 것 같아

It seems ~ 보다 좀더 완곡하게 느껴지는 표현이다. It seems like 다음에는 명사 혹은 주어+동사의 문장이 온다.

Samples

It seems like **a good idea.** 좋은 생각인 것 같아.

It seems like **he has a lot of friends.** 걘 친구가 많은 것 같아.

It seems like **it's time to break up with her.**
걔랑 헤어질 때도 된 거 같은데.

It seems like **yesterday that she was a kid.**
걔가 꼬마였을 때가 엊그제 같은데.

It seems like **she is always late.** 그 여잔 항상 늦는 것 같네요.

26 feel

I feel~ …한 느낌야, …해

feel은 기분이나 몸 상태, 생각 등을 「느낀다」, 「느껴서 안다」는 의미의 동사로 – feel 다음에 기분이나 몸 상태 등을 나타내는 '형용사'가 오면「…한 느낌이 들다」, 「몸 상태가 …하다」라는 의미가 된다.

Samples

I feel **terrible. I have a sore throat.** 아주 안좋아. 목이 따끔거려.

I feel **awful. I got fired today.** 기분 더러워. 오늘 해고당했다구.

I feel **hungry. Let's eat.** 배가 고파. 우리 뭐 좀 먹자.

I feel **much better now.** 지금은 훨씬 나아졌어.

I feel **kind of nervous tonight.** 오늘 밤 좀 긴장이 돼.

I feel like+N[S+V] …한 느낌이야, …같아

feel like+명사는 …같은 느낌이야라는 의미이고 feel like S+V는 …인 것 같아라는 뜻이다.

Samples

I feel like **an idiot.** 내가 바보가 된 것 같아.

I feel like **it's my fault.** 내 잘못 인 것 같아.

I feel like **my head is going to explode!** 내 머리가 터질 것 같아!

I feel like **I'm totally lost.** 완전히 길을 잃은 것 같아.

I feel like **I'm never going to find him.** 절대로 걔를 못 찾을 것 같아.

I feel like ~ing …하고 싶어

feel like ~ing는 「…를 먹고 싶다」 혹은 「…를 하고 싶다」는 의미로 – I feel like ~ing하게 되면 내가 지금 하고 싶은 것을 말할 때 사용하면 된다.

Samples

I feel like **taking a shower.** 샤워하고 싶어.

I feel like **drinking a cold beer.** 시원한 맥주 마시고 싶다.

I feel like **sleeping for a while.** 잠깐 잠을 자고 싶어.

I feel like **having a drink.** 술 한잔 하고 싶어.

I feel like **having a cup of coffee.** 커피 먹고 싶어.

I don't feel like ~ing …하고 싶지 않아

반대로 I don't feel like ~ing하면 「…하고 싶지 않다」는 의미.

Samples

I don't feel like **going out today.** 오늘은 나가고 싶지 않아.

I don't feel like **doing anything.** 아무 것도 하고 싶지 않아.

I don't feel like **sleeping right now.** 지금은 잠을 자고 싶지 않아.

I don't feel like **going to work.** 저 말야. 출근하기 싫어.

I don't feel like **having sex.** 섹스하기 싫어.

27 know

I[We] know~ …을 알아

뭘 아는지에 대해서는 I know 다음에 명사를 써주는데 「…에 대해서 안다」라고 할 때 I know of~ 나 I know about~을 사용한다. 또한 S+V가 이어지기도 한다.

Samples

I know **a lovely antique store in New York.**
뉴욕에 근사한 가게를 알고 있어.

I know **that he's a married man.** 그 사람이 유부남이라는 거 알아.

I know **you want to date Liz.** 리즈하고 데이트하고 싶어하는 거 알아.

I know **she made a mistake.** 그 여자가 실수했다는 걸 알아.

I know **you're hurt.** 네가 아프다는 거 알아.

I[We] know+의문사~ …을 알아

내가 이미 알고 있다고 말하려면 의문사를 이용하여 I know what/why/how 주어+동사 형태로 쓰면 된다. 또한 I know how to do it처럼 I know 의문사+to~형태로 간편히 말해도 아주 훌륭한 문장이 된다.

Samples

I know what **you're talking about.** 네가 무슨 얘기 하고 있는 건지 알아.

I know what **I'm doing.** 내가 다 알아서 한다구.

We know who **broke into your house.**
누가 네 집을 침입했는지 알고 있어.

I know where **to go.** 어디로 가는지 알아.

I know what **to do with a woman.** 여자를 어떻게 다루는 지를 알아.

I[We] don't know~ …을 몰라

이번에는 부정으로 먼저 know 다음에 about+명사, 명사 혹은 S+V가 이어지는 경우를 본다.

Samples

I don't know **about that.** 글쎄, 잘몰라.

I don't know **about real estate.** 부동산에 관해서는 아는 게 없어.

I don't know **about the new plans.** 새 계획에 대해서는 몰라.

I don't know **his cell phone number.** 걔 휴대폰 번호를 모르는걸.

I don't know **about the rules of the game.** 난 그 게임의 룰을 몰라.

I[We] don't know+의문사~ …을 몰라

I don't know 의문사+주어+동사 형태로 혹은I don't know 의문사+to+동사의 명사구가 올 수도 있다.

Samples

I don't know what **you're talking about.**
네가 무슨 얘기 하는 건지 모르겠어.

I don't know why **she's angry.** 걔가 왜 화를 내는지 모르겠네.

I don't know what **to do.** 뭘 해야 할지 모르겠어.

I don't know where **to go. (또는 where I should go)**
어디로 가야 할지 모르겠어.

I don't know how **to thank you.** 어떻게 감사를 드려야 할지 모르겠어요.

Do you know~? …을 알아?

필요한 정보를 얻어낼 때 꼭 사용해야 하는 중요한 문형으로, 구어에서는 조동사, Do를 생략하고 그냥 You know~?형태로도 쓰인다. know 다음에는 명사나 절이 온다.

Samples

Do you know **that?** 너 그거 알아?

Do you know **her e-mail address?** 너 걔 이메일 주소 알아?

Do you know **that the boss is angry with you?**
사장이 네게 화난 거 알아?

Do you know **where the subway station is?**
전철역이 어디 있는지 알아요?

Do you know **when the train leaves?** 기차가 언제 출발하는지 아세요?

Don't you know~ …을 몰랐단 말야?

단순히 정보를 구할 수도 있지만 주로 이것도 몰랐냐고 질책하는 성격이 짙은 패턴이다.

Samples

Don't you know **he's a heartbreaker?** 걔가 바람둥이인지 몰랐어?

Don't you know **where we are?** 우리가 어디 있는지 몰라?

Don't you know **who I am?** 내가 누구인지 몰라?

Don't you know **what it's like never leaving the house?**
절대로 집밖으로 나가지 않는게 어떤건지 몰라?

Don't you know **he left for the day?** 그 사람 퇴근한거 모르고 있어?

28 forget

I forgot (about)+N …을 두고 오다, 잊다

forget something은 뭔가를 잊고 두고 오거나. 생각이 안나다, 그리고 과거에 한 것을 잊었다고 할 때는 I forgot about that(내가 그걸 잊었어)처럼 forget (about)+N/~ing을 쓰면 된다.

Samples

I can't forget **my ex.** 옛 남친를 잊을 수가 없어.

I'll try to forget **it.** 잊도록 할게.

I forgot **my cell phone charger.** 핸드폰 충전기를 잊고 두고 왔어.

I forgot **about our date, I'm so sorry.** 데이트하는 걸 잊었어. 미안해.

Wait a minute. I forgot **something in the car.**
잠깐. 차에다 뭘 놓고 내렸어.

I forget to+V …할 것을 잊다

앞으로 해야 할 것을 잊어버렸을 때는 I forgot to+V라면 된다.

Samples

I forgot to **mention that I am married.**
내가 유부남이라는 걸 깜박하고 말 못했네.

I forgot to **pick up my dry cleaning!** 세탁물 가져오는 거 잊었어!

I just forgot to **return his call.** 걔 전화와서 전화한다는 걸 잊었어.

I forgot to **bring a laptop computer for this class.**
수업시간에 노트북 가져오는 걸 잊었어.

I forgot to **turn off the bathroom light.** 화장실 불 끄는 걸 깜박했어.

I forget S+V …을 잊었어

I forget ~ 다음이 잊어버린 사실을 S+V의 형태로 적어주는 패턴.

Samples

I forgot **you were here.** 네가 여기 있다는 걸 잊었어.

I forget **she's thirteen.** 걔가 13살이라는 걸 잊었어.

I forgot **that this is bad news.** 이게 안 좋은 소식이라는 것을 잊었어.

I forgot **Stan was coming.** 스탠이 오고 있다는 걸 깜박했어.

I forgot **that he smokes cigarettes.** 난 걔가 담배핀다는 걸 깜박 잊었어.

I forget+의문사~ …을 잊었어

I forget~ 다음에 that 절이 아니라 의문사절이 이어지는 경우.

Samples

Don't forget **what we talked about last night.**
간밤에 우리가 얘기한 거 잊지마.

We've forgotten **who he is.** 걔가 누군지 잊었어.

I forgot **how much I love driving.** 내가 얼마나 운전을 좋아하는지 잊었어.

I always forget **how beautiful you are.** 네가 얼마나 예쁜지 늘 잊어.

I forgot **how much fun it is to play computer games.**
컴퓨터 게임이 얼마나 재미있는지 잊었어.

29 There

There is~ …가 있어

There is 다음에 '단수명사'가 와서 「…이 있다」는 의미를 나타낸다

Samples

There's a phone call for you. 너한테 전화가 와 있어.

There's a gas station on the corner. 길모퉁이에 주유소가 있어요.

There is a lot of work to do here. 여기 할 일이 너무 많아.

There is some problem with the copy machine.
복사기에 좀 문제가 있어.

There is no doubt about it! 확실해 그래!

There are~ …가 있어

이번에는 There~ 다음에 복수의 명사가 올 때로 There are+복수명사 형태로 사용하면 된다.

Samples

There are a lot of reasons for that. 거기에 대한 이유라면 많아.

There are a few things you should know.
네가 알아야 할 것들이 몇가지 있어.

There are many things to think about. 생각할 것들이 많이 있어.

There are no hard feelings on my part. 기분 나쁘게 생각하지마.

There are a lot of people who don't like Jim.
짐을 싫어하는 사람들이 많아.

Is there~ ? ...가 있어?

Is there~?하면 「…가 있냐?」라고 물어보는 문장이 된다. Is there~ 다음에 something이나 anything이 오는 경우가 많다.

Samples

Is there **a restaurant nearby?** 근처에 식당이 있나요?

Is there **anything else you need?** 다른 것 또 필요한 게 있으세요

Is there **any problem?** 무슨 문제라도 있나요?

Is there **some special reason for that?** 뭐 특별한 이유라도 있어?

Is there **anything I can do? Anything?**
내가 뭐 도와줄 것 있어? 뭐 있어?

Are there~ ? ...가 있어?

Are there~?로 의문문을 만들 수도 있다.

Samples

Are there **cheaper ones in the store?** 가게 안에 좀더 싼 게 있나요?

Are there **any teachers in the hall?** 복도에 선생님 계셔?

Are there **any songs you want me to play for you?**
내가 연주하길 바라는 노래 뭐 있어?

Are there **any other questions?** 다른 질문들 있어?

Are there **any snacks I could eat?** 내가 먹을 수 있는 스낵이 좀 있어?

30 What

What's your~ ? …가 뭐야?

What is your+명사?로 상대방의 궁금한 점 등을 물어볼 수 있다. 물론 What is~?는 What's~?로 축약되어 쓰이기도 한다.

Samples

What is your **online chatroom ID?** 인터넷 채팅방에서 네 아이디가 뭐야?

What is your **cell phone number?** 핸드폰 번호가 어떻게 돼요?

What is your **favorite food?** 좋아하는 음식이 뭐야?

What is your **suggestion?** 뭘 제안하는 거죠?

What is your **e-mail address?** 네 이메일 주소가 어떻게 돼?

What are you~ing? 무엇을 …해?

의문사 What과 진행형 be+ ~ing이 결합한 패턴. 그중 가장 대표적인 것은 What are you+ ~ing?형태로 상대방에게 「지금 무엇을 …하고 있는지」 물어보는 문장이다.

Samples

What are you **looking for?** 뭘 찾고 있어?

What are you **doing here?** 여기서 뭐하고 있는 거야?

What are you **going to do?** 뭘 할 거야?[어떻게 할 거야?]

What are you **listening to?** 뭘 듣고 있는 거야?

What are you **going to have?** 뭘 먹을래?

What are you going to~ ? 뭘 …할거야?

가까운 미래를 나타내는 데 애용되는 be going to do와 의문사 what이 결합하여 만든 형태로 What are you going to 다음에 원하는 동사를 넣으면 된다.

Samples

What are you going to **say?** 무슨 이야기 할 건데?

What are you going to **do with your bonus?** 보너스로 뭘 할 거예요?

What are you going to **do with the offer?** 그 제안을 어떻게 할거야?

What are you going to **buy your girlfriend?**
여자친구한테 뭐 사줄거야?

What are you going to **do when you see her?**
걜 보면 어떻게 할거야?

What do you~? 무엇을 …해?

What과 진행형이 아닌 일반동사 현재형과 결합한 것으로 What do you+동사?는 상대방에게 「무엇을 …하냐?」고 물어보는 패턴이다. What do you mean?이나 What do you think of~?가 대표적인 표현이다.

Samples

What do you **think of my new car?** 내 새 차에 대해서 어떻게 생각해?

What do you **mean?** 무슨 소리야?

What do you **call this flower?** 이 꽃은 뭐라고 불러?

What do you **do?** 어떤 일을 하세요?[직업이 뭔가요?]

What do you **think of this?** 이건 어때?

What did you~ ? 뭘 …한거야

이번에는 시제가 과거인 경우로 회화에서 많이 쓰이는 과거형은 동사 do, say, 그리고 think를 이용한 경우이다. What did you do ~?, What did you say~? 그리고 지나간 일에 대한 상대방의 의견을 묻는 것으로 What did you think of ~? 등이다. 물론 What did you bring?(무얼 가져왔어?), What did you order?(뭘 주문했어?)등 다양한 동사를 넣어서 말해볼 수 있다.

Samples

What did you **do?** 어떻게 한거야?

What did you **say to him?** 걔한테 뭐라고 했니?

What did you **buy?** 뭐 샀어?

What did you **get for her?** 걔에게 뭘 사줬어?

What did you **think I was going to do?** 내가 뭘 할거라 생각했어?

What can~ ? 내가 뭘 …하지?

What과 조동사 can, should, would 등이 결합한 패턴으로「내가[우리가] 뭘 …하지?」라는 의미의 What can I[we]~?, 그리고 「내가 어떻게 …하지?」라는 뜻의 What should I~? 등이 주로 많이 쓰인다.

Samples

What can **I do for you?** 무엇을 도와드릴까요?

What should **I do?** 내가 어떻게 해야 하는 거지?

What should **I tell her?** 걔한테 뭐라고 말해야 하는 거지?

What would **you like?** 뭘 드실래요?

What can **we do for her?** 우리가 걔한테 뭘 해줄 수 있겠어?

31 When

When's~ ? …가 언제야?

시간[시기]를 물어볼 때는 의문사 When을 사용한 가장 단순한 패턴. 과거의 시기를 물어볼 때는 When was~?라고 하면 된다.

Samples

When is your birthday? 네 생일은 언제니?

When is the check-out time? 체크아웃 시간이 언제야?

When is the report due? 리포트는 언제까지야?

When is a good time for you to talk to me?
나랑 얘기하는데 언제 시간이 좋아?

When was the last time you saw her? 걜 마지막으로 본 게 언제였어?

When are you ~ing? 언제 …할거야?

또한 When are you+~ing?하면 「넌 언제 …하느냐?」고 물어보는 문장이 된다.

Samples

When are you going to meet him? 언제 그 남자를 만날 거야?

When are you coming home? 언제 집에 와?

When are you leaving for Europe? 유럽으로는 언제 갈 건가요?

When are you going to have a vacation? 언제 휴가갈거야?

When are you getting married? 언제 결혼할거야?

When are you going to~ ? 언제 …할거야?

When과 가까운 미래를 나타내는 be going to~가 결합된 형태.

Samples

When are you going to **ask her out?** 걔한테 언제 데이트 신청할거야?

When are you going to **do it?** 언제 그럴건데?

When are you going to **tell me?** 언제 내게 말할거야?

When are you going to **take your driving test?**
언제 운전면허시험 보러 가?

When are you gonna **get that done?** 언제 그걸 끝낼거야?

When do you~? 언제 …을 해?

When과 일반동사가 결합하여 만드는 의문문으로 When do you+동사? 혹은 When does+주어+동사?의 형태로 쓰인다.

Samples

When do you **want to return?** 언제 돌아올거야?

When do you **leave?** 언제 떠나?

When do you **want to get married?** 언제 결혼하고 싶은데?

When does **the movie start?** 영화가 언제 시작되지?

When does **the store open?** 가게는 언제 열죠?

When did you~ ? 언제 …을 했어?

과거행동을 물어보는 경우는 When did+주어+동사?로 쓰면 된다.

Samples

When did you **stop smoking?** 언제 담배 끊었어?

When did you **meet her?** 걔를 언제 만났어?

When did you **get that?** 그거 언제 구한거야?

When did you **turn it over?** 그걸 언제 넘겨준거야?

When did you **graduate from high school?**
고등학교는 언제 졸업하셨어요?

When can~ ? 언제 …해?

When과 조동사 can, will 등이 결합한 패턴. When can I[we]+동사?는 「언제 내가 [우리가] …할 수 있냐?」고 물어보는 것이고 When will you+동사?는 상대방에게 「언제 …할거냐?」라고 묻는 것이다.

Samples

When can **I start?** 언제 시작하면 돼?

When can **I stop by?** 내가 언제 들르면 돼?

When can **we get together?** 언제 만날까?

When will **you make a decision?** 언제 결정을 내릴 건가요?

When can **I come over?** 내가 언제 갈까?

32 Where

Where's ~? …가 어디야?

Where는 '장소'를 물어볼 때 사용하는 의문사로 Where is[are]+명사?하면 「…가 어디에 있냐?」고 위치를 물어보는 것.

Samples

Where is **the rest room?** 화장실이 어디예요?

Where is **the nearest drugstore?** 제일 가까운 잡화점이 어디죠?

Where is **Karen now?** 캐런은 지금 어디 있어?

Where is **the gas station?** 주유소가 어디예요?

Where were **you?** 너 어디 있었어?

Where are you ~ing? 어디서 …을 해?

Where are you ~ing?하면 상대방이 「어디에서 …하는지」를 물어보는 문장이다.

Samples

Where are you **going in such a rush?** 이렇게 급히 어딜 가는 거야?

Where are you **going this time?** 이 시간에 어딜가?

Where are you **taking me for lunch?** 점심먹으러 어디로 데려갈거야?

Where are you **driving to now?** 지금 어디로 차를 몰고 가는 거야?

Where are you **getting this?** 이거 어디서 났어?

Where do you~ ? 어디서 …해?

Where과 일반동사가 결합된 의문문 패턴으로 Where do you+동사?하면 「넌 어디에서 …해?」라는 뜻.

Samples

Where do you **want to stop for breakfast?**
아침 먹으러 어디에 들르면 좋겠어?

Where do you **want to go?** 어디 가려고?

Where do you **feel the pain most?** 어느 부위가 가장 아파요?

Where do you **get your hair cut?** 어디서 머리를 깍은거야?

Where do you **want to go to lunch?** 점심 먹으러 어디 가고 싶어?

Where did you~ ? 어디에서 …했어?

Where did you+동사?하게 되면 과거에 「넌 어디에서 …했어?」라고 묻는 문장이 된다.

Samples

Where did you **buy this sweater?** 이 스웨터 어디서 샀어?

Where did you **see him??** 걔를 어디서 봤어?

Where did you **hear that?** 너 그 얘기 어디서 들었니?

Where did you **find it?** 어디서 그걸 찾았어?

Where did you **pick up that computer?** 저 컴퓨터 어디서 구했어?

Where can ~ ? 어디서 …할 수 있어?

Where과 조동사 can, should의 결합된 경우로 Where can I+동사?는 내가 「어디에서 …할 수 있나?」라고 물어보는 것이고 Where should I+동사?는 내가 「어디에서 …해야 하나?」고 물어보는 문장.

Samples

Where can **I find shoes?** 신발은 어디 있어요?

Where can **I meet you?** 어디서 만날까?

Where can **I put this package?** 이 소포 어디다 놓을까?

Where should **we go?** 우리, 어디로 가야 하지?

Where can **I go for my birthday party?** 생일파티 어디서 할까?

33 Who

Who is~? …가 누구야?

who는 '누구'라는 의미로 다른 의문사에 비해 주어로 쓰이는 경우가 훨씬 많다. Who is+명사?는 「…가 누구냐?」라는 의미

Samples

Who is **it?** 누구세요? (밖에 누가 왔을 때)

Who is **your favorite singer?** 좋아하는 가수가 누구야?

Who is **next in line?** 다음 분은 누구죠? (창구 등에 줄서있는 고객들에게)

Who is **in charge of customer service?**
고객 서비스를 담당하는 분은 누구죠?

Who is **the head of your department?** 네 부서장이 누구야?

Who's ~ing? 누가 …해?

Who is ~ing?하면 「누가 …해?」라는 문장이 된다.

Samples

Who is **calling, please?** 전화하는 분은 누구세요?

Who is **winning the game?** 누가[어느 팀이] 이기고 있어?

Who's **coming with me?** 같이 갈 사람?

Who's **he sleeping with?** 걔 누구랑 자고 있어?

Who's **taking care of Chris?** 누가 크리스를 돌보고 있어?

Who's going to+V? 누가 …할거야?

who와 be going to가 결합한 패턴으로 앞으로 「누가 …할 것인지」를 물어보는 문장이다. Who is going to~는 아예 한 덩어리로 외워둔다.

Samples

Who's going to **go out tonight after work?**
오늘밤 퇴근 후에 회식자리에 누가 가?

Who's going to **pay for this?** 누가 이거 낼거야?

Who's going to **cover the cost of repairs?** 수리비는 누가 댈거야?

Who's going to **pick us up at the airport?**
누가 공항으로 우릴 데리러 오죠?

Who is going to **fix this bicycle?** 이 자전거는 누가 고칠 거지?

Who did you~? 누가 …했어?

과거의 어떤 행동을 누가 했는지를 물어보는 문장으로 Who did you+동사? 형태로 「누가 …을 했어?」라고 하면 된다. Who did you는 한덩어리로 발음하고 난 다음에 다양한 동사를 넣어보자.

Samples

Who did you **have lunch with?** 누구랑 같이 점심 먹었어?

Who did you **sell your car to?** 차를 누구에게 팔았어?

Who did you **sit next to at the party?** 그 파티에서 누구 옆에 앉아있었어?

Who did you **send that e-mail to?** 그 이메일은 누구에게 보낸 거야?

Who did you **go out with last night?** 지난 밤에 누구랑 데이트했어?

34 Why

Why are you ~? 왜 …해?

Why is[are] you + 형용사/~ing/pp~?의 형태로 쓰인다. 과거로 쓰려면 be동사를 과거형 was나 were로 바꿔주면 된다.

Samples

Why are you **all dressed up?** 왜 그렇게 차려 입었어?

Why are you **late again?** 왜 또 늦는 거야?

Why are you **upset with me?** 왜 나한테 화를 내는 거야

Why is it so **important to you?** 그게 왜 네게 그렇게 중요해?

Why is it so **hard to admit that?** 그걸 인정하는게 왜 그렇게 힘들어?

Why are you ~ing? 왜 …해?

Why are you~ 다음에 ~ing가 붙는 경우로 특히 Why are you trying to+V?의 형태가 많이 쓰인다.

Samples

Why are you **trying to make me feel bad?**
왜 날 기분나쁘게 만드는 거야?

Why are you **hanging around with me?**
왜 내 주변에서 얼쩡거리는거지?

Why are you **trying to ruin the game?** 왜 게임을 망치려고 그래?

Why are you **fighting me on this?** 왜 이걸로 나와 싸우는 거야?

Why are you **trying to get away from me?** 왜 나를 멀리하려는 거야?

Why did you~?/Why didn't you~?

왜 …한거야?/왜 …을 하지 않은거야?

상대방의 과거의 행동에 대한 이유를 물어보는 것으로 왜 …하지 않았냐고 물을 때는 Why didn't you+동사?를, 그리고 반대로 왜 …했냐고 물어볼 때는 Why did you+동사? 형태를 사용하면 된다.

Samples

Why did you **break up with Anna?** 왜 애너와 헤어진 거야?

Why didn't you **tell me?** 왜 내게 말하지 않았어?

Why didn't you **just tell her the truth?**
걔한테 진실을 왜 말하지 않았어?

Why didn't you **take the job?** 왜 그 일을 맡지 않았어?

Why didn't you **say anything?** 왜 아무 말도 하지 않았어?

Why do you~ ? 왜 …해?

Why는 '이유'를 물어보는 대표적인 의문사로 상대방 언행의 원인을 물어볼 때 사용한다.

Samples

Why do you **say that?** 어째서요?

Why do you **think so?** 왜 그렇게 생각하는 거야?

Why do you **get up so early these days?** 요즘 왜 그렇게 일찍 일어나니?

Why do you **look so sad?** 왜 그렇게 슬퍼보여?

Why do you **have to break up with her?** 왜 걔랑 헤어지자고 해야 돼?

35 How

How is+N ? …가 어때?

How is+명사?는 명사가 어떤지 그 상태를 물어보는 패턴으로 과거에 어땠는지를 물어 보려면 How was+명사? 형태를 쓰면 된다.

Samples

How is **your cold?** 감기는 좀 어때?

How was **your trip?** 여행은 어땠니?

How was **your summer vacation?** 여름방학은 어땠어?

How was **the concert last night?** 어젯밤 콘서트는 어땠어?

How was **your trip to Spain?** 스페인 여행이 어땠어?

How do you~? 어떻게 …해?

How와 일반동사가 결합되어 만드는 패턴들로 How do you like+명사?는 「…가 어때?」라고 물어보는 대표적인 문장이고 또한 How do I[you]+동사?는 「…을 어떻게 해?」라며 물어보는 구문이다.

Samples

How do you **like my plan?** 내 계획 어때?

How do you **like your new job?** 새 직장은 어때[새 일은 어때]?

How do I **get to the airport?** 공항까지 어떻게 가나요?

How do I **turn on the stereo?** 이 전축은 어떻게 켜는 거야?

How do you **say that in English?** 그걸 영어로는 어떻게 말해?

How did you ~? 어떻게 …한거야?

과거의 일을 물을 때는 물론 How did you ~?라고 하면 된다.

Samples

How did you **know?** 어떻게 알았어?

How did you **know we were here?** 우리 여기 있다는 걸 어떻게 알았어?

How did you **get a girl like that?** 어떻게 저런 여자를 만난거야?

How did you **get here so fast?** 여길 어떻게 그렇게 빨리 왔어?

How did you **come up with this?** 이건 어떻게 생각해냈어?

How can I~? 내가 어떻게 …할 수 있을까?

상대방에게 도움을 자원할 때 혹은 자신이 어떻게 일을 풀어나가야 될지 고민할 때 쓸 수 있는 표현.

Samples

How can I **help you?** 뭘 도와드릴까요?

How can I **get in touch with him?** 연락할 수 있는 방법이 없을까요?

How can I **hold still when you're touching me?**
네가 날 만지는데 어떻게 가만히 있어?

How can I **get to the check-in counter?**
탑승수속 카운터는 어디로 가나요?

How can I **get there?** 거기 어떻게 가?

How can[could] you~? 어떻게 …할 수가 있어?

How can[could] you+동사?는 상대방의 어처구니 없고 이해할 수 없는 행동에 놀라면서 하는 말로 어떻게 …할 수가 있나?라는 뜻. 타인과 대립과 갈등이 비일비재한 우리 일상생활에서 자연 많이 쓰일 수밖에 없다.

Samples

How can you **eat the cheesecake without me?!**
나없이 어떻게 치즈케익을 먹을 수 있어?

How can you **be so confident?** 어떻게 그렇게 자신있는 거야?

How can you **date that younger guy?**
어떻게 그렇게 어린 애랑 데이트할 수 있어?

How could you **treat him like that?** 어떻게 걜 그렇게 대할 수 있어?

How could you **do that?** 어떻게 그럴 수 있어?

How can[could] you not~ ?
어떻게 …을 하지 않을 수가 있어?

반대로 어떻게 …하지 않을 수 있나?라고 물어보려면 How can(could) you not + 동사?로 하면 된다.

Samples

How can you not **remember?** 어떻게 기억을 못해?

How can you not **remember us kissing?**
어떻게 우리가 키스한 걸 기억못해?

How can you not **trust me?** 어떻게 나를 안 믿을 수가 있어?

How could you not **remember that we slept together?**
우리가 함께 잔 걸 어떻게 모르고 있는 거야?

How could you not **tell me you worked here?**
어떻게 여기서 일한다는 말을 안할 수 있는 거야?

36

Which

Which is~? 어떤 것이…?

Which는 「어느 것」, 「어느 쪽」이라는 뜻을 갖는 '선택' 의문사로 가장 기본적인 Which is~의 형태를 살펴본다.

Samples

Which is **on sale?** 어느 게 세일하는 거예요?

Which is **the shortest way to the station?**
역까지 제일 빠른 길이 어느 쪽이야?

Which is **why we called you guys in.**
이것이 바로 우리가 너희들을 불러들인 이유야.

Which is **better, buying a car or saving money?**
차를 사는 것과 저축하는 것 중 어느 게 더 나을까?

Which is **better, getting married or being single?**
결혼과 싱글 중 어떤 게 좋아?

Which do you~ ? 어떤 걸 …?

Which는 선택이란 개념이 포함되어 있다. 우리말로 '어느 것'이라는 의미로 Which do you like better A or B?하면 두 개 중 하나를 선택하라고 할 때 사용하는 문장이다.

Samples

Which do you **want to see next?** 다음으로는 어느 걸 보고 싶어?

Which do you **like better?** 어떤 걸 더 좋아해?

Which do you **prefer?** 어떤 걸 더 좋아해?

Which do you **recommend?** 어떤 걸 추천해?

Which do you **think is better?** 어느 편이 더 좋을까요?

Which+N? 어떤 것이…?

Which+명사가 주어로 씌여 Which+명사+동사~?로 쓰이기도 하고 Which+명사+do+주어+동사?의 형태로 쓰이기도 한다.

Samples

Which train **goes to L.A.?** 어느 기차가 LA까지 가나요?
Which part **was the funniest?** 어느 부분이 제일 재미있었어?
Which scarf **do you prefer?** 스카프 어느 게 좋아?
Which way **is the bathroom?** 화장실이 어느 쪽예요?
Which flight **are you going to take?** 어떤 비행편을 이용하실거죠?

37 get~ to+V/get~ pp

get ~ to+V …하게 하다, …하게 만들다

get+명사+to 동사는 주어가 명사에게 설득하거나 지시하여 to 이하의 일을 시키는 것을 말한다.

Samples

I couldn't get him to calm down. 걜 진정시킬 수가 없었어.

I'll get Amanda to go out with me. 어맨더가 나하고 데이트하게 만들 거야.

You should get security to open it up. 경비원에게 열어달라고 해야겠네.

He tried to get me to pay for it. 걘 내가 돈을 내도록 하려고 하더라니까.

I'll get Greg to fix your car. 그렉이 네 차를 고쳐놓도록 시킬게.

get~ pp …을 해받다, 당하다

남을 시켜서 「…를 해 받는다」, 혹은 어떤 일을 「당하다」라는 의미이다. 자기가 직접하지 않고 제 3자에 의해서 이루어진 일을 말할 때 사용한다.

Samples

I got my hair cut. 머리를 잘랐어.

I got my car washed. 차를 (맡겨서) 세차했어.

I got my bicycle fixed. 자전거를 고쳤어.

I got the house painted. 집을 페인트 칠했어.

You should get the children dressed. 애들 옷을 입혀야지.

have ~V[~ing] …하게 하다

have+명사+동사원형/~ing는 –「…에게 (지시하여) ~을 하게끔 시키다」, 혹은 명사를 ~ing 하게 만들다라는 뜻이다. get의 경우에는 get+명사+to+동사처럼 동사앞에 to가 온다는 점에 주의한다.

Samples

Would you have him call me? 그 사람이 나한테 전화하게 해주실래요?

I'll have my secretary attend the meeting.
비서를 시켜 그 회의에 참석하게 할게요.

Have her come in. 들어오라고 해.

I had the audience laughing. 내 말에 방청객들이 웃었다.

I'll have her call you back as soon as she gets in.
걔가 들어오는 대로 전화하라고 할게.

have~ pp …을 …했어

제 3자에 의해 나에 관련된 일이 행해진 경우를 말하며 내가 주도적으로 시켰건 본의 아니게 당했건 누군가 제 3자가 명사를 과거분사했다는 말.

Samples

I had my hair cut. 나는 (남을 시켜서) 머리를 잘랐다.

I had my car fixed. 내 차를 고쳤어.

I had the room cleaned. 그 방을 청소시켰어.

I had my watch stolen. 시계를 도둑맞았어.

I had my computer upgraded. 컴퓨터를 업그레이드 했어.

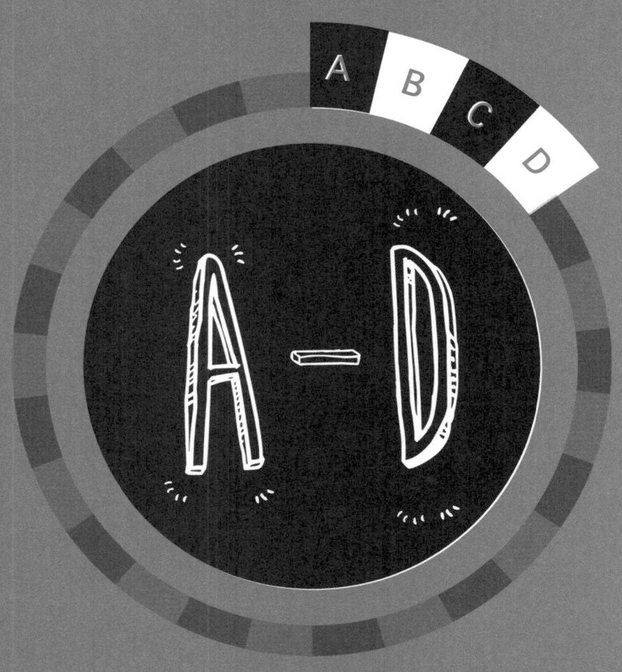
A
B
C
D
A-D

001 All I can do is~

내가 할 수 있는 …뿐이야

Can do를 care about로 대치하면 All I care about is~, 즉 내가 신경쓰는 것은 …이야라는 뜻이 된다.

- All I can do is tell him to go home.
  내가 오직 말할 수 있는 건 걔보고 집에 가라고 하는거야.
- All I can do now is not make any more mistakes.
  내가 지금 할 수 있는 것은 더 이상 실수를 하지 않는 것 뿐이야.

002 All I can tell you is that~

내가 해줄 수 있는 말은…

- All I can tell you, Pam, is hang in there.
  팸, 네게 해줄 수 있는 말은 끝까지 버티라는 것밖에 없어.
- All I can tell you is I've done the same thing with my kids. 내가 말해줄 수 있는 건 내 자식들에게도 똑같이 했다는거야.

003 All I know is~

내가 알고 있는 것은 …뿐이야

- All I know is that I can't help myself.
  내가 아는 건 나도 어쩔 수가 없다는거야.
- All I know is you guys better watch what you say around here. 내가 아는건 여기서 얘기할 때는 너희들이 신경써야 한다는거야.

004 **All I need is to + V**

내가 필요한 것은 …하는 것밖에 없어

- All I need is to tell you when to start the meeting.
  네게 말하고 싶은 건 회의를 언제 시작하냐는 것 뿐이야.
- All I need is to tell you what to do and you do it.
  내가 필요한 것은 넌 내 지시만 따르면 된다는거야.

005 **All I need is~**

내가 필요로 하는 것은 …이야

- All I need is five minutes. 내가 필요한 건 5분 뿐이야.
- All I need is three weeks. 내가 필요한 것은 3주야.

006 **All I need to do is~**

내가 해야 되는 것은 …뿐이야

All I need to do is~ 다음에는 바로 동사가 이어진다는 점을 주의한다.

- All I need to do is turn on the air conditioner.
  내가 해야 되는건 에어콘을 켜기만 하면 돼.
- All I need to do is reach over and put it in my mouth.
  내가 해야 되는 것은 손을 뻗어서 입 안으로 가져오면 돼.

007 **All I need you to do is ~**

넌 …하기만 하면 돼

- All I need you to do is sign here.
  넌 여기에 사인만 하면 돼.
- All I need you to do is point him out.
  넌 걔를 가리키기만 하면 돼.

008 All I need to know is~

나는 단지 …을 알고 싶을 뿐이야

- All I need to know is you're my brother, Peter.
  내가 알아야 되는 건 네가 나의 동생이라는거야, 피터야.
- All I need to know is that you love me.
  내가 알고 싶은 건 네가 날 사랑하냐는 것뿐이야.

009 All I want is~

내가 원하는 것은 …뿐이야

- All I want is my freedom.
  내가 바라는 건 내 자유뿐이야.
- All I want is a nice wife and a good job. Is that too much to ask? 단지 내가 바라는 건 좋은 아내와 번듯한 직장야. 내가 넘 요구하는 건가?

010 All I want to do is~

내가 하고 싶은 건 …뿐이다

- All I want to do is help her.
  내가 하고 싶은 건 걜 도와주는거야.
- All I want to do is get my money back.
  내가 바라는 건 내 돈을 돌려받는거야.

011 All I want to know is~

내가 알고 싶은 것은 …뿐이야

- All I want to know is how fast you run.
  내가 알고 싶은 건 네가 얼마나 빨리 달리냐는거야.
- All I want to know is if the boy can take the stand.
  내가 알고 싶은 건 그 소년이 증언대에 설 수 있냐는 거야.

012
All I wanted is~
내가 원했던 것은 …뿐였어

- All I wanted was to meet a nice girl.
  내가 바랬던 건 멋진 여자를 만나는 거였어
- All I wanted was for you to like me
  내가 바랬던 건 네가 날 좋아하는 거였어

013
All I'm asking is ~
내가 바라는 것은 단지 …

- All I'm asking is that you don't judge.
  내가 바라는거라고는 네가 비난하지 않는거야.
- All I'm asking is that once in a while you check in with me. 내가 바라는거라고는 네가 가끔씩 내게 연락해주는거야.

014
All I'm asking is for you to + V
내가 너한테 바라는 것은 …밖에 없어

- All I'm asking is for you to leave! 제발 좀 나가주라!
- All I'm asking is for you to tell me how to find her.
  내가 너에게 바라는 건 걔를 찾을 방법을 알려달라는 것 뿐이야.

015
All I'm saying is ~
내 말뜻은…

- All I'm saying is next time it could be you.
  내 말의 요지는 다음 번은 네차례가 될 수도 있다는거야.
- All I'm saying is that hobbies are relaxing.
  내 말뜻은 취미를 가지면 마음이 편안해진다는거야.

016 All we have to do is ~

우리가 해야 할 일은 …

- All we have to do is find the owner of it.
  우리가 해야 할 일은 그 것의 주인을 찾는거야.
- All I got to do is wait for a few weeks for the results.
  내가 해야 할 일은 몇주 기다렸다 결과를 받는거야.

017 Any chance ~?

…할 가능성은?

- Any chance you want to come with? 함께 가고 싶어?
- Any chance you could take care of my dog?
  내 강아지를 돌봐 줄 수 있어?

018 Are you aware of~ ?

…을 알고 있어?

Are you aware of+N? 혹은 Are you aware of what~ ?의 형태가 자주 쓰인다.

- Are you aware of what's going on with Jim?
  짐이 어떻게 지내는지 알아?
- Are you aware of what your son is doing?
  네 아들이 뭘 하고 있는지 알고 있어?

019 Are you interested in ~?

…에 관심있니?, …할 생각있니?

- Are you interested in American culture?
  미국문화에 관심있어?
- Are you interested in this ring?
  이 반지에 관심있어?

A-D
E-H
I-K
L-T
W-Y

020 Are you ready to+ V?

…할 준비가 됐어?

- Are you ready to order your food?
  주문하시겠어요?
- Are you ready to start our trip?
  우리 여행 떠날 준비 됐어?

021 Are you saying that~?

…라는 말야?

- Are you saying that you're not happy?
  행복하지 않다는 말야?
- Are you saying you never touched her?
  넌 걔를 손댄 적이 없다는 거야?

022 Are you sure S+V?

정말 …야?

- Are you sure you're okay? 정말 괜찮아?
- Are you sure you're not going to change your mind?
  네가 마음을 바꾸지 않을게 확실해?

023 Are you talking about~ ?

…에 관한 얘기야?

- Are you talking about getting married?
  결혼하는 거 말하는거야?
- Are you talking about having sex?
  섹스하는 것에 대해 얘기하는거야??

024

Are you telling me that ~?

…라는 말이니?

- Are you telling me you don't want to stay?
  가고 싶다는 얘기야?
- Are you telling me that you're in love?
  네가 사랑에 빠졌다고 말하는거야?

05

Are you trying to say~ ?

너 …라고 말하는거야?

- Are you trying to say that this is wrong?
  이게 틀렸다고 말하려는거야?
- Are you trying to tell me that you're not going?
  넌 안 가겠다고 말하는거야?

026

Are you trying to~ ?

…하려는거야?

- Are you trying to threaten me?
  날 협박하려는 거야?
- Are you trying to hurt me?
  날 아프게 하려고 하는거야?

027

as long as

…하는 한, …(하기만) 한다면

- Feel free to stay here as long as you like.
  계시고 싶을 때까지 마음놓고 머무세요.
- That would be fine as long as it arrives 4 o'clock.
  4시까지만 도착하면 돼.

028 As of + 시점

…(시점)부로

- As of this moment I will never have to make coffee again. 이 순간부터 난 다시는 커피를 타지 않을거야.
- As of right this minute you are on vacation.
  지금 이순간 넌 휴가야.

029 As soon as S + V, ~

…하자마자

- I'll let you know as soon as he gets home.
  걔가 집에 오면 바로 알려줄게.
- I'll try and get there as soon as possible.
  가능한 한 빨리 도착하도록 할게.

B

001

be available to + V

…할 시간이 있다

- I'm not available to meet you this weekend.
  이번 주말에 널 만날 시간이 안돼
- Are you available to talk now?
  지금 얘기할 시간 있어?

002

be committed to + N[~ing]

…하는 데 전념하다

- I'm committed to my marriage working.
  난 결혼생활에 충실하고 있어.
- I'm committed to programs that are interesting.
  난 흥미있는 프로그램만 보고 있어.

003

be due to + V

…할 예정이다

due to~ …때문에

- The plane is due to arrive for another hour.
  한 시간 더 있어야 비행기가 도착할 거라는 군.
- They'll be late due to traffic.
  걔네들은 교통이 막혀서 늦을거야.

004 be hard on~

…에게 모질게 대하다

- Don't be so hard on me. 날 너무 괴롭히지마.
- Yeah, he's pretty hard on me, but I can take it.
그래. 걘 날 심하게 대하지만 난 참을 수 있어.

005 be in charge of

…을 책임지고 있다

- Who is in charge of customer service?
고객 서비스를 담당하는 분이 누구죠?
- I'm putting you in charge of my workers. Put them to work 내 직원들 좀 맡아줘. 일 시키고.

006 be not + adj. + enough to + V

…할 만큼 …하지는 않다

- He's not good enough to raise a child.
걔는 애를 키우기에는 부족해.
- I just wasn't strong enough to lift that weight.
저 무게를 들어올릴 만큼 강하지 않아.

007 be scheduled to + V

…할 예정이다

- When is he scheduled to arrive at the airport?
그 사람이 공항에 언제 도착할 예정이니?
- He was scheduled to attend the meeting, but he was a no show. 걘 회의에 참석하기로 예정되었지만 안 나타났어.

008 be supposed to + V

…하기로 되어 있다

- He's supposed to arrive tomorrow after lunch.
  내일 점심 후에 도착하게 되어 있어.
- I'm supposed to be at work all night.
  난 밤새 근무해야 돼.

009 Be sure to~

반드시 …해라

- Be sure to come back by 7 O'clock.
  7시까지는 반드시 돌아와.
- Be sure to check them all.
  반드시 그것들 다 확인해봐.

010 be the first ~ to + V

…한 최초의 ~이다

그냥 be first to+V의 형태로 쓰기도 한다.

- I will not be the first one to speak. 내가 제일 먼저 말하지 않을거야.
- You'll be the first to know. 너한테 제일 먼저 알려줄게.

011 be the one who~

…하는 사람

- I'm the one who made him quit smoking
  걔 담배를 끊게 한 건 바로 나야
- He's the one who slept with someone else
  걔가 다른 사람하고 잤잖아

012 **be worth + N[~ing]**

…만큼의[할 만한] 가치가 있다

- Well, that's not worth the risk.
  저기, 위험을 감수할 가치가 없어.
- I know, but it's still worth mentioning, I think.
  알아, 하지만 내 생각엔 언급할 가치가 있어.

013 **be wrong with+N[~ing]**

잘못되다, 안좋다

- You just walked away? What's wrong with you?
  그냥 가버렸다고? 너 왜그래?
- What's wrong with being nice to him?
  걔한테 잘해주는 게 뭐 잘못됐어?

014 **By the time S+ V, ~**

…할 때쯤에는 (벌써) …하다

- You said you'd be ready by the time they got home.
  걔네들이 집에 올 때쯤이면 넌 준비가 되어 있을거라고 했잖아.
- She was gone by the time I got home.
  내가 집에 왔을 때 이미 가고 없더라고.

001 **Can I help you with~ ?**

네가 …하는거 도와줄까?

- Can I help you with **anything?** 도와드릴까요?
- Can I help you **take items out of the fridge?**
  냉장고에 있는 것들 꺼내는거 도와줄까?

002 **Can I talk to~ ?**

얘기해도 될까?

- Can I talk to **you for a sec?**
  잠깐 이야기해도 될까?
- Can I talk to **you for a few minutes?**
  잠깐 얘기해도 될까?

003 **Can we not talk about~ ?**

…얘기는 하지말자

- Can we not talk about **that?**
  그 얘기하지 말자.
- Can we not talk about **my personal life?**
  내 개인사는 얘기하지 말자?

004
Can we talk about~?

…에 관해 얘기하자

- Can we talk about **this when I get back?**
  내가 돌아와서 이 얘기할까?
- Can we talk about **something else, please?**
  뭐 좀 다른거 얘기할까?

005
Can you believe that ~?

…라니 믿어지지 않는다

that S+V 대신에 의문사구가 이어져도 된다.

- Can you believe **he's only had sex with one woman?**
  걔가 단지 한 명의 여자와 섹스를 했다는 게 믿겨져?
- Can you believe **how much this is going to cost?**
  아까 말한 게 얼마나 비싼 건지 아니?

006
Can you get me~?

…을 갖다줄래?

- Can you get me **a glass of water, please?**
  물 한잔 주실래요?
- Can you get me **a taxi, please?**
  택시 좀 불러줄래요?

007
Can you give me~ ?

…을 줄래?

- Can you give me **a discount?** 좀 깎아줄래요?
- Can you give me **a hand with this box?**
  이 박스 옮기는 거 도와줄래?

008 Can you tell me +N ~?

…에 대해 말해줄래?

- Can you tell me **the way to the station?**
  역으로 가는 길 좀 알려주시겠어요?
- Can you tell me **your address?** 네 주소 좀 알려줘

009 Can you tell me about ~?

…에 대해 말해줄래?

- Can you tell me about **it over the phone?**
  그거 전화로 얘기해줘
- Can you tell me about **the specials of the day?**
  오늘 스페셜이 뭔지 알려줄래요?

010 Can you tell me how [to]~?

어떻게 …인지 말해줄래?

- Can you tell me how **you feel?**
  네 감정을 말해줄테야?
- Can you tell me how to **stop it?**
  그걸 어떻게 멈추는 지 말해줄래?

011 Can you tell me how to get to ~ ?

…까지 가는 방법을 말씀해 주시겠어요?

- Could you tell me how to **get to Gate 3?**
  3번 게이트 어떻게 가는지 알려줄래요?
- Can you tell me how to **get to the nearest subway station?** 가장 가까운 지하철 역 어떻게 가는지 알려줄래요?

012

Can you tell me why~?

왜 …인지 말해줄래요?

- Can you tell me why **you like her?**
  왜 네가 걜 좋아하는지 말해줄래?
- Can you tell me why **she is angry?**
  그녀가 왜 화난 건지 말해줄래요?

013

Can you tell me what~ ?

…가 뭔지 말해줄래?

- Can you tell me what **happened to your husband?**
  남편한테 무슨 일이 일어났는지 말해줄래?
- Can you tell me what**'s going on in there?**
  거기에 무슨 일인지 말해줄래?

014

Can you tell me where~?

…가 어디인지 말해줄래요?

- Can you tell me where **the toilet is?**
  화장실이 어딘지 알려줄래요?
- Can you tell me where **you're going to stay?**
  어디 머물건지 알려줄래요?

015

Can you tell me who ~?

누가 …한지 말해줄래?

- Can you tell me who **attacked you?**
  누가 너를 공격했는지 말해줄래?
- Can you tell me who **owns this car?**
  이 차의 주인이 누군이지 말해줄래?

016 Can't you see~?

…을 모르겠어?

- Can't you see she is causing problems?
  걔가 문제를 일으키고 있는 것을 모르겠어?
- Can't you see how unhealthy this is?
  이게 얼마나 건강에 안좋은지 모르겠어?

017 Chances are that ~

…할 가능성이 있어

- Chances are that he'd like to see you again.
  걔가 너를 다시 만나기를 원할 수도 있어.
- Chances are that it will be too hot.
  날씨가 무척 더울 수도 있어.

018 come to think of it,

마침 생각해보니, 그러고 보니

- Come to think of it, why don't you come to the movies with us? 그러고 보니, 너도 우리랑 영화보러 가는 게 어때?
- Come to think of it, maybe we don't have that much to give away 생각해보니, 우리가 줄게 별로 없는 것 같아

019 Could you do me a favor and ~ ?

부탁인데 …해줄래?

- Could you do me a favor and bring me a drink?
  부탁인데 마실 것 좀 갖다 줄테야?
- Can you do me a favor and drop this off at the lab?
  부탁인데 이거 좀 실험실에 갖다줄래?

020 Could you show me how to + V?

…하는 방법 좀 가르쳐 주시겠어요?

- Can you show me how to do that?
  그거 어떻게 하는 건지 알려줄래?
- Can you show me how to meet women?
  여자를 어떻게 만나는지 알려줄테야?

021 Could[Would] you let me know~?

…을 알려줄래?

- Could you let me know the total cost?
  총 합계가 얼마죠?
- Will you let me know if you think of anyone else?
  네가 다른 사람을 생각하고 있다면 내게 알려줘.

001 Did I say ~?

내가 …라고 했어?

- Did I say something funny?
  내 말이 웃겨?
- Did I say something I shouldn't have?
  내가 하면 안되는 말을 한거야?

002 Did I tell you ~?

내가 …을 말했었나?

- Did I tell you how glad I am you're back.
  네가 돌아와서 내가 얼마나 기쁜지 말했나?
- Did I tell you how I arrived in South Africa?
  내가 남아프리카에 어떻게 도착했는지 말했나?

003 Did you (ever) hear about ~?

…에 대해 들었(봤)니?

Did you hear about ~? …에 관한 소식 들었어요?

- Did you hear about her pregnancy?
  걔 임신에 관해 얘기 들었어?
- Did you hear about the girl who died yesterday?
  야, 어제 죽은 그 여자애 얘기 들었어?

004

Did you bring~?

…을 가져왔어?

- Did you bring me the picture?
  사진 가져왔어?
- Did you bring the items I wanted?
  내가 원했던 것 가져왔어?

005

Did you ever + V?

…해본 적 있어?

- Did you ever mentally undress her?
  너 맘속으로 걸 벗겨본 적 있어?
- Did you ever socialize outside the club?
  클럽 밖에서 사람들과 사귀어봤어?

006

Did you forget to + V?

…하는 것을 잊었니?

- Did you forget to take your medicine?
  네 약먹는 것을 잊었어?
- Did you forget to call Terry?
  테리에게 전화하는 것을 있었어?

007

Did you have a chance~?

…할 기회가 있었어?

- Did you have a chance to check it?
  확인할 기회가 있었어?
- Did you have a chance to check your e-mail?
  네 이메일을 확인할 기회가 있었어?

008 Did you have any~ ?

혹 …가 있었어?

- Did you have any more questions?
  다른 질문이 더 없었어?
- Did you have any luck finding it?
  운좋게 그걸 찾았어?

009 Did you have some~ ?

…가 좀 있었어?

- Did you have some questions to ask me?
  내게 뭐 물어볼 거 있었어?
- Did you have some coffee this morning?
  오늘 아침에 커피 좀 마셨어?

010 Did you hear~?

…란 말을 들었어?

- Did you hear that Cindy got married again?
  신디가 다시 결혼한다는 말 들었니?
- Did you hear that she went to China to study?
  걔가 공부하러 중국에 간 거 알아?

011 Did you know that~?

…을 알고 있어?

- Did you know I was allergic to shellfish?
  내가 조개에 앨러지가 있는 거 알고 있어?
- Did you know that Jane got divorced last month?
  제인이 지난 달에 이혼한 것 알고 있어?

012 **Did you let~ ?**

…하도록 했어?

- Did you let her smoke in here? 걔가 여기서 담배피도록 했어?
- Did you let Herb borrow the car? 허브가 자동차를 빌려가도록 했어?

013 **Did you see any problems with ~?**

…에서 어떤 문제라도 발견했어?

- Did you see any problems with the report?
  리포트에 어떤 문제라도 발견했어?
- Did you see any problems with our plan?
  우리 계획에 어떤 문제라도 발견했어?

014 **Did you see that S+V?**

…을 알아?, …을 봤어?

Did you see~다음에 명사가 올 수도 있다.

- Did you see that I sent you a text message?
  내가 문자 보낸 거 봤어?
- Did you see any problems with that?
  그거에 어떤 문제라도 발견했나요?

015 **Didn't you hear about ~ who~?**

…한 ~(사람)에 대해 들어 본 적 없어?

- Didn't you hear about the man who stole the money?
  그 돈을 훔친 사람에 대해 들어본 적 없었어?
- Didn't you hear about the actor who got arrested?
  체포된 배우에 대해 들어본 적 없었어?

016 Didn't I tell you to~ ?

내가 너보고 …하라고 하지 않았어?

- Dani! Didn't I tell you to always lock the door!
  대니! 내가 항상 문잠그라고 말하지 않았어!
- Didn't I tell you not to bite your nails!
  내가 손톱 물어뜯지 말라고 하지 않았어!

017 Do I have time to + V, before ~?

…전에 …할 시간이 돼?

- Do I have time to get a coffee before we go?
  가기 전에 커피 한잔 마실 시간 있을까요?
- Do I have time to eat before we get back to work?
  다시 일하기 시작 전에 먹을 시간이 있어?

018 Do I have to remind you S+V?

…을 다시 말해줘야겠어?

- Do I have to remind you how serious this situation is?
  이 상황이 얼마나 심각한지 상기시켜줘야 돼?
- Do I have to remind you it's potluck week?
  음식갖고오는 파티인 거 알지?

019 Do I understand that to mean~ ?

그게 …을 말하는 것으로 이해해도 돼?

- Do I understand that to mean Gail quit?
  그게 게일이 그만둔다는 것으로 이해해도 돼?
- Do I understand that to mean the delivery will be delayed? 배달이 늦어질거라고 이해해도 돼?

020
Do we have to talk~ ?

…을 얘기해야 돼?

- Do we have to talk **about this right now?**
  지금 이 얘기를 해야 돼?
- Do we have to talk **about your problems?**
  우리가 네 문제에 대해서 얘기해야 돼?

021
Do you believe S+V?

…라고 생각해?

- Do you believe that **she's attracted to me?**
  걔가 내게 끌려한다고 생각해?
- Do you believe **they are actually getting married?**
  걔네들 실제 결혼했다고 생각해?

022
Do you believe in~?

…의 존재를 믿어?

- Do you believe in **ghosts?**
  유령이 있다고 생각해?
- Do you believe **this as the truth?**
  그걸 사실이라고 믿습니까?

023
Do you have any idea what~ ?

…을 알기나 하는거야?

- Do you have any idea what **you just said?**
  네가 방금 뭐하고 했는지나 알어?
- Do you have any idea what **this means to me?**
  이게 나한테 무슨 의미인지나 알아?

024 Do you have any idea how~ ?

…을 알기나 하는거야?

- Do you have any idea how happy we're going to be?
  우리가 얼마나 행복해질지 알아?
- Do you have any idea how dangerous those are?!
  저것들이 얼마나 위험한 줄 알기나 해?!

025 Do you have any idea where~ ?

혹 …을 알아?

- Do you have any idea where she is?
  걔가 어디 있는지 알아?
- Do you have any idea where the remote is?
  리모트 컨트롤이 어디 있는지 알아?

026 Do you have any idea who~ ?

…을 알기나 하는거야?

- Do you have any idea who did this?
  누가 이랬는지 알아?
- Do you have any idea who would try to harm your son? 당신 아들을 해칠려고 할 사람이 누구 있나요?

027 Do you have any~ ?

혹 …가 있어?

- Do you have any plans for tonight?
  오늘 밤 뭐 계획있어?
- Do you have any questions for us?
  우리에게 무슨 질문이라도 있어?

028

Do you have enough to + V?

…할 것이 충분히 있어?

- Do you have enough to work on, this time of year?
  요즘 같은 철에 할 일이 충분히 있나요?
- Do you have enough to buy a train ticket?
  기차표를 살 돈이 충분해?

029

Do you have time to+V?

…할 시간이 있어?

to+V 대신에 for+N을 써도 된다.

- Do you have time to have dinner? 저녁 먹을 시간 있어?
- Do you have time to go there for me? 날 위해 거기 갈 시간 돼?

030

Do you know about ~ ?

…에 대해 들었(봤)니?

- Do you know about this? The earth's getting warmer.
  그거 알아? 지구가 더워진대.
- Do you know about the newest diet?
  가장 최신의 다이어트에 관해 알아?

031

Do you know any other ~?

또 다른 …를 알고 있어?

- Do you know any other dentists in this area?
  이 지역에 혹 다른 치과의사를 알고 있어?
- Do you know any other famous people?
  너 혹 다른 유명한 사람 알고 있어?

032 Do you know any~ ?

아는 …가 좀 있어?

- Do you know any **good restaurants?**
  좋은 식당 아는데 있어?
- Do you know any **good outlet malls in Chicago?**
  시카고에 좋은 아웃렛몰 있는 거 좀 알아?

033 Do you know anything about ~?

…에 대해 뭐 아는 거라도 있어?

- Do you know anything about **the computer games?**
  컴퓨터 게임에 대해서 뭐 아는 거 있어?
- Do you know anything about **that?**
  그거에 대해 아는 거 있어?

034 Do you know how to+V?

…하는 방법을 알아?

- Do you know how to **get there?**
  거기 어떻게 가는지 알아?
- Do you know how to **fix it?**
  그거 어떻게 고치는지 알아?

035 Do you know of any ~?

…중에 아는 데 있어?

- Do you know of any **cool places to hang out?**
  가서 놀 만한 데 어디 근사한 데 알아?
- Do you know of any **websites for single people?**
  싱글들을 위한 웹사이트 중에 아는데 있어?

036 Do you know of anyone who ~?

…한 사람을 알고 있어?

- Do you know of anyone who **collects art?**
  미술품을 수집하는 누구 아는 사람있어?
- Do you know of anyone who **fixes cars?**
  자동차를 수리하는 누구 아는 사람있어?

037 Do you know what~?

…을 알아?

- Do you know what **I mean?**
  내 말 알아 들었어?
- Do you know what **just happened?**
  방금 무슨 일이 일어났는지 알아?

038 Do you know when~?

언제 …하는지 알아?

- Do you know when **he might be back?**
  걔가 언제쯤 돌아올지 알아?
- Do you know when **the train leaves?**
  기차가 언제 출발하는지 아세요?

039 Do you know where~ ?

어디에 …하는지 알아?

- Do you know where **the subway station is?**
  전철역이 어디에 있는지 알아?
- Do you know where **your parents are?**
  네 부모님이 어디 계신지 알아?

040 Do you know who~ ?

누가 …하는지 알아?

- Do you know who did that?
  누가 그랬는지 알아?
- Do you know who I always liked?
  내가 항상 누굴 좋아했는지 알아?

041 Do you know how~ ?

얼마나 …인지 알아?

- Do you know how long I've wanted this?
  내가 이걸 얼마나 오랫동안 원했는지 알아?
- Do you know how much a ticket costs?
  티켓이 얼마나 되는지 알아?

042 Do you know why~ ?

왜 …인지 알아?

- Do you know why I'm laughing?
  내가 왜 웃고 있는지 알아?
- Do you know why people make fun of us?
  왜 사람들이 나를 놀려대는지 알아?

043 Do you know+N?

…을 알고 있어?

- Do you know the manger well?
  매니저 잘 알아?
- Do you know the origin of Valentine's Day?
  발렌타인데이의 기원을 알아?

044 Do you mean that ~?

…라는 말이니?

- Do you mean you won't be coming over for dinner?
  저녁먹으러 오지 않을거란 말야?
- Do you mean that you won't be working at all?
  일을 아예 안하겠다는 말야?

045 Do you mind ~ing?

…하면 안될까?, …해도 괜찮을까?

- Do you mind picking me up tomorrow?
  내일 나 좀 태워줄 수 있어?
- Do you mind turning the TV off?
  텔레비전 좀 끌래?

046 Do you mind if I talk ~?

내가 …얘기해도 될까?

- Do you mind if I talk to your kids?
  네 아이들에게 얘기해도 될까?
- Do you mind if I talk to Sam about this problem?
  내가 이 문제를 샘과 얘기해도 될까?

047 Do you mind if~

…해도 될까?

- Do you mind if I take a look around here?
  내가 여기 좀 둘러봐도 괜찮겠니?
- Do you mind if I use your bathroom?
  화장실 좀 써도 되겠어?

048 Do you mind?

그만해줄래?, 괜찮겠니?

문장의 끝에 이어지는 표현.

- I'd like to go for a walk. Do you mind? 산책하고 싶은데, 괜찮겠어?
- You've been talking throughout the meeting. Do you mind? 회의내내 떠드는데 그만 좀 할래?

049 Do you realize ~?

…을 깨달았어?

- Do you realize what's gonna happen? 무슨 일이 일어날 지 알고 있어?
- Don't you realize that sex is not fun and games? It's dangerous. 섹스는 재미난 놀이가 아니라는 걸 깨닫지 못했어? 섹스는 위험한거야.

050 Do you remember ~ing?

…한게 기억나?

- Do you remember talking to me yesterday? 어제 내게 얘기했던 거 기억나?
- Do you remember having a conversation with this young man? 이 젊은 사람과 얘기한 기억이 납니까?

051 Do you remember that S+V?

…가 기억나?

- Do you remember that you said you were going to get me a present? 내게 선물준다고 한 말 기억나?
- Do you remember that they got divorced? 걔네들이 이혼한거 기억나?

052 **Do you remember when[where]~?**

…가 기억나?

- Do you remember when you spent Thanksgiving with us? 우리랑 추수감사절 함께 보낸 거 기억해?
- Do you remember where the car was parked?
  차가 어디에 주차되어있는지 기억해?

053 **Do you remember how~?**

…가 어땠는지 기억나?

- Do you remember how your father used to be?
  네 아빠가 어땠는지 기억하니?
- Do you remember how he behaved at our wedding?
  걔가 우리 결혼식에서 어떻게 행동했는지 기억해?

054 **Do you think I could~?**

내가 …할 수 있을까?

- Do you think I could become a fighter jet pilot?
  내가 전투기 조종사가 될 수 있을 것 같아?
- Do you think I could catch a ride back into town with you? 시내로 가는데 차 좀 같이 탈 수 있을까요?

055 **Do you think you can[could]~ ?**

네가 …할 수 있을 것 같아?

- Do you think you can run faster than me?
  네가 나보다 더 빨리 달릴 수 있을 것 같니?
- Do you think you can do that for me?
  네가 날 위해 그걸 할 수 있을 것 같아?

056 Do you think S+V?

…라 생각해?

- Do you think the job will be finished on time?
  일이 제시간에 끝나리라고 생각해?
- Do you think the stock will bounce back?
  주식이 반등할 것같니?

057 Do you want me to + V?

내가 …할까요?

- Do you want me to check again?
  다시 확인해볼까요?
- Do you want me to go get them for you?
  내가 가서 그것들 가져올까요?

058 Do you want to talk about~?

…에 관해 얘기해볼테야?

- Do you want to talk about what happened?
  무슨 일이 있었는지 말해볼테야?
- You want to talk about good neighbor etiquette?
  지켜야 될 이웃예절에 대해 이야기해볼테야?

059 Do you want to tell me why~?

내게 왜 …인지 말해볼래?

- Do you want to tell me why it was a failure?
  내게 그게 왜 실패했는지 말해볼래?
- Do you want to tell me why your homework wasn't finished? 왜 숙제를 마치지 못했는지 말해볼래?

060 **Do you want to+V?**

…을 할래?

- Do you want to take a nap before dinner?
  저녁먹기 전에 낮잠 잘래?
- Do you want to come with us for drinks?
  우리랑 같이 한잔 하러 갈래?

061 **Do you want+N?**

…을 원해?

- Do you want a refund?
  환불원해요?
- Do you want a date Saturday?
  토요일날 데이트할래?

062 **Does anyone have an idea of ~ ?**

…에 대해 아는 사람있어?

- Does anyone have an idea of what time Joe left?
  몇시에 조가 떠났는지 혹 아는 사람있어?
- Does anyone have an idea of a gift for Mr. Turner?
  터너 선생님에게 줄 선물에 대해 뭐 생각있는 사람있어?

063 **Does it bother you if~ ?**

…하는게 거슬리니?

- Does it bother you if they make a lot of noise?
  걔네들이 시끄럽게 해서 신경쓰여?
- Does it bother you if I smoke?
  담배펴도 되겠어?

064 Does it bother you to +V ?

…해서 불편한가요?

- Does it bother you to see all this trash?
  이 쓰레기들을 보는게 불편해?
- Does it bother you to work in this lousy job?
  이 형편없는 직장에서 일하는게 불편해?

065 Does it make sense that ~?

…라는게 말이 돼?

부정의문형인 Doesn't it make sense that S+V?라고 물어봐도 된다.

- Does it make sense that they would say that?
  걔네들이 그런 말을 하다니 그게 말이 돼?
- Does it make sense for him to dump her like this?
  걔가 그녀를 이런 식으로 차버리는게 말이나 돼?

066 Don't bother to + V

굳이 …할 필요없어

- Don't bother to contact me again. 굳이 다시 내게 연락할 필요없어.
- Don't bother to come to Larry's wedding.
  굳이 래리의 결혼식에 올 필요없어.

067 Don't forget to~

…하는 것을 명심해

- Don't forget to get me a present
  내게 선물 사주는 거 잊지마
- Don't forget to bring your girlfriend for the party.
  파티에 여자친구 데려오는 거 잊지마

068 **Don't get me wrong, but~**

오해하지마, 하지만 …

- Don't get me wrong, but you look awful.
  오해는 하지 마세요. 얼굴이 아주 안 좋아 보이네요.
- Don't get me wrong, I'd love to work with you.
  오해하지마. 너랑 같이 하고 싶어

069 **Don't let sb ~**

…가 …하지 못하게 해

- Don't let her drive her car home.
  걔 집에 차갖고 못가게 해.
- Don't let him upset you.
  걔 신경 건드리지마

070 **Don't let sth**

…가 …하지 못하게 해

- Don't let it bother you.
  그 땜에 신경쓰지마
- Don't let it happen again.
  다신 그러지마.

071 **Don't make me feel~**

(내 기분을) …하게 하지마

- Don't make me feel bad. I don't like it either.
  기분 나쁘게 하지마. 나도 마음에 안 들어.
- Don't make me feel guilty for your drinking and partying. 너희 음주와 파티에 죄책감을 느끼게 만들지마.

072 Don't make me~

…하게 하지마

- Don't make me do anything that I'll regret.
  내가 후회할 일은 하게 하지 말아줘.
- Don't make me laugh! 웃기지 좀 마!

073 Don't take it personally, but ~

기분 나빠하지마, 하지만…

- Don't take it personally, but I don't like your new haircut. 기분 나쁘게 생각하지마 하지만 네 새 머리스타일이 맘에 안 들어.
- Don't take it personally. You'll thank me for this one day 화내지마. 언젠가 감사할거야

074 Don't tell me that~

설마 …라는 얘기는 아니겠지

- Don't tell me you don't remember!
  기억안나다고는 하지마!
- Don't tell me it doesn't matter.
  상관없다고 말하지마.

075 Don't tell me to~

내게 …하라고 하지마

- Don't tell me to calm down!
  나보고 조용히 하라고 하지마!
- Don't tell me to stay here!
  나보고 여기 있으라고 하지마!

076 **Don't tell~**

…라고 말하지마

- Don't tell a soul.
  아무에게도 말하지마.
- Please don't tell anyone I've had plastic surgery.
  내가 성형수술했다는 거 아무한테도 말하지마.

077 **Don't try to~**

…하려고 하지마

- Don't try to apologize right now.
  지금 당장 사죄하지마.
- Don't try to make me feel better.
  나 기분 좋게 하려고 하지마.

078 **Don't worry about+N (~ing)**

(가) …하는걸 신경쓰지마

- Don't worry about it. You'll make it through.
  걱정마. 넌 해낼거야.
- Don't worry about me paying off your debt.
  내가 네 빚을 갚는 거 걱정마.

079 **Don't you dare + V**

그렇게는 안되지

- Don't you dare talk to me as a mother.
  멋대로 엄마처럼 내게 말하지마.
- Don't you dare accept that invitation.
  멋대로 그 초대를 받아들이지마.

080 Don't you know~?

…을 몰라?

- Don't you know **how to read an x-ray?**
  엑스레이를 어떻게 보는지 몰라?
- Don't you know **what's going on?**
  무슨 일이 벌어지고 있는지 몰라?

081 Don't you need~ ?

…가 필요하지 않아?

- Don't you need **tools to fix the sink?**
  싱크대 수리할 도구가 필요하지 않아?
- Don't you need **snacks for the party?**
  파티에 쓸 과자들이 필요하지 않아?

082 Don't you think (that) ~?

…라고 생각하지 않니?

부정으로 물어보는 것으로 말투에서도 느껴지듯이 자기 생각을 강조해서 전달하거나 혹은 억양에 따라 질책과 책망의 뉘앙스까지도 줄 수 있는 표현.

- Don't you think **it's time you went home?!**
  벌써 집에 늦은 것 같지 않아?
- Don't you think **it's kind of selfish?**
  좀 이기적인 것 같지 않니?

CHECK IT OUT! 문장속에서 확인해보기!

A: Did you see that Brandon has a new girlfriend?
B: Another one? She's his fifth this year.
A: He's quite a womanizer, isn't he?

A: 브랜든한테 새 여자 친구 생긴 거 알고 있었어?
B: 또? 올해만 벌써 다섯번째군.
A: 걘 정말이지 카사노바야, 그렇지 않니?

★ be quite a+N는 명사를 강조하는 방식으로 be such a adj+N과 유사한 강조어법이다.

A: Excuse me, **can you tell me where** the bathroom is?
B: Sure… it's just down the hall to your left.
A: Thanks, I'll be back soon.

A: 죄송하지만 화장실이 어디 있나요?
B: 네, 복도를 내려가다 보면 왼편에 있어요.
A: 고마워요. 곧 돌아올게요.

★ sure는 확실한 이라는 형용사로 회화에서 참 많이 쓰이는 단어중의 하나이지만 여기서는 Yes에 해당되는 간단한 대답으로 Of course와 같은 의미이다.

A: Do you have time to have dinner?
B: Not really, I think I must be going now.
A: That's too bad. I was hoping you'd stay for dinner.

A: 저녁 먹을 시간 있어요?
B: 실은 안 돼요. 지금 가봐야 될 것 같아요.
A: 그렇군요. 남아서 식사하시기를 바랬는데요.

★ 식사명사 앞에는 관사가 붙지 않는다. have dinner, have lunch처럼 말이다.

A: Please line up at the other counter.
B: **Could you say** that a little louder please?
A: Line up at the other counter!

A: 다른 계산대로 좀 서 주세요.
B: 좀더 크게 얘기해 주실래요?
A: 다른 계산대에 가서 줄 서세요!

★
조금이라는 표현으로 a little이 쓰였는데 이와 함께 같은 의미로 자주 사용되는 것으로 a little bit, a bit 등이 있다.

A: I can't come to your house tonight.
B: **Do you mean** you won't be coming over for dinner?
A: That's right. I've got soccer practice.

A: 오늘밤에 너희 집에 못가.
B: 저녁 먹으러 못 온다는 말야?
A: 그래, 축구 연습이 있어서.

★
won't의 발음은 [wount]이다. want와 구분해야 한다.

A: Could I speak to Mike, please?
B: He's not in yet.
A: **Could you tell** him Miller called?

A: 마이크와 통화할 수 있을까요?
B: 아직 출근 전이신데요.
A: 밀러가 전화했다라고 해주시겠습니까?

★
구어체에서는 Is ~ in?, Please get me ~라고 한다.

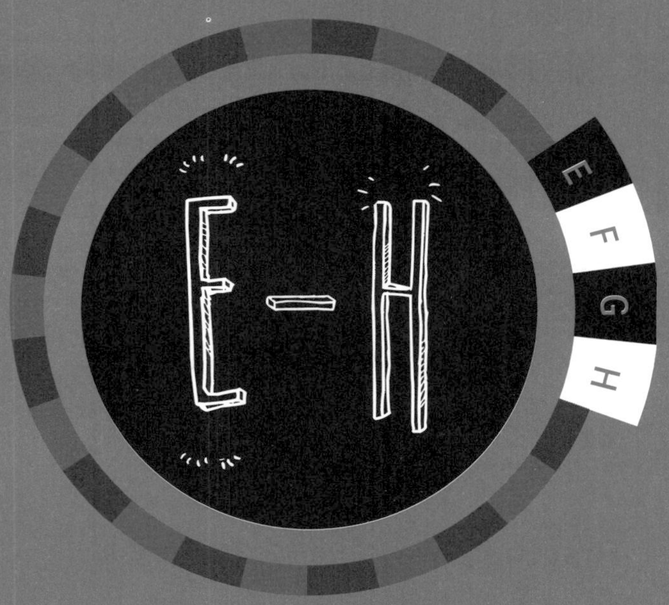
E-H
E
F
G
H

001 even though ~

비록 …이지만, …라고 하더라도

- She tried to continue the song even though nobody listened. 아무도 듣지 않는데 걘 노래를 계속하려고 했어. .
- Even though she never turned back, she knew Tom was behind her. 비록 뒤돌아보지 않았지만 탐이 뒤에 있다는 걸 알고 있었어.

002 Feel free to + V

마음놓고 …해

- Feel free to come over to my place.
  어려워 말고 집에 들러.
- Feel free to stay here as long as you like.
  계시고 싶을 때까지 마음놓고 머무세요.

003 First thing we have to do here is~

우리가 제일 먼저 해야 되는 일은 …

- First thing we have to do here is call the police.
  가장 먼저 해야 할 일은 경찰에 신고하는거야.
- First thing we have to do here is clean up.
  우리가 제일 먼저 해야 할 일은 청소하는거야.

004

give sth some thought

…에 대해 생각 좀 해보다

- Maybe you should give it some thought.
  넌 그거에 대해 생각 좀 해봐야 될지 몰라.
- You should give it some thought.
  그거 생각 좀 해봐.

005

go to + 장소 + on business

…로 출장가다, 업무차 …에 가다

- I'm going to Japan for a week on business.
  사업상 일주일간 일본에 갈거야.
- I go abroad on business several times a year.
  난 일년에 수차례 해외출장을 가.

006

God knows wh~~

…은 아무도 몰라

God know (that) S+V가 되면 정말로…하다라는 강조패턴이 된다.

- God knows what he did to my daughter.
  걔가 내 딸에게 무슨 짓했는지 아무도 몰라.
- God knows I owe you so much.
  정말이지 네게 신세진 게 많아

007

have ~ left

…가 남아있다

- I have a lot of work left. 난 할 일이 많이 남아 있어.
- We don't have much time left. 시간이 얼마 남지 않았어.

008 Have they done anything to + V ~ ?

…하기 위한 일을 뭔가 좀 했니?

- Have they done anything to fix the copier?
  복사기를 수리하기 위해 뭔가 좀 해봤어?
- Have they done anything to improve their service?
  서비스를 향상시키기 위해 뭔가 좀 해봤어?

009 Have you ever been ~ ?

…을 해본 적이 있어?

- Have you ever been to New York?
  뉴욕에 가 본적 있어?
- Have you ever been married?
  결혼한 적 있어?

010 Have you ever been to + 장소 ~?

…에 가본 적 있니?

- Have you ever been to Disneyland?
  디즈니랜드에 가본 적 있어?
- Have you ever been to this restaurant before?
  전에 이 식당에 와본 적 있어?

011 Have you ever+p.p. ~ ?

…한 적 있어?

- Have you ever seen anything like that?
  저런 거 본 적 있어?
- Have you ever visited New York?
  뉴욕에 가본 적 있어?

012 **Have you ever wondered why~?**

…의 이유가 뭔지 생각해 본 적 있니?

- Have you ever wondered why Sue is so vain?
  수가 왜 그렇게 허영심이 많은지 생각해본 적 있어?
- Have you ever wondered why we don't have money?
  우리에게 왜 돈이 없는지 생각해본 적 있어?

013 **Have you had any problems ~ing?**

…하는 데에 어떤 문제가 있었니?

- Have you had any problems finding an apartment?
  아파트를 찾는데 어려움을 겪은 적 있어?
- Have you had any problems with credit card fraud or identity theft? 신용카드 사기나 신분도용 등으로 어려움으로 겪은 적 있어?

014 **Have you heard about ~ ?**

…대해 들어봤어?

Have you heard sb+V?의 패턴도 함께 써본다.

- Have you heard about her secret boyfriend?
  걔의 숨겨 놓은 애인얘기 들어봤어?
- Have you ever heard him talk about his mother?
  걔가 자기 엄마 얘기하는 거 들어본 적 있어?

015 **Have you heard that~?**

…라는 소식 들었니?

- Have you heard that the factory is closing?
  너 공장이 문 닫는다는 얘기 들어봤어?
- Have you heard that we will have a special meeting today? 오늘 특별회의 있는 거 들었어?

016 Have you thought about ~ing?

…에 대해 생각해 본 적 있어?

- Have you ever thought about having children?
  애를 가져보는 걸 생각해본 적 있어?
- Have you ever thought of that?
  그거 생각해본 적 있어?

017 Have you thought S+V?

…을 생각해봤어?

- Have you ever thought your wife might be sick?
  부인이 아플 수도 있다고 생각해봤어?
- Have you thought your girlfriend cheated?
  네 여친이 바람을 핀다고 생각해본 적 있어?

018 Have you tried + N[~ing]?

…을 해봤니?

- Well, have you tried calling him or contacting him?
  저기, 걔한테 전화를 하거나 연락을 해본 적이 있어?
- Have you tried to get their attention?
  걔네들의 관심을 끌려고 해본 적이 있어?

019 He told me to~

걘 내게 …라고 했어

- She told me to tell you to call her.
  걔가 너보고 자기한테 전화하라고 했어.
- He told me to save my money.
  걔는 나보고 돈을 절약하라고 했어.

020 **Help yourself to~**

맘대로 …해

- Please help yourself to anything in the fridge.
  냉장고에 있는 거 맘대로 갖다 들어요
- Help yourself to the cake.
  케익 마음껏 들어.

021 **Here are[is]~**

자 여기 있어

- Here are your tickets. 여기 티켓 받아.
- Here is my passport and driver's license.
  여기 여권과 운전면허증 있습니다.

022 **Here comes~**

…가 온다

- Here comes the cocktail waitress.
  칵테일 웨이트리스가 오네.
- Hey, look! Here comes my airplane.
  야, 저기 봐! 내 비행기가 오고 있어.

023 **Here is sth that~**

…한 …야

Here is sth for sb to+V의 구문도 함께 써본다.

- Here are the tickets to the concert that I promised.
  내가 약속한 콘서트 티겟야.
- Here is some money for you to buy new clothes.
  이 돈으로 새 옷 좀 사 입어.

024 Here's something~

이거 …한거야

- Here's something I got to tell you.
  네게 할 말이 있어.
- Here's something for you. I got it on sale.
  이거 너 줄려고. 세일 때 샀어.

025 Here's what~

이게 바로 …야

- Here's what I want you to do.
  네가 했으면 하고 바라는 건 이거야.
- Here's what I want to ask you.
  이게 바로 네게 물어보고 싶은거야.

026 He's one of the ~

걔는 …중의 하나야

- I heard he was one of the best player for the game.
  그 게임의 최고의 선수 중 하나였다고 들었어.
- He's one of the reasons I wanted to stop by.
  걔는 내가 들르고 싶어했던 이유중의 하나야.

027 Hopefully S + will + V

…하면 좋으련만

- Hopefully I won't need to do that.
  그럴 일이 없었으면 좋겠어.
- Hopefully she won't need any more surgery.
  바라건대 걔가 수술을 더 안 받았으면 좋겠어.

028

How about S+V?

…하는게 어때?

- How about we go to the movies tonight?
  오늘 저녁 영화가는거 어때?
- How about we talk about this over dinner?
  저녁하면서 이 문제 얘기해보면 어때?

029

How about~ing?

…하는게 어때?

- How about going out for dinner?
  저녁 먹으러 나갈까?
- How about going out for a drink tonight?
  오늘 밤 한잔하러 나가자?

030

How am I supposed to~ ?

내가 어떻게 …하겠어?

- How are we supposed to sleep at night?
  밤에 우리보고 어떻게 자라는거야?
- I don't cook, how am I supposed to cook for them?
  난 요리를 안하는 데 어떻게 내가 걔네들에게 요리를 해주겠어?

031

How can I do this when~ ?

…한데 내가 어떻게 이럴 수가 있겠어?

- How can I do this when I feel so bad?
  내 기분이 안좋은데 내가 어떻게 이렇게 할 수 있겠어?
- How can I do this when I am so depressed?
  내가 이렇게 우울한테 어떻게 이렇게 할 수 있겠어?

032 How can I explain to sb that~ ?

내가 어떻게 …에게 …라고 설명할 수 있겠어?

- How can I explain to Carrie that I don't love her?
  내가 어떻게 캐리에게 사랑하지 않는다고 설명할 수 있겠어?
- How can I explain to Neil that he's been fired?
  닐에게 어떻게 해고됐다고 설명을 할 수 있겠어?

033 How can I tell~ ?

내가 어떻게 …을 알 수 있겠어?

- How can I tell you won't do it again?
  네가 다신 그러지 않는다는 걸 내가 어떻게 알 수 있겠어?
- How can I tell you are being honest?
  네가 정직하다는 것을 내가 어떻게 알 수 있겠어?

034 How can you think about[of] + ~ing?

어떻게 …라는 생각을 할 수 있는 거지?

- How can you think about staying up all night?
  어떻게 밤샐 생각을 할 수 있는거야?
- How can you think about eating at a time like this?
  이 시간에 어떻게 먹을 생각을 할 수 있니?

035 How can you be so sure~ ?

어떻게 …을 확신할 수 있어?

- How can you be so sure he's going to go along with this? 걔가 이거에 동의할 거라는 걸 어떻게 확신할 수 있나?
- How can you be so sure you are right?
  네가 맞다고 어떻게 그렇게 확신하는거야?

036
How can you be so~?

어떻게 그렇게 …할 수 있어?

- How can you be so **irresponsible?**
  어떻게 그렇게 무책임한거야?
- How can you be so **selfish?**
  어떻게 그렇게 이기적인거야?

037
How can you let ~ ?

어떻게 …하도록 놔뒀어?

- How can you let **him talk to your coach like that?**
  넌 어떻게 걔가 네 코치에게 그런 식으로 말하게 놔뒀어?
- How can you let **him tell you what to do?**
  어떻게 네 남편이 이래라저래라 하게끔 한거야?

038
How can you not + V?

어떻게 …하지 않을 수가 있어?

- How can you not **care about your future?**
  어떻게 네 미래에 신경을 쓰지 않을 수 있어?
- How can you not **talk to her about this?**
  어떻게 걔한데 이 얘기를 안할 수 있어?

039
How can you not know~ ?

어떻게 …을 모를 수가 있어?

- How can you not know **about the scandal?**
  어떻게 그 스캔들에 대해 모를 수가 있어?
- How can you not know **about Beethoven?**
  넌 어떻게 베토벤을 모를 수가 있어?

040 How can you not think~ ?

어떻게 …에 대해 생각하지 않을 수 있어?

- How can you not think **about death?**
  어떻게 죽음에 대해 생각하지 않을 수 있어?
- How can you not think **about quitting?**
  어떻게 그만둔다는 생각을 하지 않을 수 있어?

041 How can you say (that) S + V?

어떻게 …라고 말하는거야?

- How can you say that **it doesn't matter?**
  어떻게 그게 상관없다고 말할 수 있어?
- How can you say **it is meaningless?**
  어떻게 그게 의미없다고 말할 수 있어?

042 How can you say all this, when~?

…한데 어떻게 이 모든 얘기를 할 수 있어?

- How can you say all this when **we just met?**
  우린 방금 만났는데 어떻게 이 모든 얘기를 할 수 있어?
- How can you say all this when **you know it's forbidden?** 그게 금지된 것을 알고도 어떻게 이 모든 것을 얘기할 수 있어?

043 How come S + V?

어째서 …해?

- How come **you're late?**
  왜 늦은 거야?
- How come **you didn't tell me?**
  어째서 내가 말하지 않았어?

044 **How come you think ~?**

왜 …라고 생각하는거야?

- How come you think this place is dangerous?
  왜 이곳이 위험하다고 생각해?
- How come you think women are smarter than men?
  왜 여성이 남성보다 똑똑하다고 생각해?

045 **How could I be so~ ?**

어떻게 내가 …할 수 있을까?

- How could I be so foolish?
  내가 어떻게 그렇게 어리석을 수가 있을까?
- How could I be so exhausted?
  내가 어떻게 그렇게 지칠 수가 있을까?

046 **How could I know that~?**

내가 …을 어떻게 알았겠어?

- How could I know that she'd get angry?
  걔가 화낼거라는 것을 내가 어떻게 알았겠어?
- How could I know that everyone was asleep?
  다들 자고 있다는 것을 내가 어떻게 알았겠어?

047 **How could you be so~?**

어떻게 그렇게 …할 수가 있어?

- How could you be so cruel to me?
  넌 어떻게 내게 그렇게 잔인할 수가 있어?
- How could you be so insensitive?
  너 어떻게 그렇게 무감각할 수 있어?

048 How could you believe~ ?

어떻게 …라고 생각할 수 있어?

- How could you believe UFOs are real?
  어떻게 UFO가 진짜라고 믿을 수가 있어?
- How could you believe she even liked you?
  어떻게 걔가 널 좋아했다고 생각할 수 있어?

049 How could you have+pp?

어떻게 …을 했을 수가 있었어?

- How could you have kept all of this from me?
  어떻게 이 모든 걸 나한테 숨길 수가 있었어?
- How could you have lent him your car?
  넌 어떻게 걔한테 네 차를 빌려줬어?

050 How could you not know~ ?

어떻게 …를 모를 수가 있어?

- How could you not know about the exam?
  어떻게 시험에 대해 모를 수가 있어?
- How could you not know what she was mad about?
  걔가 왜 화냈는지 어떻게 모를 수가 있어?

051 How could you not tell me~?

어떻게 내게 …을 말하지 않을 수 있어?

- How could you not tell me what happened?
  무슨 일인지 어떻게 내게 말하지 않을 수 있어?
- How could you not tell me she called?
  전화했다는걸 어떻게 내게 말하지 않을 수 있었어?

052 How could you not~ ?

어떻게 …하지 않을 수가 있어?

- How could you not mention it?
  어떻게 그걸 언급하지 않을 수 있어?
- How could you not tell us?
  어떻게 우리에게 말하지 않을 수 있어?

053 How could you possibly think~?

어떻게 …라고 생각할 수 있어?

- How could you possibly think that?
  어떻게 그렇게 생각을 할 수 있어?
- How could you possibly think she was having a baby?
  어떻게 걔가 애를 가졌다고 생각할 수 있어?

054 How could you say S+V?

어떻게 …라고 말할 수 있어?

- How could you say such a thing?
  네가 어떻게 그런 말을 할 수 있어?
- How could you say yes to that?
  어떻게 그걸 승낙할 수 있어?

055 How could you tell sb~ ?

어떻게 …에게 …라는 말을 할 수가 있어?

- How could you tell Max that we haven't had sex?
  어떻게 맥스에게 우리가 섹스한 적이 없다고 말할 수 있어?
- How could you tell Frank to go to hell?
  어떻게 프랭크에게 지옥에나 가라고 말할 수 있어?

056 How could you think~ ?

어떻게 …라고 생각할 수가 있어?

- How could you think that this would work?
  어떻게 이게 통할거라고 생각할 수 있어?
- How could you think that this guy is right for me?
  이 사람이 내 이상형이라고 어떻게 생각할 수 있어?

057 How could you+V?

어떻게 …할 수가 있어?

- How could you do this to me?
  어떻게 내게 그럴 수 있어?
- How could you set me up with this creep?
  어떻게 그런 이상한 놈을 소개시켜준거야?

058 How dare you +V?

어떻게 …할 수가 있어?

- How dare you treat Sam that way!
  어떻게 네가 샘을 그런 식을 대하니!
- How dare you give me that look?
  어떻게 나를 그런 식으로 쳐다볼 수가 있어?

059 How did I not know[see]~ ?

어떻게 내가 …을 몰랐을까?

- How did I not know that kid was gay?
  걔가 게이란걸 어떻게 내가 몰랐을까?
- How did I not see you sitting back there?
  네가 거기에 앉아 있는걸 어떻게 내가 못봤을까?

060 **How did it go with~?**

…가 어떻게 되었어?

- How did it go with Erin?
  에린하고 어때?
- How did it go with the dancer?
  댄서하고는 어떻게 됐어?

061 **How did you know~?**

어떻게 …을 알았어?

- How did you know Jack was cheating?
  잭이 바람피는 걸 어떻게 알았어?
- How did you know that's my favorite car?
  그게 내가 젤 좋아하는 차인줄 어떻게 알았어?

062 **How did you like~ ?**

…가 어땠어?

- How did you like New York?
  뉴욕 어땠어?
- How did you like working in Seoul?
  서울에서 일하는게 어땠어?

063 **How did you think~?**

…을 어떻게 생각했어?

- How did you think the group got here?
  사람들이 여기에 어떻게 올거라 생각했어?
- How did you think he got into Harvard?
  걔가 하버드에 어떻게 들어갈거라 생각했어?

064 How do I know~?

내가 …을 어떻게 알아?

- How do I know when it's gonna start?
  그게 언제 시작할지 어떻게 알아?
- How do I know you won't lie to me?
  네가 내게 거짓말을 하지 않으리라는 걸 내가 어찌 아나?

065 How do you like~ ?

…가 어때?

- How do you like your new computer?
  새로 산 컴퓨터 어때?
- How do you like my new suit?
  내 새 옷은 어때?

066 How do you like it when~ ?

…한다면 어떻겠어?

- How do you like it when I do it to you?
  내가 네게 그런다면 어떻겠어?
- How do you like it when you're treated unfairly?
  네가 부당한 대우를 받는다면 어떻겠어?

067 How do you feel about ~?

…을 어떻게 생각해?

- How do you feel about the price of gas?
  기름값이 어떤 것 같아?
- How do you feel about the trip to New York?
  뉴욕 여행 가는 거 어때?

068 How do you know~?

…을 어떻게 알아?

- How do you know this guy's right for you?
  이 남자가 네게 맞는 짝이라는 것을 어떻게 알아?
- How do you not know your kid's pregnant?
  어떻게 네 아이가 임신한 걸 모르고 있어?

069 How do you think S+V?

…에 대해 어떻게 생각해?

- How do you think the dog got inside?
  개가 안에 들어간걸 어떻게 생각해?
- How do you think that makes me feel?
  그럼 기분이 어떻게 될거라 생각해?

070 How does he know~?

걔가 어떻게 …알고 있어?

- How does he know all of the details?
  걔는 어떻게 모든 상세한 사항을 다 알고 있어?
- How does she know you're here?
  걔는 네가 여기 있다는 걸 어떻게 알고 있는거야?

071 How does it feel to~?

…하니 기분이 어때?

- How does it feel to complete a marathon?
  마라톤을 완주하니 기분이 어때?
- How does it feel to be single again?
  다시 싱글이 되니 기분이 어때?

072 How has no one thought of~?

어떻게 아무도 …을 생각못했을까?

- How has no one thought of that idea yet?
  어떻게 아무도 그 생각을 하지 못했을까?
- How has no one thought of the problems that will occur? 어떻게 아무도 일어날 문제점들을 생각못했을까?

073 How have you been since~ ?

…이후로 어떻게 지냈어?

- How have you been since your heart attack?
  네 심장마미 이후로 어떻게 지냈어?
- How have you been since last we met?
  우리가 마지막으로 만난 이후에 어떻게 지냈어?

074 How long ~?

…하는 데 얼마나 걸려?

- How long are you planning to stay in the US?
  미국엔 얼마나 머물 계획이세요?
- How long are you gonna stay mad at me?
  얼마동안 내게 화를 낼거야?

075 How long since~?

…한지 얼마나 됐어?

- How long since you've seen a girl naked?
  여자 나체를 본 지 얼마나 됐어?
- How long since your dad visited?
  네 아빠가 들른지 얼마나 됐어?

076 **How long before ~?**

얼마나 지나야 …할거야?

- How long before you have to leave?
  얼마나 있다가 가야 돼?
- How long before this takes effect?
  얼마나 지나서 이게 효과가 있어?

077 **How long do you think S+will+V?**

…하는 데 얼마나 걸려?

- How long do you think you're going to be here?
  여기까지 얼마나 빨리 올 수 있을 것 같아?
- How long do you think till your dad will be back?
  아빠는 언제쯤 올 것 같아?

078 **How long do[did] you~ ?**

얼마동안 …해[했어]?

- How long do you need to stay?
  얼마동안 머물러 있어야 돼?
- How long did you work at the store?
  그 가게에서 일한 지 얼마나 됐어?

079 **How long does it take to ~?**

…하는 데 얼마나 걸려?

- How long does it take to get dressed?
  옷을 입는데 얼마나 걸려?
- How long does it take for you to get to work?
  출근하는데 얼마나 걸려?

080 How long have you+pp?

얼마동안 …했어?

- How long have you been working on that project?
  그 프로젝트 얼마동안 했어?
- How long have you been dating him?
  걔하고 데이트 얼마나 했어?

081 How long have you known~ ?

얼마동안 …을 알고 지냈어?

- How long have you known my client?
  얼마동안 내 고객과 알고 지냈어?
- How long have you known Larry was gay?
  래리가 게이라는걸 얼마동안 알고 있었어?

082 How long was+N?

…하는데 얼마나 걸렸어?

- How long was the baby left inside the car?
  그 아이는 얼마나 오래동안 차안에 방치되었어?
- How long was your shift that night?
  그날 저녁 네 근무시간을 얼마나 걸렸어?

083 How long will it take ~ to~?

…하는데 시간이 얼마나 걸릴까?

- How long will it take you to get there?
  네가 거기 가는데 얼마나 걸릴까?
- How long will it take Nelly to get ready?
  넬리가 준비하는데 얼마나 걸릴까?

084 **How many+N+조동사+S+V?**

얼마나 많이 …해?

- How many kids are you going to have?
  얘를 몇이나 가질거야?
- How many calories have you had today?
  오늘 칼로리를 얼마나 섭취했어?

085 **How many N+V?**

얼마나 많은 …가 …했어?

- How many people came to see you off?
  널 배웅하러 몇 사람이 나온거야?
- How many people came to the party?
  얼마나 많은 사람들이 파티에 왔니?

086 **How many times do[did] S+V?**

몇번이나 …하니[했니]?

- How many times do I have to say I'm sorry?
  내가 몇 번이나 미안하다고 해야 돼?
- How many times did you hit her?
  몇 번이나 걜 때린거야?

087 **How many times have I told you ~?**

내가 …라고 얼마나 말했니?

- How many times have I told you to stay out of my freezer? 냉장고에 얼씬대지 말라고 몇 번이나 말했어?
- How many times have I told you to clean up?
  청소하라고 내가 몇 번이나 말해야겠어?

088 How many 조동사 S+V?

얼마나 많이 …해?

- How many do you want?
  몇 개를 원해?
- How many did you sell tonight?
  오늘밤에 몇 개나 팔았어?

089 How much is+N?

…가 얼마야?

- How much is the delivery?
  운송비는 얼마죠?
- How much is this dress?
  이 옷이 얼마예요?

090 How much does it cost to ~?

…하는 데 얼마입니까?

- How much did it cost you?
  얼마 주고 샀어?
- How much does it cost to fly to New York first-class?
  뉴욕에 일등석으로 가면 얼마나 들어?

091 How much time will it take to~ ?

…하는데 시간이 얼마나 걸려?

- How much time will it take to get there?
  거기 가는 데 시간이 어느 정도 걸려?
- How much time will it take to repair this?
  이거 수리하는데 시간이 얼마나 걸려?

A-D
E-H
I-K
L-T
W-Y

092 How much 조동사 S+V?

얼마를 …해?

- How much do I owe you?
  얼마 내면 되죠?
- How much do you love your wife?
  네 아내를 얼마나 사랑해?

093 How much+N 조동사 S+V?

얼마나 많은 …을 해?

- How much time do you need?
  얼마나 많은 시간이 필요해?
- How much gas would you like?
  기름 얼마나 넣어드릴까요?

094 How often do[did] you ~?

얼마나 자주 …해[했어]?

- How often do you talk about her?
  얼마나 자주 걔 이야기를 해?
- How often did you see her?
  얼마나 자주 걔를 봤어?

095 How soon before~?

얼마나 빨리 …해?

- How soon before she's back up on her feet?
  걘 얼마나 빨리 재기를 했어?
- How soon before the show starts?
  얼마나 빨리 쇼가 시작돼?

096 How soon can[will] ~?

얼마나 빨리 …할 수 있어?

- How soon can it be delivered?
  그게 얼마나 빨리 배달되나요?
- How soon will you be able to get here?
  언제쯤 여기에 도착할 수 있죠?

097 How soon do[does]~ ?

얼마나 빨리 …해?

- How soon do you expect him back?
  언제쯤 돌아올까요?
- How often did he do this?
  걔가 얼마나 자주 이걸 했어?

098 How was I supposed to know~?

내가 어떻게 …을 알겠어?

- How was I supposed to know?
  내가 어떻게 알았겠어?
- How was I supposed to understand that?
  내가 어떻게 그걸 이해할 수 있었겠어?

099 How was it with~ ?

…는 어땠니?

- How was it with your friends?
  네 친구들은 어땠니?
- How was it with the members of the debate club?
  토론클럽의 멤버들하고는 어땠어?

100
How was+N?
…는 어땠어?

- How was the movie last night? 어젯밤에 영화는 어땠어?
- How was your date last night? 지난 밤 데이트 어땠어?

101
How would I know if you~ ?
네가 …인지 내가 어떻게 알겠어?

- How would I know if you were telling the truth?
  네가 진실을 말하는건지 내가 어떻게 알겠어?
- How would I know if I'm in love?
  내가 사랑에 빠진 줄 내가 어떻게 아는거야?

102
How would you feel about~ ?
…가 어떨 것 같아?

- How would you feel about the two of us checking into a romantic hotel tomorrow?
  우리 둘이 내일 멋진 호텔에 투숙하는게 어떨 것 같아?
- How would you feel about delaying the party?
  파티를 연기하는게 어떨 것 같아?

103
How would you know if~?
…한다면 기분이 어떻겠어?

- How would they feel about me joining in?
  내가 끼면 어떻겠어?
- How would you feel if I was hanging out with my ex-boyfriend? 내가 전 남친과 어울린다면 네 기분이 어떻겠어?

104

How would you know~ ?

네가 …을 어떻게 알아?

- How would you know how to open a locked door?
  잠긴 문을 어떻게 여는지 네가 어떻게 알아?
- How would you know how that feels?
  그게 어떤 기분인지 네가 어떻게 알겠어?

105

How would you like+N ~?

…은 어떻게 해드릴까요?, …은 어떠세요?

- How would you like your steak, sir?
  스테이크를 어떻게 해드릴까요?
- How would you like some ice cream?
  아이스크림 좀 먹을테야?

106

How would you like it if+과거동사?

…한다면 어떻겠어?

- How would you like it if I told everyone that you were a spy? 네가 스파이라고 모두에게 얘기한다면 어떻겠어?
- How would you like it if I were mean to you?
  내가 너한테 야비하게 굴면 어떻겠어?

107

How would you like to ~ ?

…하는게 어때?

- How would you like to get together? Say next Friday?
  만나는 게 어때? 담주 금요일로?
- How would you like to come by for a drink?
  술 한잔 하러 잠시 들를래?

CHECK IT OUT! 문장속에서 확인해보기!

A: **Here are** the papers you asked for.
B: Oh, thanks. That was quick!
A: Yeah, I just photocopied them at the office.

A: 부탁했던 서류 여기 있어요.
B: 아, 고마워요. 빠르네요!
A: 네, 방금 사무실에서 복사했어요.

★
여기서 photocopy는 복사기로 복사했다는 의미.

A: Would you like a glass of wine before dinner?
B: No, thank you. I'd prefer a beer if you have one.
A: Certainly, **how about** a dark beer?

A: 저녁 먹기 전에 와인 한잔 드시겠어요?
B: 아니오, 됐어요. 맥주 있으면 한잔 하고 싶은데요.
A: 물론이죠, 생맥주 어때요?

★
Certainly는 Of course라는 의미로 Definitely, Absolutely와 같은 맥락의 표현으로 생각하면 된다.

A: **How could you** do something like that?
B: I promise I won't let it happen again.
A: How can I be sure?

A: 어떻게 그럴 수가 있죠?
B: 다신 그런 일 없을 거예요. 약속해요.
A: 그걸 어떻게 믿죠?

★
반대로 다시는 그러지 말라고 당부할 때는 Don't let it happen again이라고 하면 된다.

A: Oh my God! **How could I have done** that?
B: Don't worry about it.
A: I feel like an idiot.

A: 어머나, 세상에! 내가 왜 그랬을까?
B: 걱정하지 마세요.
A: 바보가 된 기분이에요.

★
I feel like ~ing하면 ...하고 싶다가 되지만 I feel like+N하게 되면 ...와 같은 느낌이다라는 뜻이 된다.

A: May I speak to Bill, please?
B: He just stepped out for lunch.
A: **How soon** do you expect him back?

A: 빌 좀 바꿔 주시겠어요?
B: 점심식사하러 방금 나가셨는데요.
A: 언제쯤 돌아올까요?

★
step을 이용하여 지금 자리에 없다고 말하는 전형적인 또 다른 표현으로는 He just stepped out of the office라고 한다.

A: I don't see anything I want in this store.
B: **Have you been to** the fifth floor?
A: No. What's on the fifth floor?

A: 이 가게엔 제가 원하는 게 없네요.
B: 5층에는 가보셨나요?
A: 아뇨. 5층에 뭐가 있는데요?

★
여기서처럼 현재완료는 먼 과거의 일이나 경험을 말할 수도 있으나 바로 전의 일을 말할 때도 많이 사용된다. 잠깐 자리 비우고 온 친구에게 어디갔었어?라고 하려면 Where have you been?이라고 하면 된다.

I-K
I
J
K

001

I can't remember back+시간 when S + V

…한 …때의 일이 기억나지 않아

- I can't remember back a year ago when she came to town. 걔가 마을로 온 일년전 일이 기억안나.
- I can't remember back a few years ago when I worked overseas. 내가 해외에서 근무했던 몇 년전의 일이 기억이 안나.

002

I heard sb+V[~ing]

…가 …하는 것을 들었어

- I heard you and Betty talking.
  너하고 베티하고 이야기하는 거 들었어.
- I heard Sam talking to his boss.
  샘이 자기 상사에게 이야기하는 걸 들었어.

003

I ('ve) heard that ~

…라고 들었어요, …라던데

I (just) heard (that) S+V 방금 …라는 얘기를 들었어

- I heard he has an interview this morning.
  그 친구 오늘 아침에 면접이 있다고 들었어.
- I heard Peter was married. Is it true?
  피터가 결혼했다며. 정말야?

004
I agree that ~, but~
…에 동의하지만…

- I agree that she is nice, but she's not smart.
  걔는 착해보이지만 똑똑하지는 않아.
- I agree that it's a big problem, but don't worry.
  그게 큰 문제라는데 동의하지만, 걱정은 하지마.

005
I agree with most of what you said, but~
네 말에 거의 동의하지만…

- I agree with most of what you said, but some things were wrong. 네 말에 거의 동의하지만 몇몇 것들은 틀렸어.
- I agree with most of what you said, but your conclusion doesn't make sense. 네 말에 거의 동의하지만 네 결론은 말이 안돼.

006
I agree with you on that point, but~
그점에 대해 전적으로 동의하지만…

- I agree with you on that point, but Frank does not.
  난 그점에 대해 동의하지만 프랭크는 그렇지 않아.
- I agree with you on that point, but we need to consider other things. 난 그점에 대해 동의하지만 우리는 다른 것들을 고려해야 돼.

007
I agree with you on~
…라는 점에 동의해

- I agree with you on the terms of the deal.
  난 거래의 조건들에 대해 네게 동의해.
- I agree with you on our wedding plans.
  우리의 결혼계획에 대해 난 네게 동의해.

008 I agree with~

난 …에 동의해

- I agree with you a hundred percent.
  100퍼센트 동감이야.
- I agree with you about that.
  그 점에 있어 너랑 동감야

009 I almost forgot about[to]~

…을 깜박 잊을 뻔했어

- I almost forgot about her present.
  걔 선물을 깜박할 뻔했어.
- I almost forgot how handsome you are.
  네가 얼마나 핸섬한지 깜박 잊을 뻔했어

010 I am hoping to get ~

…을 구입하기를(가지기를) 바래

- I'm hoping to sleep with her tonight.
  오늘 밤 걔랑 자고 싶어.
- I was hoping to get to know you better.
  너랑 더 친해지고 싶었는데.

011 I'm hoping that S+V

…이길 바래

- I'm hoping that Bob will not show up.
  밥이 안 왔으면 좋겠어.
- I'm hoping they keep me around for a while.
  걔네들이 잠시 나를 곁에 두면 좋겠어.

012 **I am scared that ~**

…에 놀랐어

- I'm scared I'll see him die.
  내가 걔 죽는 걸 보게 될까봐 무서워.
- I am scared to death about this.
  난 이거 때문에 무서워 죽겠어.

013 **I am sick of~**

…가 진절머리 나

- I'm sick of her lies. 걔 거짓말에는 넌더리가 나.
- I am sick of this. I'm leaving. 진절머리가 나. 나 갈게.

014 **I am the one~**

…한 사람은 바로 나야, 내가 …했잖아

- I'm the one who quit the job.
  회사 그만 두고 싶은 사람은 난데.
- I'm the one who stole. I'm the one to blame, not you.
  내가 훔친 사람이야. 네가 아니라 내가 비난 받을 사람이지.

015 **I apologize to sb for sth**

…에게 …을 사과하다

apologize for 다음에는 미안한 일을 to 다음에는 미안한 사람을 말하면 된다.

- I just want to apologize for that.
  내 사과할게요.
- I want to apologize for what happened at work.
  사무실에서 일어난 일에 대해 사과하고 싶은데요.

016 I appreciate+N

…에 감사해요

- I appreciate all of your help on the new project.
  새로운 프로젝트에 주신 도움 감사드려요.
- Thank you. I appreciate the support. 고마워. 도와줘서 고마워.

017 I (really) appreciate you ~ing

네가 …해줘서 고마워

- I really appreciate you spending this time with me.
  나랑 함께 시간보내줘서 정말 고마워.
- I really appreciate you guys letting me stay here.
  너희들이 날 여기 머물게 해줘서 정말 고마워.

018 I (really) appreciate this, but~

이거 고맙지만…

- I really appreciate this, but you don't have to go there.
  고맙지만 네가 거기 갈 필요없어.
- I really appreciate that but I think I'd better not.
  고맙지만 안 그러는게 낫겠어.

019 I assume~

난 …라고 생각해

- You look sad. I assume you're thinking about your mother. 너 슬퍼보여. 너 엄마 생각하고 있구나.
- I assume that that's why you were stopping by.
  그래서 네가 들른거라고 생각하고 있어.

020 **I believe S+V**

…라고 생각해

- I believe she is the best in her class.
  난 걔가 자기 학급에서 최고라고 생각해.
- I still believe that you and Linda are going to get back together. 난 아직도 너와 린다가 합칠거라 생각해.

021 **I believe in~**

…의 존재나 사실을 믿다

- I believe in being nice. 착하게 행동하는 게 옳다고 생각해.
- I'm still not sure I believe in God.
  내가 신을 믿는지 아직 잘 모르겠어.

022 **I bet S+V**

확실히 …할거야

- I bet she doesn't make a big deal out of it.
  걔가 그걸 과장하지 않을거야.
- I bet you thought it would be weird.
  넌 그게 이상할거라고 생각한게 분명해.

023 **I bet you~**

장담하건대 …하다

- I bet you will find a new boyfriend soon.
  곧 틀림없이 새로운 남친을 만나게 될거야.
- I bet you a hundred bucks that she will go out with me. 장담하는데 걘 나와 데이트할거야.

024

I brought you~

…을 가져왔어

- I brought you a little gift. 네게 작은 선물을 가져왔어.
- I brought you some red roses. 붉은 장미를 좀 가져왔어.

025

I came here to ~

…하러 여기에 왔어

- I'm came here to tell you something.
  네게 뭔가 얘기하려고 여기 왔어.
- I came here to see Mr. James.
  제임스 씨를 만나러 왔습니다.

026

I came to~

…하러 왔어

- We came to get you out of here and go for a drink.
  널 여기서 끌어내 술 한잔 하려고.
- I came to the big city to become a star!
  난 스타가 되려고 대도시에 왔어!

027

I can imagine that~

…가 짐작돼

- I can imagine it must have been like a nightmare.
  악몽과 같았을거라고 짐작돼.
- I can imagine the pain the poor boy must be experiencing at the loss.
  그 불쌍한 소년이 그 사망으로 해서 겪고 있을 고통이 짐작이 돼.

028
I can see S+V

…이구나

can을 생략하여 I see that S+V라 쓰기도 한다.

- I can see you're not going to be any help.
  넌 도움이 하나도 될 것 같지 않구나.
- I see that beauty runs in the family.
  아름다움이 집안 내력이군요.

029
I can see why[what]~

왜[뭐를] …알겠어

- I can see why he likes you. 왜 걔가 널 좋아하는지 알겠어.
- I can see why she comes in every week.
  걔가 왜 매주 오는지 알겠어.

030
I can tell S+V

…하기는 해

- I can tell by your tone that you don't believe me.
  네 목소리 톤으로 날 믿지 않는다는 걸 알겠어.
- I can tell people you're good in bed.
  사람들에게 네가 섹스 잘한다고 말해줄 수 있어.

031
I can tell you S+V

…라고 말할 수 있어, …하기는 해

- I can tell you that the prices of cars are a bit high.
  자동차 가격이 좀 높기는 해.
- I can tell you what he's going to find.
  걘 무엇을 찾을 지는 말할 수 있어.

032 I can tell you what~

…을 말해줄 수 있어

- I can tell you what he's going to find.
  걘 무엇을 찾을 지 말할 수 있어.
- I can tell you what I think happened.
  내가 이걸 어떻게 보는지 말해줄게.

033 I can't afford~

…할 여유가 안돼

afford 다음에는 명사나 to+V가 이어진다.

- I can't afford to buy this. 이걸 살 여력이 안돼.
- I can't afford to hire more workers. 직원을 더 뽑을 여력이 없어.

034 I can't believe how many ~

…가 얼마나 많은지 믿기지가 않아

- I can't believe how many people voted for him.
  얼마나 많은 사람이 그에게 투표를 했는지 믿기지 않아.
- I can't believe how many tourists are at the beach.
  얼마나 많은 관광객이 해변가에 있는지 믿기지가 않아.

035 I can't figure out why~

왜 …인지 모르겠어

- I can't figure out why we're not friends.
  왜 우리가 친구사이가 아닌지 잘 모르겠어.
- I can't figure out how you did it four times.
  네가 어떻게 그걸 네번씩이나 했는지 알 수가 없네.

036

I can't imagine wh~

…을 모르겠어

- I can't imagine how she survived that explosion.
  걔가 어떻게 그 폭발 속에서 살아남았는지 믿겨지지 않아.
- I can't imagine what Tom sees in her.
  탐이 걜 왜 좋아하는 지 모르겠어.

037

I can't wait to ~

몹시 …하고 싶어

- I can't wait to get out of here. 여기서 나가고 싶어 죽겠어.
- I can't wait to sleep with her 걔하고 자고 싶어

038

I can't believe (that) S + V

도대체 …을 믿을 수가 없어

- I can't believe you did that.
  네가 그랬다는 게 믿기지 않아.
- I can't believe that she treated me that way.
  걔가 날 그렇게 취급했다니 믿어지지가 않아.

039

I can't bring myself to ~

…할 마음이 내키지 않아

can't bring oneself to는 차마 나서서 …하지 못하다, …할 마음이 내키지 않다라는 의미이다.

- I can't bring myself to look at that thing.
  저것을 볼 마음이 내키지 않아.
- I can't even bring myself to say it!
  그렇게 말할 마음이 내키지 않아!

040 I can't even remember wh~

…가 기억도 안나

- I can't even remember what happened.
  무슨 일이 있었는지 기억조차 나지 않아.
- I can't even remember what we were fighting about!
  우리가 뭐 때문에 싸웠는지 기억도 안나!

041 I can't help ~ing

…하지 않을 수 없어

- I can't help playing computer games every day.
  매일 컴퓨터 게임을 하지 않을 수 없어.
- I couldn't help feeling sorry for her.
  걔한테 미안해할 수밖에 없어.

042 I can't help but~

…하지 않을 수 없어

- I can't help but think of you.
  널 생각하지 않을 수 없어.
- I can't help but feel a little guilty.
  좀 죄의식을 느끼지 않을 수 없어.

043 I can't really say that~

정말이지 …라고는 말할 수 없어

- I can't really say that I like to eat cake.
  정말이지 내가 케익먹는 것을 좋아한다고 말할 수 없어.
- I can't really say that I understand the science homework. 정말이지 내가 과학숙제를 이해하고 있다고 말할 수 없어.

044
I can't remember the last time~
…한 마지막 때가 기억 안나

- I can't remember the last time I was happy.
  마지막으로 내가 행복한 때가 기억나지 않아.
- I can't remember the last time we kissed.
  마지막으로 우리가 키스했던 때가 기억안나.

045
I can't say~
…는 아니지

- I can't say that I'm surprised.
  놀란 것은 아니고.
- I can't say for certain she'll recover completely.
  걔가 완전히 회복될 거라고는 확실히 말 못해.

046
I can't see what~
…을 모르겠어

- I can't see what I'm doing here.
  내가 뭘하고 있는지 모르겠어.
- I can't see what the problem is.
  문제가 뭔지 모르겠어.

047
I can't stand+N[~ing]
…을 못참겠어

I can't stand+N, I can't stand ~ing, 혹은 I can't stand sb ~ing 등의 형태로 쓰인다.

- I can't stand it any longer. 더 이상 못 참겠어.
- I can't stand you being here. 난 네가 여기 있는게 싫어.

048

I can't stand the thought of~

…라는 생각을 참을 수가 없어

- I can't stand the thought of you with another woman!
  난 네가 다른 여자와 있다는 생각을 참을 수 없어!
- I just can't stand the thought of somebody judging me.
  난 누가 날 판단하다는 생각을 받아들일 수 없어.

049

I can't talk about~

…에 관해 얘기 못해

- I can't talk about it here. It's complicated.
  여기서 그거 말 못해. 복잡해서.
- I can't talk about it anymore.
  더 이상 그 얘기를 할 수 없어.

050

I can't tell you that~

…라고 네게 말할 수 없어

- I can't tell you we will rent the apartment.
  우리가 이 아파트를 임대할지 말할 수 없어.
- I can't tell you that he works hard.
  걔가 열심히 일한다고 말할 수는 없지.

051

I can't tell you what[how]~

…한지 모르겠어

- I can't tell you how sorry I am.
  내가 얼마나 미안하지 모르겠어.
- I can't tell you what Jerry said about you.
  제리가 너에 대해 뭐라 했는지 말 못하겠어.

052 **I could be wrong, but~**

내가 틀릴 수도 있지만…

- I could be wrong, but I think we'll be late.
  내가 틀릴 수도 있지만 우리는 늦을 것 같아.
- I could be wrong, but I think she is drunk.
  내가 틀릴 수도 있지만, 걔는 취한 것 같아.

053 **I could use ~**

…가 있으면 좋겠어

- I could use a break. 좀 쉬었으면 좋겠어.
- I could use a little help here. 여기 누가 도와주었으면 해.

054 **I couldn't care less if~**

…하든 난 상관없어

- I couldn't care less if she comes or not.
  걔가 오든 말든 난 상관없어.
- I couldn't care less what anyone thinks of me.
  남들이 날 어떻게 생각하든 상관없어.

055 **I decided that[to]~**

…하기로 결심했어

결정은 시간이 걸리는 문제로 종종 현재완료형인 I've decided~ 형태로 쓰기도 한다.

- I decided to buy real estate a few years ago.
  몇 년 전에 부동산을 사기로 했어.
- I've decided to break up with Helen.
  나 헬렌하고 헤어지기로 했어.

056 I did a lot of thinking about~

…에 관한 생각을 많이 해봤어

- I did a lot of thinking about our relationship.
  난 우리 관계에 대해 생각을 많이 해봤어.
- I've been doing a lot of thinking about what you said.
  네가 한 말에 대해 생각을 많이 해봤어.

057 I didn't think that I was going to + V

…하게 될 줄은 몰랐어

- I didn't think I was going to find my ring.
  내 반지를 찾을 수 있게 될 줄은 몰랐어.
- I didn't think I was going to find a new boyfriend.
  새 남친을 찾게 될 줄은 몰랐어.

058 I didn't hear +N[S+V]

…얘기를 못들었어

- Excuse me, I didn't hear you well.
  미안하지만 잘 못들었어요.
- I didn't hear you leave the hotel room.
  네가 호텔 나갔다는 얘기 못 들었어.

059 I didn't know S+V

…을 몰랐어

- I didn't know you were fired.
  네가 잘린 걸 몰랐어.
- I didn't know it was bothering you.
  방해되는 줄 몰랐어.

060 I didn't know wh~

…을 몰랐어

- I didn't know what it was.
  그게 무엇인지 몰랐어.
- I didn't know what exactly I wanted.
  내가 정확히 뭘 원하는 줄 몰랐어.

061 I didn't mean to ~

…하려던게 아니었어

- I didn't mean to say that.
  그렇게 말할려는 게 아니었어.
- I didn't mean to do that.
  그럴려고 그런 게 아니었어.

062 I didn't realize~

…을 몰랐어

- I'm sorry. I didn't realize it was a big secret.
  미안하지만 난 그게 비밀였는지 몰랐어.
- I didn't realize how much it would affect me.
  그게 얼마나 내게 영향을 줄지 몰랐어.

063 I didn't say ~

난 …라고 말하지 않았어

- I didn't say you were stupid.
  네가 멍청하다고 안했어.
- I didn't say they were good at lying.
  걔네들이 거짓말에 능하다고 안했어.

064 I didn't tell you ~

네게 …을 말하지 않았어

- I'm really sorry I didn't tell you about this before.
  미리 이 얘기를 말하지 않아서 정말 미안해.
- I didn't tell you because it was part of my past.
  그거 내 과거의 일부이기 때문에 네게 말하지 않았어.

065 I didn't think ~

…을 생각하지 못했어

- I didn't think I'd be so upset.
  그렇게 까지 마음 아플 줄은 생각 못했어.
- I didn't think they would catch him.
  걔네들이 널 잡으리라고 생각못했어.

066 I didn't want to~

…하기 싫었어

- I didn't want to leave him alone.
  난 걜 혼자 놔두기 싫었어.
- I didn't want to make you nervous.
  널 초조하게 만들고 싶지 않았어.

067 I didn't want you to~

네가 …하지 않기를 바랬어

- Frankly, I didn't want you to feel left out.
  솔직히 네가 소외감을 느끼지 않길 바랬어.
- I didn't want you to cancel the trip.
  네가 여행을 취소하는걸 원치 않았어.

068
I don't believe~
…을 믿지 않아

- I don't believe what I'm hearing.
  내 귀를 믿을 수가 없네.
- I didn't believe what Blair was telling me.
  난 블레어가 내게 말한 것을 믿지 않아.

069
I don't care about ~
…에 전혀 상관없어

- I don't care about the result.
  난 결과에 상관없어.
- I don't care about my work.
  일은 신경 안 써.

070
I don't care for~
…을 좋아하지 않아

- I don't care for his style.
  난 걔 스타일이 마음에 안 들어.
- I don't care for the taste of Greek food.
  난 그리스 음식 맛을 좋아하지 않아.

071
I don't care if~
…을 상관안해

- I don't care if she's fat or thin.
  난 걔가 뚱뚱하든 날씬하든 상관안해.
- I don't care if you go home.
  네가 집에 가도 상관없어.

072 I don't care wh~

…는 관심없어

- I don't care what you think. 네 생각 관심없어.
- I don't care who he sleeps with. 걔가 누구랑 자는지 관심없어

073 I don't feel comfortable ~ing

…하는게 맘이 편치 않아

I don't feel comfortable with …하는 게 마음 편치 않다

- I don't feel comfortable repeating.
  반복하는데 좀 불편하네.
- I don't feel comfortable talking about her secrets.
  걔의 비밀들을 얘기하는데 좀 불편해.

074 I don't feel like~ ing

…하고 싶지 않아

- I don't feel like going out today.
  오늘 외출하기 싫어
- I don't feel like doing anything.
  아무 것도 하기 싫어

075 I don't feel like S+V

…하는 것 같지 않아

- I don't feel like I'm learning anything.
  난 뭔가 배우고 있다는 느낌이 전혀 없어
- I don't feel like Jim tried very hard.
  난 짐이 열심히 노력하지 않은 것 같아.

076 I don't feel right about~

…하는게 옳지 않은 것 같아

- I don't really feel right about doing this
  이거 하는 게 영 찜찜해
- I don't feel right about taking these gifts.
  이 선물을 받는게 옳다고 생각되지 않아.

077 I don't have any~

…가 하나도 없어

- I don't have any plans.
  아무 계획도 없어.
- I don't have any close friends.
  난 친한 친구가 하나도 없어.

078 I don't have any problem with sb ~ing

…가 …하는데 아무런 문제없어

- I don't have any problem with Jesse planning our trip.
  제시가 우리 여행계획을 짜는데 아무런 문제없어.
- I don't have any problem with people stopping by to visit. 사람들이 잠깐 방문하는 것은 상관없어.

079 I don't have anything to ~

…할게 아무것도 없어

- I don't have anything to say to you, so I'm leaving.
  네게 할 말이 아무 것도 없으니 갈게.
- I don't have anything to relieve my headache.
  머리의 긴장을 풀어줄게 아무 것도 없어.

080 I don't have time to~

난 …할 시간이 없어

I don't have time for+N라고 할 수도 있다.

- I don't have time for this. 이럴 시간 없어.
- I don't have time to catch my breath. 숨돌릴 시간도 없어.

081 I don't have to~

…할 필요가 없어

- I don't have to listen to this.
  이거에 귀 기울일 필요없어.
- You're right, I don't have to apologize.
  네 말이 맞아. 난 사과할 필요가 없어.

082 I don't know about you, but~

넌 어떨지 모르겠지만, …

- I don't know about you but I'm tired of waiting.
  넌 어떨지 모르겠지만 난 기다리는데 지쳤어.
- I don't know about you, but I am hungry.
  넌 어떨지 모르겠지만 난 배가 고파.

083 I don't know about~

…에 대해서 몰라

- I don't know about real estate.
  부동산에 관해서는 아는 게 없어.
- I don't know about the new plans.
  새 계획에 대해서는 몰라.

084 I don't know anything about~

…에 대해 아무것도 몰라

- I don't know anything about that. 그거에 대해 전혀 몰라.
- I don't know anything about her until today.
  오늘까지 난 걔에 대해서 아무것도 몰랐어.

085 I don't know how to tell you this, but~

이걸 어떻게 말해야 할지 모르겠지만…

tell 대신에 say를 써도 된다.

- I don't know how to say this so I'm just going to say it.
  이걸 어떻게 말해야 할 지 몰라서 그냥 말해버릴거야.
- I don't know how to say this, but we have to fire you.
  뭐라고 말해야 할지 모르겠지만, 널 해고 해야겠어.

086 I don't know how to+V

어떻게 …해야 할지 모르겠어

- I don't know how to say it in English.
  이걸 영어로 뭐라고 하는 지 모르겠어.
- I don't know how to thank you.
  뭐라 감사해야 할지 모르겠네요.

087 I don't know how you can~

네가 어떻게 …할 수 있는지 모르겠어

- I don't know how you can be so confident.
  네가 어떻게 그렇게 자신감있게 행동할 수 있는지 모르겠어.
- I don't know how you can act so calm.
  네가 어떻게 그렇게 침착하게 행동할 수 있는지 모르겠어.

088 I don't know if S+V

…인지 모르겠어

- I don't know if it's such a good idea.
  그게 좋은 생각인지 모르겠어
- I don't know if it's true. 그게 사실인지 모르겠어.

089 I don't know what~

왜 …하는지 모르겠어

- I don't know what you're talking about
  어째서 그런 소리를 하는 거야
- I don't know what to say. 뭐라고 해야 할지 모르겠어요.

090 I don't know whether I should ask you this, but~

이걸 물어봐야 될지 모르겠지만…

- I don't know whether I should ask you this, but would you like to go out? 이걸 물어봐야 될지 모르겠지만, 너 외출할래?
- I don't know whether I should ask you this, but do you think our boss is crazy?
  이걸 물어봐야 될지 모르겠지만, 우리 사장이 미친 것 같아?

091 I don't know why ~

…하는 이유를 모르겠어, 왜 …인지 모르겠어

- I don't know why you're so embarrassed
  네가 왜 그렇게 당황하는지 모르겠어.
- I don't know why they sent me in here.
  왜 걔네들이 날 이리로 보냈는지 모르겠어.

092 I don't know, but I'm sure~

잘은 모르겠지만, …은 확실해

- I don't know, but I'm sure we can find the answer.
  잘은 모르겠지만 우리는 확실히 해결책을 찾을거야.
- I don't know, but I'm sure Mr. Sampson will tell us.
  잘은 모르겠지만, 샘슨 씨는 확실히 우리에게 말해줄거야.

093 I don't mind if S+V

…해도 상관없어

- I don't mind if you ask.
  네가 물어봐도 상관없어.
- I don't mind if you smoke in the room.
  방에서 담배펴도 괜찮아.

094 I don't mind ~ing

…해도 상관없어

- I don't mind doing what we're going to do
  우리가 뭘 하든 생관없어
- That's all right. I don't mind waiting
  괜찮아. 기다려도 괜찮아

095 I don't mind sb ~ing

…가 …해도 상관없어

- I don't mind her hanging around with you.
  걔가 너랑 같이 놀아도 상관없어.
- I don't mind you touching my belly.
  네가 내 배를 만져봐도 괜찮아.

096 I don't need you to[~ing]

…하지 않아도 돼

- I don't need you to help me.
  네가 날 도와주지 않아도 돼.
- I don't need you doing me any favors.
  내게 호의를 베풀지 않아도 돼.

097 I don't like the idea of~

…라는 생각이 맘에 들지 않아

- I don't like the idea of staying here all night.
  여기서 밤을 샌다는 생각이 맘에 들지 않아.
- I don't like the idea of drinking whiskey.
  위스키를 마신다는게 맘에 들지 않아.

098 I don't mean that S+V

…라는 말은 아냐

- I don't mean that you broke the law.
  네가 불법을 저질렀다는 말은 아니야.
- I don't mean that we are going to the zoo.
  우리가 동물원에 간다는 말은 아니야.

099 I don't mean to+V ~

…하려는 것은 아니지만

- I don't mean to cut you off.
  말을 끊으려고 했던 건 아니에요.
- I don't mean to bother you but I just have to say thank you. 귀찮게 하려는 게 아냐. 감사하다고 해야 되겠어.

100 I don't mean to hurt your feelings, but~

감정을 상하게 하려는 것은 아니지만…

- I don't mean to hurt your feelings, but your haircut looks terrible. 감정을 상하게 하려는 것은 아니지만 너 머리자른거 으악이야.
- I don't mean to hurt your feelings, but you are too critical. 감정을 상하게 하려는 것은 아니지만 넌 너무 비판적이야.

101 I don't quite follow what you said about~

…에 관한 네 얘기를 이해못하겠어

- I don't quite follow what you said about improving the club. 클럽을 개선하겠다는 네 얘기를 이해못하겠어.
- I don't quite follow what you said about your new phone. 네 새로운 폰에 대한 네 얘기를 이해못하겠어.

102 I don't remember (sb) ~ing

…가 기억나지 않아

- I don't remember you doing the laundry.
네가 세탁하는 걸 본 적이 없어.
- I don't remember seeing you on the train.
열차에서 널 본 기억이 안나.

103 I don't remember wh~

…가 기억나지 않아

- I don't remember how we ended up in bed together.
우리가 어떻게 침대로 들어가게 되었는지 기억안나.
- I don't remember what he did to me.
걔가 내게 무슨 짓을 했는지 기억이 안나.

104 I don't see why~

왜 …인지 모르겠어

I don't see why not은 그래(yes)라는 의미.

- I don't see why he wouldn't do it again.
  왜 걔가 그걸 안 할려고 하는지 모르겠어
- I don't see why your dad wants you to be a dentist.
  왜 아빠는 네가 치과의사가 되기를 원하는지 모르겠어.

105 I don't think ~, rather~

…라기보다는 …라고 생각해

- I don't think he's arrogant, rather he doesn't talk much. 걘 거만하다기 보다는 말수가 적어.
- I don't think it's ugly, rather it's a unique style.
  그게 추하기 보다는 스타일이 독특하지.

106 I don't think I can~

나 …못할 것 같아

- I don't think I can stay for dinner. 저녁먹고 갈 수 없을 것 같아.
- I don't think I can go ahead with it because it's wrong.
  그걸 계속 못하겠어. 잘못됐으니까.

107 I don't think it's a good idea to~

…는 좋은 생각같지 않아

- I don't think it's a good idea to insult Brian.
  브라이언을 비난하는 것은 좋은 생각같지 않아.
- I don't think it's a good idea to skip the meeting.
  회의를 빼먹는건 좋은 생각같지 않아.

108 **I don't think it's true that~**

도대체 …을 믿을 수가 없어, …라니 믿기질 않아

- I don't think it's true that Jerry cheated on Karen.
  제리가 캐런을 두고 바람을 폈다니 믿을 수가 없어.
- I don't think it's true that she lied to us.
  걔가 우리에게 거짓말을 했다니 믿기질 않아.

109 **I don't think~**

…가 아닌 것 같아

- I don't think this woman has anything to do with Karl.
  이 여자는 칼과 아무 관련이 없는 것 같아.
- I don't think you should hold that against him.
  걔 말 꽁하게 마음 속에 담아두지마

110 **I don't understand how you can be so ~**

어쩜 그렇게 …한지 이해가 안돼

- I don't understand how you can be so stubborn.
  어쩜 네가 그렇게 고집불통인지 이해가 안돼.
- I don't understand how you can be so unconcerned about others. 어쩜 네가 타인들에게 무관심할 수 있는지 이해가 안돼.

111 **I don't understand the point of~**

…의 요점을 이해못하겠어

- I don't understand the point of gambling away money.
  도박으로 돈을 날리는거에 대해 이해가 안돼.
- I don't understand the point of leaving so soon.
  왜 그렇게 일찍 떠나는지 이해가 안돼.

112 I don't understand what you mean by~

너 …하는게 무슨 뜻인지 이해 못하겠어

- I don't understand what you mean by saying we are failing. 우리가 실패할거라고 말하는게 무슨 의미인지 이해가 안돼.
- I don't understand what you mean by criticizing our leader. 우리 지도자를 비난함으로써 네가 의미하는 것이 뭔지 모르겠어.

113 I don't understand~

…을 이해못하겠어

- I don't understand you being drawn to a Jill. 네가 질에게 끌리는 걸 이해 못하겠어
- What did you say? I don't understand what you're saying. 뭐라고? 네가 말하는 걸 이해못하겠어

114 I don't want anything to~

아무런 일도 …하지 않기를 바래

- I don't want anything to happen to my baby. 내 아기에게 아무런 일도 일어나지 않기를 바래.
- I don't want anything to mess that up. 난 아무 일도 그것을 망치지 않기를 바래.

115 I don't want to talk about~

…얘기는 하고 싶지 않아

I don't want to talk about ~ anymore라고 강조할 수도 있다.

- I don't want to talk about it right now. I can't even think straight. 지금 얘기하고 싶지 않아. 생각을 분명하게 못하겠어
- I don't want to talk to you about my love life anymore. 더 이상 내 연애생활에 대해 네게 얘기하고 싶지 않아.

116 **I don't want to say anything that ~**

…하는건 전혀 말하고 싶지 않아

- I don't want to say anything that might upset you.
  너를 언짢게 할 어떤 말도 하고 싶지 않아.
- I don't want to say anything that makes him angry.
  걔를 화나게 하는건 전혀 말하고 싶지 않아.

117 **I don't want you to~**

네가 …하지 않기를 바래

- I don't want you to say anything like that to her
  걔한테 그런 말 안 했으면 하거든
- I don't want you to get hurt, because I like you.
  널 좋아하기 때문에 네가 다치는 거 원치 않아.

118 **I doubt if ~**

…일지 미심쩍다, …이지 않을까?

- I doubt if the train broke down.
  기차가 고장났을까 걱정돼.
- I doubt if Mary washed the clothes.
  메리가 옷을 세탁했을까봐 걱정돼.

119 **I doubt that ~**

…인 것 같진 않다, …일지 모르겠어

- I doubt that they'll know what to do.
  난 그들이 뭘 해야 하는가를 알게 될지 모르겠어.
- I doubt you will be able to get soccer tickets.
  너 축구 경기 표 구할 수 없을 것 같아.

120

I envy sb who ~

…한 사람이 부러워

- I envy somebody who can be so in touch with their dreams. 자신들의 꿈을 이렇게 이룰 수 있는 사람이 부러워.
- I envy guys who have a lot of money.
  난 돈 많은 사람들이 부러워.

121

I expect to~

…하기를 기대해

- I expect them to follow all of the company rules.
  난 걔들이 모든 사규를 따르기를 기대해.
- I expect to return in twenty minutes.
  난 20분 후에 돌아갈 생각야.

122

I fail to + V

…을 못했어

- I fail to see why you are always late.
  왜 네가 항상 늦는지 이유를 몰랐어.
- I failed to keep my family safe.
  난 내 가족들을 안전하게 지키지 못했어.

123

I feel like ~ing

…하고 싶어

- I feel like having a drink.
  술 한잔 하고 싶어.
- I feel like taking a shower.
  샤워 하고 싶어.

124 # I feel like S+V

…한 것 같아

- I feel like I always get sick in the winter.
  난 겨울엔 항상 아픈 것 같아.
- I feel like I've been here before.
  전에 여기 와본 것 같아.

125 # I feel okay~

괜찮은 것 같아

- I feel okay after recovering from the flu.
  독감에서 회복된 후에 괜찮은 것 같아.
- I feel okay that my exams have all been completed.
  시험들을 다 치루었기 때문에 괜찮은 것 같아.

126 # I feel weird about~

…는 기분이 이상해

- I feel weird about dating your ex.
  네 전처와 데이트를 하니 기분이 이상해.
- I feel weird about staying home on a work day.
  주중에 집에 있으려니 기분이 이상해.

127 # I find it difficult to~

…하는 것은 힘들어

- I find it difficult to get the job done by tomorrow.
  그 일을 내일까지 끝마치는 건 힘들어.
- I find it difficult to understand these instructions.
  이 지시사항들을 이해하는 것은 어려워.

128
I find you+adj. ~

…가 ~하다고 생각해

- I find you very attractive.
  난 네가 매우 매력적이라 생각해.
- I find you very distracting in the morning.
  오늘 아침 너 무척 산만하던데.

129
I forgot about~

…을 잊었어

- I forgot about our date, I'm so sorry.
  데이트하는 걸 잊었어. 미안해.
- I forgot about the jewelry he bought.
  걔가 사준 보석을 잃어버렸어.

130
I forgot S+V

…을 깜박했어

- I forgot that this is bad news.
  이게 안 좋은 소식이라는 것을 잊었어.
- I forgot Stan was coming.
  스탠이 오고 있다는 걸 깜박했어.

131
I forgot to~

…하는 것을 잊었어

- I forgot to tell you about the party.
  파티에 대해 네게 얘기하는 걸 잊었어.
- I forgot to tell you that the boss called.
  사장이 전화했다고 말하는 걸 잊었어.

132 **I forgot what[how]~**

…을 잊었어

- I forgot what we were talking about.
  우리가 얘기하고 있던 것을 잊었어.
- I forgot how much fun it is to play computer games.
  컴퓨터 게임을 하는 게 얼마나 재미있는지 잊었어.

133 **I found her ~**

걔가 …하다고 생각해, …한 상태의 …를 발견했어

- I found her lying on the grass.
  난 걔가 풀밭에 누워있는 것을 발견했어.
- I found him walking near the bus station.
  버스 정거장 근처에서 걷는 걸 봤어.

134 **I found myself ~**

나 자신이 …하고 있었어

- I found myself wanting to do something good.
  뭔가 좋은 일을 하고 싶어졌어.
- I found myself falling in love.
  내가 사랑에 빠져 있었어.

135 **I found out~**

난 …을 알아냈어

- I just found out about Mark's affair.
  마크의 부정을 방금 알아냈어.
- I found out about what she did on the weekends.
  걔가 주말마다 뭘하는지 알아냈어.

136 I found that~

…라고 생각했어

- I found that it's easier to stay at home.
  집에 남는게 더 쉽다고 생각했어.
- I found that she slept with a lot of guys.
  걔는 여러 남자와 잠자리를 한다고 생각했어.

137 I get to the point where~

…하는 지경에 이르렀어

I got to the point where~ …하는 지경에 이르렀어

- I got to the point where everything was so awkward.
  모든 게 어색한 지경까지 이르렀어
- I feel so angry. I get to the point where everything upsets me. 화가 나. 모든 게 다 화가 나는 지경에 이르렀어.

138 I got to know~

…을 알아야겠어

- I gotta know how they do this! 걔네들이 어떻게 이러는지 알아야겠어!
- I've got to know where to get a job.
  어디에서 일자리를 구할 수 있는지 알아봐야겠어.

139 I guess I was lucky because~

…해서 운이 좋았던 것 같아

- I guess I was lucky because he didn't bother me.
  걔가 나를 귀찮게 하지 않아 내가 운이 좋았던 것 같아.
- I guess I was lucky because I stayed healthy.
  난 건강을 유지하고 있으니 운이 좋았던 것 같아.

140
I guess it goes to show you how ~

얼마나 …한지 알 수 있을거야

- I guess it goes to show you how life is unpredictable.
  이걸로 인생이 얼마나 예측불가한 건지 알 수 있을거야.
- I guess it goes to show you how it's easy to be mistaken. 이건 실수하는게 얼마나 쉬운지 알 수 있을거야.

141
I guess so, but don't forget that ~

나도 그런 것 같지만, …을 잊으면 안돼

- I guess so, but don't forget that she has been nice to you. 나도 그런 것 같지만, 걔가 네게 잘해줬다는 것을 잊으면 안돼.
- I guess so, but don't forget that we have to wake up at 5 a.m. 나도 그런 것 같지만, 새벽 5시에 일어나야 된다는 것을 잊지말라고.

142
I guess that means~

그것이 의미하는 것은 …인 것 같아

- I guess that means we've got something in common.
  그게 의미하는 건 우리가 공통점이 없다는거야.
- I guess that means you didn't get the invitation yet.
  그건 네가 아직 초대장을 못받았다는 거구나.

143
I guess that one of the problems with~ is ~

…의 문제점 가운데 하나는 …야

- I guess that one of the problems with cars is they cost a lot of money. 자동차의 문제점 중 하나는 돈이 많이 든다는거야.
- I guess that one of the problems with the Internet is strange people. 인터넷의 문제점 중 하나는 낯선 사람들이야.

144

I guess the positive side is that~

긍정적인 면은 …라고 생각해

- I guess the positive side is that we can start all over again. 긍정적인 면은 우리가 다시 시작할 수 있다는거야.
- I guess the positive side is that he won't bother us anymore. 긍정적인 면은 걔가 우리를 더 이상 괴롭히지 않을거라는거야.

145

I guess you have a point, but I'd like to + V

네 말이 일리가 있기는 하지만 난 …하고 싶어

- I guess you have a point, but I'd like to learn more about it. 네 말이 일리가 있긴 하지만 난 그것에 대해 더 배우고 싶어.
- I guess you have a point, but I'd like to ask Karen first. 네 말이 일리가 있지만 카렌에게 먼저 물어보고 싶어.

146

I guess you're right because~

네 말이 맞아. 왜냐하면 …

- I guess you're right because she did what you said. 네 말이 맞아. 왜냐면 걔는 네 말대로 했잖아.
- I guess you're right because the stock market is falling. 네 말이 맞아. 왜냐면 주식시장이 하락하고 있기 때문이야.

147

I guess you're talking about ~

…에 대한 얘길 하나 보구나

- I guess you're talking about when the police were called. 경찰이 출동했을 때에 대한 얘길 하나 보구나.
- I guess you're talking about Tina's strange behavior. 티나의 이상행동에 대해 얘길 하나 보구나.

148 **I guess S+V**

…인 것 같아

- I guess you're not qualified for this job.
  당신은 이 일에 자격이 안 되는 것 같아요.
- I guess he wants to be a lawyer.
  변호사가 되려나 보구만.

149 **I had no idea that ~**

…하는 줄은 몰랐어

- I had no idea you were into this stuff.
  이런 걸 좋아하는지 몰랐군.
- I had no idea that traffic was this bad in Seoul.
  서울의 교통상황이 이렇게 나쁜 줄 미처 몰랐어요.

150 **I happen to~**

어쩌다 …됐어

- I happen to be a very advanced kisser.
  난 키스의 대가야.
- I happen to have a prescription from my doctor.
  내가 마침 의사한테서 받은 처방전이 있어.

151 **I hate it when~**

…할 때 난 정말 싫어

- I hate it when guys act all cute.
  남자들이 귀여운 척할 때가 싫더라.
- I hate it when I get soaked by the rain.
  비에 젖는게 정말 싫거든.

152 I hate to say this, but~

이런 말 하기 싫지만, …

I hate to tell you, but~ 이런 말하지 싫지만

- I hate to say this, but you'll have to fire Morgan.
  이런 말 하기 싫지만, 넌 모건을 해고 해야 돼.
- I hate to say this, but I disagree with everything you said. 이런 말 하기 싫지만, 네가 하는 모든 말에 동의하지 않아.

153 I have a feeling that~

…인 것 같아

have feelings for sb는 …을 좋아하다

- I have a feeling that she is not going to show up.
  걔가 안 올 것 같아.
- I have a feeling he's going to be very angry.
  걔가 무척 화낼 것 같아.

154 I have a hard time (in) + ~ing

…하느라 힘들다

- I have a hard time understanding, that's all.
  난 이해하는데 애를 먹고 있어, 그 뿐이야.
- I have a hard time keeping up with it
  난 그걸 따라가는데 힘든 시간을 보내고 있어.

155 I have a hunch S+V

…하는 것 같아

- I have a hunch he's lying to me. 걔가 거짓말하는 느낌이 들어.
- We have a hunch you wrote it. 네가 그걸 썼다는 느낌이 들어.

156 I have a mind to~

…할 생각이 있어

I have a half mind to~는 …을 할까말까 생각하다

- I have a mind to call the cops on him. 걔를 경찰에 신고할 생각이야.
- I have half a mind to call her father.
  걔 아버지에게 전화해야 되지 않을까 생각중야.

157 I have a problem ~ing

…하는데 문제가 있어

- I heard you're having a problem with one of the boys in your class. 네 반의 남자애들 중 한 명에게 어려움을 겪고 있다며.
- I have no problem working for him.
  그 사람회사에서 일하는데 아무런 문제 없어.

158 I have a problem with sb[sth]

…에 문제가 있다

- I have a problem with you seeing other girls.
  난 네가 다른 여자들을 만나는데 불만이 있어.
- I have a problem with the new computer system.
  새로운 컴퓨터 시스템에 문제가 있어.

159 I have been in~

…했어

- I've been in India for two weeks.
  2주간 인도에 갔었어
- I've been in therapy since I was 18.
  18살 이후로 계속 상담치료를 받아왔어

160 I have been ~ing

…했어

- I have been waiting here for two hours, give or take 5 minutes. 대략 2시간 여기서 기다렸어.
- I have been working on it all day long.
하루종일 그 일을 하고 있는 중이야.

161 I have been to~

…에 갔다 왔어

- I have been to a beauty salon.
미장원에 갔다 왔어.
- I've been to this place before.
전에 여기에 와봤어.

162 I have every right to~

난 충분히 …할 수가 있어

- He's my son and I have every right to see him.
갠 내 아들이고 난 걜 당연히 만날 수 있지.
- I mean, you have every right to be upset.
내 말은, 넌 화낼만해.

163 I have never been happier than~

…보다 더 행복했던 적은 없었어

- I have never been happier than when I'm on vacation.
내가 휴가일 때보다 더 행복했던 적은 없었어.
- I have never been happier than I am at this moment.
난 지금보다 더 행복했던 적은 없었어.

164 **I have never been to ~**

한번도 …에 가본 적이 없어

- I have never been to a bachelor party.
  난 총각파티에 가본 적이 없어.
- I have never been to her apartment.
  난 걔 아파트에 가본 적이 없어.

165 **I have never really thought about~**

…에 대해 정말 생각도 안해봤어

- I have never really thought about having kids.
  난 아기갖는거는 생각도 안해봤어.
- I have never really thought about what I want to study.
  난 무슨 공부를 하고 싶은지에 대해 생각도 안해봤어.

166 **I have no doubt that~**

…는 의심의 여지가 없어

- I have no doubt she was having an affair with Chris.
  걔가 크리스와 바람난 건 의심의 여지가 없어
- I have no doubt we'll see him again.
  우리는 다시 걔를 볼게 틀림없어.

167 **I have no idea ~**

…을 몰라

- I had no idea you were from New York.
  네가 뉴욕 출신이라는 걸 몰랐어.
- I had no idea you had this much pride.
  네가 이렇게나 자부심을 갖고 있는지 몰랐어.

168

I have no idea what~

…을 몰라

- I have no idea what you just said.
  네가 방금 뭘 말했는지 모르겠어.
- I have no idea what you're talking about.
  네가 무슨 말을 하는 건지 모르겠어.

169

I have no idea what[how] to+V

뭘[어떻게] …하는지 몰라

- I have no idea what to say.
  무슨 말을 해야 할지 모르겠어.
- I have no idea how to help you.
  널 어떻게 도와야 할 지 모르겠어.

170

I have no reason to~

…할 이유가 전혀 없어

- I have no reason to doubt his honesty.
  걔의 정직함을 의심할 이유가 하나도 없어.
- I have no reason to go to work early.
  내가 일찍 출근할 이유가 전혀 없어.

171

I have nothing to do with~

…와 아무 관련이 없어

- I just wanted you to know I had nothing to do with this.
  난 이것과 아무런 관련이 없었다는 걸 알아주길 바랬어.
- I had nothing to do with this.
  난 아무 짓도 안 했어요.

172
I have something to~

…할 것이 좀 있어

- I have something to **say.** 할 말이 있어.
- I have something to **ask you about the wedding ceremony.** 네게 결혼식에 대해 뭐 좀 물어볼게 있어.

173
I have sth, which I've never had before

전에는 이런 일이 없었는데 …해

- I have **a motorcycle,** which I've never had before.
  전에는 이런 일이 없었는데 지금은 내게 오토바이가 있어.
- I have **a great job,** which I've never had before.
  전에는 이런 일이 없었는데 아주 멋진 일을 하고 있어.

174
I have to admit that ~

…한 것을 인정하지 않을 수 없어

I have to admit, but~ 내 인정하지만,

- I have to admit that **you were right.** 네 말이 맞았다고 인정할게.
- I have to admit **you're the best person for the job.**
  네가 그 일에 가장 적합한 사람이라는 것을 인정할 수 밖에 없어.

175
I have to agree that ~

…은 인정해야겠군

- I have to agree that **she looks beautiful.**
  걔가 아름답다는 것은 인정해야겠어.
- I have to agree that **the schedule needs to be changed.** 일정이 변경될 필요가 있다고 인정해야겠어.

176 I have to get sb to+V

…한테 …하도록 해야겠어

- I have to get Ray to stop being so lazy.
  레이가 그렇게 게으르지 않도록 해야겠어.
- I have to get Judy to date me this weekend.
  이번 주말에 주디가 나와 데이트하도록 해야겠어.

177 I have to say~

…라고 말해야겠어

- I have to say I feel very foolish.
  내가 무척 어리석게 느껴진다고 말해야겠어.
- I have to say I think it's the right choice.
  그게 올바른 선택같다고 말해야겠어.

178 I haven't seen ~ like that before

전에 저런 …를 본 적이 없어

- I've never seen him like that before.
  난 걔의 저런 모습을 본 적이 없어.
- I've never seen you push a superior like that before.
  네가 상사를 몰아붙이는 것을 전에 본 적이 없어.

179 I haven't thought ~

…에 대해 생각해본 적이 없어

- I haven't thought about marriage yet.
  아직 결혼 생각 안해봤어.
- I haven't thought about that in 10years.
  난 10년 동안 그거에 대해 생각도 못했었어.

180 **I heard about~**

…에 관해서 들었어

- I heard about your engagement the other night.
  지난 밤에 너 약혼식 얘기들었어.
- I heard about the car accident.
  난 그 자동차 사고에 대해 들었어.

181 **I heard that S+V**

…라고 들었어

- I heard you were going to get married.
  너 결혼할거라고 그러던데.
- I heard that you failed the entrance exam.
  입학시험에 떨어졌다며.

182 **I heard you say that~**

네가 …라고 하는 걸 들었어

- I heard you say that she was emotionally unstable.
  네가 걔 정서적으로 불안정하다고 한 말 들었어
- I heard you say that your family is rich.
  네가 니네집 부자라고 말하는 걸 들었어.

183 **I hope that ~**

…이기를 바래

- I hope that he doesn't get hurt.
  걔가 다치지 않기를 바래.
- I hope she's not coming down with a cold.
  걔가 감기에 걸리지 않길 바래.

184 I hope to~

…하고 싶어

- I hope to open my own restaurant.
  내 식당을 오픈하고 싶어.
- I hope to have some more friends.
  좀 더 많은 친구가 있기를 바래.

185 I hope you don't mind me ~ing

내가 …해도 괜찮겠지

- I hope you don't mind me stopping by.
  내가 잠깐 들려도 괜찮겠지.
- I hope you don't mind me asking some questions.
  내가 질문 좀 해도 괜찮겠지.

186 I just want to~

난 …을 좀 하고 싶어

- I just want to make sure you finished the report.
  네가 보고서를 끝내는 것을 확실히 하고 싶어.
- I just want to move somewhere new and start over.
  새로운 곳으로 이사가서 새롭게 다시 시작하고 싶어.

187 I just want to see if~

…인지 알고 싶어

- I just wanted to see if you were okay.
  난 단지 네가 괜찮은지 알고 싶었어.
- I just wanted to see if everything was all right.
  난 모든 게 다 괜찮은지 알고 싶었을 뿐이야.

188 **I just want you to know~**

…을 알아줘

- I just want you to know I love you.
  내가 널 사랑한다는 걸 알아주길 바래.
- I just want you to know how sorry I am.
  정말 얼마나 미안한지 알아주었으면 해.

189 **I just wanted to let you know~**

…을 단지 알려주려고 그랬어

- I just wanted to let you know that I was back.
  내가 돌아왔다는 것을 네게 알려주고 싶었어.
- I just wanted to let you know how much I care about you. 단지 내가 널 얼마나 생각하는지 알려주고 싶었어.

190 **I just wanted to make sure ~**

난 …을 확실히 하고 싶어

- I just wanted to make sure you got home safe.
  단지 네가 집에 무사히 왔는지 확인하고 싶었어.
- I want to make sure that you're okay.
  네가 괜찮은 지 확인하고 싶어서.

191 **I just wanted to say~**

난 단지 …라 말하고 싶었어

- I just wanted to say no hard feelings.
  난 단지 악의가 없었다고 말하고 싶었어.
- I just wanted to say it in person, that's all.
  난 그냥 개인적으로 말하고 싶었을 뿐이야. 그게 다야.

192 I just wanted to~

단지 …하고 싶었어

- I just wanted to help you out.
  그냥 널 도와주고 싶었을 뿐이야.
- I just wanted to say good-bye to my best friend.
  난 그저 내 가장 친한 친구에게 작별을 하고 싶었을 뿐이야.

193 I just wanted you to know that ~

…을 알아주기 바랬어

- I wanted you to know that I made a mistake.
  내가 실수했다는 걸 네가 알고 있길 바랬어.
- I just wanted you to know that I'm sick.
  내가 아프다는 걸 네가 알아주길 바랬어.

194 I kept ~ing

난 계속 …했었어

- I kept saying all the wrong things.
  난 계속 엉뚱한 얘기를 하고 있었어.
- I kept sleeping and didn't hear a thing.
  계속 자느라 아무 소리도 못들었어.

195 I know better than to + V

…할 정도로 어리석진 않아

- I think I know better than to reason with you.
  난 너를 설득할 정도로 어리석지는 않을 것 같아.
- I know better than to ask him for help, he knows less than I do. 걔에게 도움을 청할 만큼 어리석진 않아. 나보다 아는 게 없어.

196 I know how hard you~ but I hope you can~

힘들겠지만 네가 …할 수 있을거라 생각해

- I know how hard you worked, but I hope you can stay awake a while longer. 열심히 일한 것은 알겠는데, 좀 더 잠을 줄이라고.
- I know how hard you tried, but I hope you can accept being defeated. 열심히 노력한 것은 알겠지만 패배를 받아들이기를 바래.

197 I know how much you ~

얼마나 …한지 알고 있어

- I know how much it means to you.
  이게 네게 얼마나 의미가 있는지 알아.
- I know how much you guys care about each other.
  너희들이 서로 얼마나 생각하는지 알아.

198 I know how to~

…하는 법을 알아

- I know how to play this game.
  이 게임 어떻게 하는지 알아.
- I know how to deal with her.
  걔를 어떻게 상대해야 하는지 알아.

199 I know how S+V

…하는지를 알고 있어

- I know how you feel about her.
  걔에게 어떤 심정인지 알아.
- I know how he solved the problem.
  걔가 문제를 어떻게 풀었는지 알아.

200 I know it's hard, but ~

어렵다는거 알아, 하지만…

- I know it's hard but your fiance is going into surgery.
  어렵겠지만 약혼자가 수술을 한다잖아요.
- I know it's difficult, but things around here are gonna change. 힘들겠지만 여기 상황이 바뀔거야.

201 I know nothing of~

…에 대해 전혀 몰라

- I know nothing of the work that is being done.
  지금 마무리 되고 있는 일에 대해 전혀 몰라.
- I know nothing of his previous experiences.
  걔의 이전 경력에 대해 전혀 몰라.

202 I know someone who~

난 …한 사람을 알고 있어

- I know someone who is in jail for theft.
  절도죄로 감옥에 있는 사람 알고 있어.
- I know someone who tried for 5 years and never saw results. 5년간 시도했지만 아무런 결과도 얻지 못한 사람을 알고 있어.

203 I know that S+V

…하는거 알아

- I know that you're lying to me.
  거짓말하는거 알아.
- I know that he's a married man.
  그 사람이 유부남이라는 거 알아.

204 **I know what S+V**

…을 알고 있어

I know what to+V의 형태도 알아둔다.

- I know what to cook for dinner. 저녁으로 뭘 요리할지 알고 있어.
- I know what you're looking for. 네가 뭘 찾고 있는지 알아.

205 **I know when[where]~**

난 언제[어디서] …인지 알고 있어

- I know when bad things happen.
  언제 안좋은 일들이 일어나는지 알고 있어.
- I know where you're going.
  네가 어디 가는지 알고 있어.

206 **I know why S+V**

왜 …인지 알아

- I know why my father lied to me.
  왜 아버지가 내게 거짓말을 했는지 알아.
- I know why you want to see me.
  네가 왜 나를 보고 싶어하는지 알아.

207 **I know[understand] what it's like to~**

…하는 것이 어떤 건지 알아

- I know what it feels like when you lose family.
  가족을 잃는다는게 어떤 기분인지 알고 있어.
- I know what it's like to be a teenager. It's a very confusing time. 십대라는게 어떤건지 알아. 매우 혼란스러운 시기이지.

208

I like the part where~

난 …한 부분이 좋아

- I like the part where we won the soccer match.
  우리가 축구경기에서 이겼을 때가 맘에 들어.
- I like the part where the couple falls in love.
  그 커플이 사랑에 빠지는 부분이 맘에 들어.

209

I mean to+V

…할 작정이야

- I mean to say that we were shocked by the news.
  우린 그 소식에 충격먹었다고 말할 생각이었어.
- I mean to bring a gift to the wedding.
  난 결혼식에 선물을 가지고 갈 생각이야.

210

I mean,

내 말은

- I mean, this is pretty high-class.
  내 말은 이건 아주 고급이야.
- I mean, what am I going to do without you?
  너 없이 뭘 해야하지?

211

I need ~ back

…을 돌려줘

- I need them back as soon as possible.
  빨리 돌려받아야 돼.
- I'm sorry, but I really need my car back.
  미안해, 하지만 정말이지 내 차를 돌려줘.

212 I need help with ~

…하는 것 좀 도와줘

I need help ~ing의 형태로 써도 된다.

- I need help borrowing money from the bank.
  은행에서 돈 좀 빌리는데 도움이 필요해.
- We just need help with something.
  우리는 단지 뭐 좀 하는데 도움이 필요해.

213 I need someone to ~

…해줄 누군가가 필요해

- I need someone to carry my bags.
  누가 내 가방들을 날라줄 사람이 필요해.
- I need someone to get through to him. 걜 이해시킬 사람이 필요해.

214 I need someone who~

…하는 사람이 필요해

- I need someone who is very intelligent.
  매우 똑똑한 사람이 필요해.
- I need someone who knows the island.
  난 이 섬을 아는 사람이 필요해

215 I need to get to ~ in less than~

…이내에 ~에 도착해야 해

- I need to get to the airport in less than 30 minutes.
  난 30분 이내로 공항에 도착해야 돼.
- I need to get to school in less than 15 minutes.
  난 15분내로 학교에 가야 돼.

216 I need to talk~

얘기해야겠어

- I need to talk to you about something.
  네게 뭐 좀 물어볼게 있어.
- I need to talk to Mr. James immediately.
  제임스 씨와 바로 얘기해야 돼.

217 I need you to~

네가 …해줘

- I need you to double-check my meeting this afternoon.
  오늘 오후 회의 다시 한번 확인해봐.
- I need you to help me with this homework.
  네가 이 숙제 좀 도와줘야 돼.

218 I never expected that~

…하다니 전혀 뜻밖이네

- I never expected they weren't going to show up.
  걔네들이 나타나지 않으리라고 예상못했어.
- I never expected that he would call me back.
  걔가 내게 전화를 다시 할 줄은 전혀 예상못했어.

219 I never said that~

…라고 절대 말한 적이 없어

- I never said I was ashamed of you!
  너를 부끄러워한다고 말한 적이 전혀 없어!
- I never said you were mean.
  네가 야비하다고 절대 말한 적이 없어.

220 I never thought ~

…라고 전혀 생각못했어

- I never thought I'd see you here.
  여기서 널 만나게 될거라고 상상도 못했어.
- I never thought this would happen but it did.
  이런 일이 일어나리라도 전혀 생각도 못했는데 일어났어.

221 I never thought about[of]~

…에 대해서는 생각도 안했어

- I never thought about that.
  그거에 대해서는 생각도 안해봤어.
- I never thought of you two having sex at all.
  너희 둘이 섹스하는건 생각도 안해봤어.

222 I never wanted to ~

난 절대로 …을 원하지 않았어

- I never wanted to put you through this.
  난 네가 이걸 겪게하려고 한 적 없어.
- I never wanted to join the military.
  난 절대로 군대에 들어가려고 하지 않았어.

223 I overheard sb ~ng

…이 …하는 걸 우연히 들었어

- I overheard them having phone sex.
  걔네들이 폰섹스하는거 엿들었어.
- I overheard you two talking.
  둘이 얘기하는거 엿들었어.

224

I prefer+N

…을 더 좋아해

- I prefer draft beer. 생맥주가 좋아.
- I prefer something stronger to kill the germs.
  세균을 죽일 뭔가 강한 것이 더 좋아.

225

I prefer ~ing

…하는걸 더 좋아해

- I prefer staying awake at night.
  밤에 깨어있는 걸 더 좋아해.
- I prefer meeting with the students.
  난 학생들과 만나는 것을 더 좋아해.

226

I prefer ~ing to ~ing

…하는 것보다 …하는 것을 더 좋아해

- I prefer eating out in a restaurant to sitting around at home. 집에서 쓸데없이 시간보내는 것보다 밖에서 먹고 싶어.
- I prefer watching TV to going to the movies.
  영화보러 가는 것보다 TV보는 걸 더 좋아해.

227

I prefer A rather than B

…라기 보다는 …을 더 좋아해

A와 B의 자리에는 to+V 혹은 ~ing 형태가 온다.

- I prefer to enjoy free time rather than study.
  난 공부하기 보다는 자유롭게 시간을 보내는 걸 더 좋아해.
- I prefer exercising rather than staying at home.
  집에 있는 것보다 운동하는 것을 좋아해.

228 I prefer A to B

…보다 …가 더 좋아

- I think I prefer New York to other cities in America.
  미국에서 뉴욕이 다른 도시보다 더 좋아.
- I prefer indoor sports to outdoor sports.
  실외운동보다는 실내운동을 좋아해

229 I prefer not to~

…하지 않을래

- I prefer not to answer that right now.
  그 대답은 바로 하지 않을래.
- I prefer not to talk about it.
  난 그것에 관해 얘기하지 않은 것을 더 좋아해.

230 I prefer to+V

…하는게 더 좋아

- I prefer to be alone.
  혼자 있는 게 더 좋아.
- I prefer to stay in a suite during business travel.
  출장중엔 스위트룸에 숙박하는 걸 더 좋아해.

231 I prefer you ~ing

네가 …하는 걸 더 좋아해

- I prefer Cheryl coming to see us.
  쉐릴이 우리를 보러 오는게 더 좋아.
- I prefer them waiting to attend the concert.
  걔네들이 콘서트를 보기 위해 기다리는게 더 좋아.

232 I promise myself that ~

…을 결심[다짐]했어

- I promise myself that I will be rich in five years.
  난 5년 안에 부자가 되기로 다짐했어.
- I promise myself that I will lose this extra weight.
  난 이만큼 더 살을 빼기로 결심했어.

233 I promise to + V

꼭 …할게

- I promise to pay you back this time.
  이번에 꼭 갚을게.
- I promise to get you out of here as quickly as possible.
  가능한 빨리 널 빼내줄게.

234 I realize that S + V

…라는 사실을 알게 됐어

- I realized I judged you too fast.
  내가 너무 빨리 너를 판단했다는 것을 알게 됐어.
- I realize that the criminal is dangerous.
  범죄자는 위험하다는 걸 알아.

235 I really wonder who ~

누가 …인지 정말 모르겠어, 궁금해

- I really wonder who sent me these flowers.
  정말 누가 이 꽃들을 보냈는지 궁금해.
- I really wonder who downloaded this virus.
  누가 이 바이러스를 다운받았는지 모르겠어.

236 **I regret that S+V**

…을 후회해

- I regret that I made you so upset.
  널 화나게 해서 후회해.
- I regret that you weren't at the ceremony.
  네가 기념식에 오지 않아서 유감야.

237 **I regret to tell you ~**

(유감스럽지만) …인 것 같아

- I regret to tell you that your uncle passed away.
  유감스럽지만 삼촌께서 돌아가신 것 같습니다.
- I regret to tell you that you didn't get the job.
  유감스럽지만 취업못하셨습니다.

238 **I remember ~ing**

…한게 기억나

- I remember reading about this palace.
  이 궁전에 관해 읽은게 기억나.
- I remember talking to her right before she disappeared.
  걔가 사라지기 바로 직전에 걔와 얘기한 게 기억나.

239 **I remember sb ~ing**

…가 …하던게 기억나

- I remember people telling me about it.
  사람들이 그거에 대해 얘기했던게 기억나.
- I remember him saying that he had plans tonight.
  걔가 오늘밤 계획이 있다고 한 말이 기억나.

240

I remember the day~

…한 날을 기억해

- I remember the day I got my first pay check.
  첫 월급 받았던 때가 생각나.
- I remember the day when we first met.
  우리가 처음 만났던 날을 기억해.

241

I remember the first time~

처음으로 …한 때를 기억해

- I remember the first time I asked a girl out.
  내가 여자에게 처음으로 데이트 신청한 때를 기억해.
- I remember the first time I saw you.
  네가 널 처음 봤을 때를 기억해.

242

I remember when~

…한 때를 기억해

- I remember when we first got engaged.
  우리가 처음 약혼한 때를 기억해.
- I remember when Tony first moved in here.
  토니가 처음 여기에 이사온 때가 기억나.

243

I respect your opinion, but~

네 의견을 존중하지만, …

- I respect your opinion but I think you're wrong.
  네 의견을 존중하지만 하지만 네가 틀린 것 같아.
- I respect your opinion but a lot of other people disagree. 네 의견을 존중하지만 다른 많은 사람들은 의견을 달리해.

244 **I said that~**

…라고 말했어

- I said that your hearing aid needs new batteries.
  네 보청기 배터리를 갈아야 한다고 했어.
- I said that you had a nice place.
  집이 멋있다고 했어.

245 **I saw sb ~ing**

…가 …하는 것을 봤어

- I saw her walking in the park.
  난 걔가 공원에서 걷는 걸 봤어.
- I saw Jim working in the office today.
  오늘 짐이 사무실에서 일하고 있더라.

246 **I saw sb ~V**

…가 …하는 것을 봤어

- I saw you take that pill.
  네가 그 약을 먹는 걸 봤어.
- I saw her come out of his apartment.
  걔가 그의 아파트에서 나오는 걸 봤어.

247 **I say ~**

…하라는 말이야

- I say we move it on a bi-monthly basis.
  우린 그걸 격월에 한 번씩 옮기지.
- I say this ring belongs to the last person who can hold on. 이 반지는 끝까지 잡고 있는 사람이 임자라고 하자.

248 I see what you want to say, but~

네가 무슨 말을 하려는 건지 알겠지만, …

- I see what you want to say, but please wait a while.
  무슨 말하려는지 알겠지만 조금만 기다려줘.
- I see what you want to say, but you need to check the facts. 무슨 말하려는지 알겠지만 사실관계를 확인해야 돼.

249 I see your point, but~

네 말뜻은 알겠지만, …

- I see your point, but there's no way that can happen.
  네 말뜻은 알겠지만 그럴 가능성은 전혀 없어.
- I see your point, but she will never be elected.
  네 말뜻은 알겠지만 걔는 절대로 당선되지 못할거야.

250 I spend+N+ ~ing

…하는데 …을 썼어

- I spent so many nights just thinking how you did me wrong! 네가 나한테 얼마나 못되게 굴었는지 생각하면서 많은 날을 보냈어!
- I spent hours helping you arrange your furniture.
  네 가구 정리하는거 오래 도와줬어.

251 I still think~

아직도 …라고 생각해

- I still think you're full of crap.
  난 아직도 네가 엉터리라고 생각해.
- I still think Greg is innocent of the crime.
  난 아직도 그렉은 무죄라고 생각해.

252 I suggest S+V~

…하도록 해

- I suggest you join me in the bathroom.
  나와 함께 욕실로 가지 그래
- I suggest we grab a bite to eat.
  간단히 먹을 것 좀 먹도록 하자.

253 I suggest you+V

…해봐

- I suggest you stay away from my son.
  내 아들 옆에 얼씬거리지 말라고.
- I suggest you try to calm down.
  침착하도록 해.

254 I swear~

정말이야, 맹세해

- I swear I don't know what happened.
  어떻게 된 건지 정말 몰라
- I swear I'm clean.
  맹세컨대 난 결백해.

255 I think I forget~

…을 잊은 것 같아

- I think I forget a lot of important information.
  많은 양의 중요한 정보를 잊은 것 같아.
- I think I forget the tasks I'm assigned to complete.
  내게 완수하도록 할당된 업무를 잊은 것 같아.

256 I think I know how to~

어떻게 …하는지 알 것 같아

- I think I know how to turn a man on.
  난 남자를 어떻게 흥분시키는지 알 것 같아.
- I know how to protect myself. I'm not a civilian.
  내 자신을 어떻게 보호하는 알고 있어. 난 민간인이 아냐.

257 I think I will~

…할 생각이야

- I think I will stay here with her.
  걔랑 여기 남아 있을까 봐.
- I think I'll have a martini.
  마티니로 할게요.

258 I think it's better~

…한다면 더 좋을거라 생각해

- I think it's better if you talk to your parents.
  네 부모님께 얘기한다면 더 좋을거라 생각해.
- I think it's better if we finish up things now.
  우리가 일들을 이제 끝내는게 더 좋을거라 생각해.

259 I think S+V

…한 것 같아

- I think he took the bus home.
  난 걔가 버스를 타고 집에 간 것 같아.
- I think Mark brought some beer to drink.
  난 마크가 마실 맥주를 좀 가져온 것 같아.

260 I think that nothing is more + adj. + than~

…보다 더 …한 것은 없는 것 같아

- I think that nothing is more delicious than pizza.
  피자보다 더 맛있는 것은 없는 것 같아
- I think that nothing is more difficult than military service.
  군복무보다 더 힘든 것은 없는 것 같아.

261 I think we should ~

우리가 …하는게 나을 것 같아

- I think we should call a lawyer.
  우리는 변호사를 불러야 될 것 같아.
- I think we should focus on taking care of your daughter.
  우리는 네 딸을 돌보는데 집중해야 될 것 같아.

262 I thought ~

…한 줄 알았는데

- I thought you were on my side.
  난 네가 우리편인 줄 알았어
- I thought you were leaving.
  네가 떠나는 줄 알았어

263 I thought I could~

내가 …을 할 수 있을거라 생각했어

- I thought I could trust you.
  널 믿을 수 있을거라 생각했어.
- I thought I could meet them for lunch.
  점심식사에 걔네들과 만날 수 있을거라 생각했어.

264 I thought I told you to~

…하라고 말한 것 같은데

- I thought I told you to get out of here.
  나가라고 말했던 건 같은데.
- I thought I told you not to come.
  오지 말라고 한 것 같은데.

265 I thought we had~

…한 걸로 알았는데

- I thought we had a deal.
  얘기가 다 됐다고 생각했는데.
- I thought we had an understanding.
  우린 약속된 걸로 알았어.

266 I thought you said~

네가 …라고 말한 줄 알았어

- I thought you said it was okay.
  괜찮다고 말한 줄로 알고 있었어
- I thought you said you talked to her a few days ago.
  난 네가 몇일 전에 걔에게 말한줄 알았어.

267 I thought you were going to~

네가 …할거라 생각했는데

- I thought you were going to go on leave.
  난 네가 쉴거라고 생각했는데.
- I thought you were gonna propose tonight.
  난 네가 오늘밤 프로포즈를 할거라 생각했는데.

268 **I told you I never wanted to~**

절대로 …하고 싶지 않다고 말했잖아

- I told you I never wanted to see you again!
  절대로 널 다시 보고 싶지 않다고 말했잖아!
- I told you I never wanted to dump Chris.
  난 결코 크리스를 차버리고 싶지 않았다고 했잖아.

269 **I told you ~**

…라고 말했잖아

- I told you it was possible. 할 수 있다고 했잖아.
- I told you that I didn't know exactly where she lived.
  걔가 어디 사는지 모른다고 했잖아.

270 **I told you to~**

…라고 했잖아

더 강조하려면 뒤에 ~didn't I?를 붙여주면 된다.

- I told you to use a condom. 콘돔쓰라고 했잖아.
- I told you to give her whatever she wants.
  쟤가 원하는 건 다 주라고 했잖아.

271 **I tried everything to~**

…을 위해 안해본게 없어

- I tried everything to make myself feel better.
  내가 기분 좋아지도록 안해본 게 없어.
- I tried everything to get the work done.
  그 일을 끝내기 위해 안해본게 없어.

272 I tried my best to~

…하기 위해 최선을 다했어

- I tried my best to get a ticket for you.
  최선을 다해 네게 줄 표를 구하려고 했어.
- I tried my best to please her.
  난 그녀를 만족시켜주기 위해 최선을 다했어.

273 I understand S+V

…을 이해해

- I understand you're doing a heart transplant today.
  오늘 심장이식수술한다는 걸 알아.
- I understand that you had a particularly difficult day.
  특별히 힘든 날이었다는 걸 이해해.

274 I understand what~

…을 이해해

- I understand what happened. 무슨 일이 일어났는지 이해하고 있어.
- I understand why you were there.
  네가 왜 거기에 있었는지 이해해.

275 I used the word A in the sense that~

난 …란 뜻으로 …단어를 사용했어

- I used the word forget in the sense that I can't recall.
  난 기억이 나지 않는다는 의미로 forget을 썼어.
- I used the word broken in the sense that we need a new system.
  우리에겐 새로운 시스템이 필요하다는 의미에서 broken이란 단어를 사용했어.

276 I want sth pp

…가 …하기를 바래

- I want the wine and snacks put near the rice maker.
  와인하고 스낵은 전기밥솥옆에 놔줘.
- I want them released within the next 24 hours.
  향후 24시간 내에 그것들을 발표하도록 해.

277 I want to know ~

…을 알고 싶어

- I want to know why you were fighting. I'm listening.
  네가 왜 싸웠는지 알고 싶어. 어서 말해봐.
- I want to know how he became a criminal.
  걔가 어떻게 범죄자가 되었는지 알고 싶어.

278 I want to let you know that~

…을 알려주려고

- I just wanted to let you know I'm getting married.
  나 결혼한다는거 네게 알려주고 싶을뿐이야.
- I just wanted to let you know that Jim left four messages for you. 짐이 너한테 4개 메시지를 남겼다는 것을 알려주려고.

279 I want to make it clear~

난 …을 분명히 하고 싶어

I want to~ 대신에 I'd like to~를 써도 된다.

- I want to make it clear that we never met.
  우리는 전혀 만난 적이 없다는 것을 분명히 해두고 싶어.
- I'd like to make it clear that I opposed the plan.
  난 그 계획안에 반대했다는 것을 분명히 해두고 싶어.

280 **I want to say~**

단지 …라고 말하고 싶어

- I want to say goodbye to my friends.
  내 친구들에게 작별인사 해야겠어.
- I want to say how sorry I am.
  내가 얼마나 미안한지 말하고 싶어.

281 **I want to see if~**

…인지 확인해보고 싶어

- I wanna see if it's okay.
  그게 괜찮은지 확인해보고 싶어.
- I want to see if he's lying.
  거짓말하는지 확인해고 싶어.

282 **I want to talk to~**

…와 얘기하고 싶어

- I want to talk to you privately.
  개인적으로 얘기 좀 나누고 싶은데요.
- I want to talk to you about that.
  그거 얘기 좀 하자.

283 **I (just) want to tell you how much I appreciate~**

…가 얼마나 감사한지 몰라

- I just want to tell you how much I appreciate it.
  내가 얼마나 감사하는지 네게 말하고 싶어.
- I just want to tell you how much I appreciate you giving me an opportunity. 기회를 줘서 얼마나 고마운지 몰라.

284

I want you to find out~

네가 …을 알아봐줘

- I want you to find out if my daughter is using drugs again. 내 딸이 약을 다시 하는지 알아봐줘.
- I want you to find out how to operate this machine. 이 기계를 어떻게 작동하는지 알아내라고.

285

I want you to know~

…을 알아주기 바래

- I want you to know that you and I are not all that different. 너와 내가 그렇게 많이 다르지 않다는 점을 알아줘.
- I want you to know I appreciate it. 내가 고마워한다는 걸 알아줬으면 해.

286

I want you to remember that S+V

…을 기억해둬

- I want you to remember that I forgave you. 내가 널 용서했다는 걸 잊지 말아줘.
- I want you to remember that she is smarter than you. 걔가 너보다 똑똑하다는 걸 잊지 말아.

287

I want you to~

네가 …하라고

- I want you to know I didn't used to be like this. 내가 과거에는 이러지 않았다는 걸 알아줘.
- I want you to admit what you did. 너 네가 한 짓을 인정하라고.

288 I wanted to tell you ~

네가 …라고 말하고 싶었어

- I wanted to tell you about the competition.
  네게 경쟁에 대해 말하고 싶었어.
- I wanted to tell you to stay home tomorrow.
  내일 집에 머물라고 네게 말하고 싶었어.

289 I wanted you to~

네가 …하기를 바랬어

- I wanted you to have fun with it.
  네가 그걸로 재미있기를 바랬어.
- I just wanted you to hear the truth.
  난 네게 진실에 귀기울이기를 바랬어.

290 I warned you that~

난 네게 …을 경고했어

I warned you to+V의 형태로도 쓰인다.

- I warned you that she would do bad things.
  걔가 나쁜 짓 할거라고 경고했잖아.
- I warned you to buy insurance for your business.
  사업을 위해 보험에 가입하라고 경고했잖아.

291 I was going to~

…하려고 그랬어

- I was gonna say this is very good.
  이게 정말 좋다고 말하려고 했었어.
- I was going to call you today. 오늘 네게 전화하려고 했었어.

292 **I was just ~ing**

그때 막 …을 하고 있었어

- I was just thinking that maybe it might make sense.
  그게 일리가 있을 수도 있다라고 생각하고 있었어.
- I was just talking to these girls.
  그냥 이 여자분들하고 얘기 좀 나눴을 뿐이야.

293 **I was just trying to + V**

막 …해보고 있었어

- I was just trying to play it cool.
  난 침착하게 행동했지.
- I was just trying to make you laugh!
  난 그냥 너 웃길려고 한거야.

294 **I was meant to~**

…하도록 되어 있어

- I was meant to spend the rest of my life with you.
  난 남은 여생을 너와 함께 보내도록 되어 있어.
- I was meant to be at the airport yesterday.
  난 어제 공항에 나가기로 되어 있어.

295 **I was told S+V**

…라고 들었어

- I was told that the doors close at eight.
  내가 듣기로 문은 8시에 닫힌대.
- I was told you had a question for me.
  너 내게 질문 있다며.

296 I was told to+V

…라고 들었어

- I was told to ignore the sign.
  사인을 무시하라는 얘길 들었어.
- I was told not to come here.
  여기 오지 말라고 하던데.

297 I was wondering if ~

…인지 아닌지 궁금해 하고 있었어

- I was wondering if you'd stop by.
  네가 들를건지 궁금했어.
- I was wondering if he was really serious.
  걔가 정말 진심인지 궁금했어.

298 I was wondering if I could~

…해도 될까요?

- I was wondering if I could ask you something.
  혹 뭐 좀 물어봐도 될까요?
- I was wondering if I could talk to you for a moment.
  잠깐 이야기 할 수 있겠습니까.

299 I was wondering if you could ~

…좀 해주시겠어요?

- I was wondering if you could give me a ride.
  저 좀 태워주시겠어요?
- I was wondering if you could keep an eye on me.
  나 좀 지켜봐줄래요?

300 **I was wrong to~**

…한 것은 나의 잘못였어

- I was wrong to think I could negotiate with terrorists.
  내가 테러범들과 협상할 수 있다고 생각한게 잘못였어.
- I was wrong to assume that she's lonely.
  걔가 외롭다고 생각한 건 틀렸어.

301 **I went~**

…에 갔었어

- I went to the president's office this afternoon.
  오늘 오후에 사장실에 갔었어.
- I went to Africa last year with Bill.
  작년에 빌과 아프리카에 갔었어.

302 **I will let you know~**

네게 …을 알려줄게

- I will let you know when I find her.
  내가 걜 찾으면 알려줄게.
- I will let you know if he's getting better.
  걔가 좀 나아지면 알려줄게.

303 **I will tell sb+의문사~**

…에게 …을 말해줄게

- I'll tell you what they were fighting over.
  걔네들이 무엇 땜에 싸웠는지 말해줄게.
- I'll tell you what happened between me and Edie.
  나와 에디사이에 무슨 일이 있었는지 말해줄게.

304 I will tell sb S+V

…에게 …라고 말할게

- I'll tell him I saw you today.
  오늘 널 봤다고 말할게.
- I'll tell the teacher you're in the toilet.
  선생님한테 너 화장실 갔다고 할게.

305 I will tell you how to~

…하는 방법을 알려줄게

- I will tell you how to make money
  돈 어떻게 버는지 알려줄게
- I'll tell you how to get the money.
  어떻게 그 돈을 확보하는지 알려줄게.

306 I wish (that)~

…하면 좋을텐데

- I wish she was my wife. 쟤가 내 아내라면 좋을 텐데.
- I wish Mike were here. 마이크가 여기 있으면 좋을 텐데.

307 I wish I could, but~

그러고 싶지만,

- I wish I could, but I can't do it.
  그러고 싶지만 그럴 수가 없네.
- I wish I could, but I have a date tonight.
  그러고 싶지만 오늘밤에 데이트가 있어.

308
I wish I could~

…할 수 있으면 좋을텐데

- I wish I could stay longer.
  더 남아 있으면 좋을 텐데.
- I wish I could work for the government.
  공무원이면 좋겠어.

309
I wish I had~

…였으면 좋겠어

- I wish I had a lot of money.
  돈이 많았으면 좋겠어.
- I wish I had a girlfriend. 여자친구가 있었으면 좋겠어.

310
I wish I was~

내가 …라면 좋겠어

- I wish I was as confident as you are.
  너처럼 자신감있으면 좋을텐데.
- I wish I was dead. 큰일 났구만.

311
I wish you would('nt)+V

네가 …(안)했으면 해

- I wish you wouldn't talk like that.
  네가 그런 식으로 말 안했으면 해.
- I wish you would get over her.
  네가 걜 잊었으면 해.

312 I wish sb + sth

…에게 ~을 기원하다

- I wish you good luck. 행운을 빌어.
- I wish you sweet dreams. 좋은 꿈 꿔.

313 I wish to~

…하기를 바래

- I wish to speak to the manager.
  매니저 분에게 얘기하고 싶은데요.
- I wish to order some food.
  음식을 좀 주문하고 싶은데요.

314 I wish you were~

네가 …였으면 좋을텐데

- I wish you were here. 같이 왔더라면 정말 좋을텐데.
- I wish you were coming to see me.
  네가 와서 날 만났더라면 좋을텐데.

315 I wish you could~

네가 …할 수 있으면 좋을텐데

- I wish you could stay one extra day.
  네가 하루 더 머물면 좋을텐데.
- I wish you could say the same thing.
  너도 같은 말을 할 수 있으면 좋을텐데.

316 ## I wonder how many~

얼마나 많은 사람이 …하는 모르겠어

- I wonder how many people will come.
  사람들이 얼마나 올지 궁금하군.
- I wonder how many people live there.
  저기에 얼마나 많은 사람들이 사는지 모르겠어.

317 ## I wonder if~

…인지 모르겠어

- I wonder if she made it on time.
  제 시간에 도착했는지 모르겠네.
- I wonder if the boss is still angry with me.
  사장이 아직도 내게 화나 있는지 모르겠어.

318 ## I wonder what~

…을 모르겠어

- I wonder what's going on. 웬일인지 모르겠어.
- I was wondering what that smell is.
  저 냄새가 뭔지 궁금했어.

319 ## I wonder when[where]~

…을 모르겠어

- I wonder where she is. 걔가 어디 있는거지.
- I wonder when we'll meet again.
  언제 우리 다시 만날까.

320 **I wonder why~**

왜 …인지 모르겠어

- I wonder why she called.
  왜 걔가 전화했는지 모르겠어.
- I wonder why she broke up with me.
  걔가 왜 나랑 헤어졌는지 모르겠어.

321 **I won't let ~**

…하는 일은 절대 없을거야

- I won't let it happen again.
  다신 그런 일 없을 거야.
- Sorry about that. I won't let it happen again.
  미안해. 다신 그런 일 없을 거야.

322 **I worried about~**

…가 걱정돼

- I worried about you when I didn't hear from you.
  너한테서 연락을 못받았을 때 네 걱정을 했어.
- The more I worried about it, the more I couldn't sleep.
  내가 그것에 대해 걱정을 하면 할수록 잠을 더 이룰 수가 없었어.

323 **I worried that ~**

…가 걱정돼

- I'm worried that we won't be able to leave.
  우리가 떠날 수 없을까봐 걱정돼.
- I'm worried it's going to be a big mistake.
  큰 실수가 되지 않을까 걱정돼.

324 **I would feel better if~**

…한다면 기분이 나아질거야

- I'd feel better if you told me the truth.
  네가 나한테 진실을 말한다면 기분이 나아질거야.
- I'd feel better if I slept with Chris. 내가 크리스과 자면 기분이 좋아질텐데.

325 **I would have to say (that) S + V**

굳이 말하자면 …해

- I would have to say that it's tragic love story.
  그건 비극적인 사랑이야기라고 말할 수 밖에 없네.
- I would have to say that chocolate is my favorite.
  초콜릿을 가장 좋아한다고 말해야겠네.

326 **I would like to conclude by saying~**

…라고 맺음말을 하고 싶어요

회의 등의 맺음 말로는 Let me conclude[finish] by saying~, 이라고 해도 된다.

- I would like to conclude by saying I really enjoyed this meeting. 회의가 정말 좋았다고 맺음말을 하고 싶어요.
- I would like to conclude by saying that I am proud of all of you. 여러분들 모두를 자랑스럽게 생각하다고 말하면서 맺고 싶어요.

327 **I would like to make it very clear that~**

…을 명확히 하겠어요

- I would like to make it very clear that you should obey the rules. 넌 규칙에 따라야 한다는 것을 명확히 하고 싶어.
- I would like to make it very clear that the exam is at 8 a.m. 시험은 오전 8시라는 것을 명확히 하고 싶어.

328 I would think~

…라고 생각했는데

- I would think that would be wonderful.
  그게 멋질 거라 생각했는데.
- I would think that would be fairly obvious.
  난 그게 아주 뻔할거라 생각했는데.

329 I would~ if I were you

내가 너라면 …할거야

- I would take it if I were you.
  내가 너라면 받아들이겠어.
- If I were you, I would tell her everything.
  내가 너라면 말야, 걔한테 전부 말해버릴텐데.

330 I wouldn't say that ~

나는 …라고 (말)하지 않겠어

- I wouldn't say that you look healthy.
  네가 건강해보인다고는 말하지 않겠어.
- I wouldn't say that we argued last night.
  우리가 지난밤에 다투었다고는 말하지 않겠어.

331 I wouldn't ~ if I were you

내가 너라면 …하지 않을거야

- If I were you, I wouldn't go in there.
  내가 너라면 거기 안 들어갈거야.
- I wouldn't do that if I were you.
  네가 너라면 그러지 않을텐데

332
I wouldn't do~

난 …하지 않을거야

- I wouldn't do that, especially not to a friend.
  특히 친구가 아닌 사람에게 그렇게는 하지 않을거야.
- I wouldn't do anything to disturb your work.
  네 일을 방해하는 어떤 일도 하지 않을거야.

333
I wouldn't know about~

…에 대해 내가 알 도리가 없어

- Well, I wouldn't know about that.
  저기, 내가 그거에 대해 알 도리가 없지.
- I wouldn't know about the streets of New York.
  내가 뉴욕의 거리를 알 길이 없지.

334
I wouldn't know that[what~]

…을 내가 알 수 없지

- If I didn't know any better, I wouldn't know that this was him. 내가 좀 더 잘 알지 못한다면, 그였다는 걸 내가 알 도리가 없을거야.
- I wouldn't know what I'm gonna do without you.
  너없이는 내가 어떻게 해야 할지 알 수가 없을거야.

335
I wouldn't mind ~ing

…하고 싶어

- I wouldn't mind having some real food sometime.
  언젠가 한번 진짜 음식을 먹고 싶어.
- I wouldn't mind sharing a few things with her.
  걔랑 몇 가지 공유하고 싶어.

336 I wouldn't say that~, but~

…라고 할 수는 없지만, …

- I wouldn't say that he's dumb, but he didn't go to college. 걘 바보라고 말할 수는 없지만 대학에는 안갔어.
- I wouldn't say it's cold, but you better take a jacket.
  춥다고는 할 수 없지만 겉옷을 가져가는게 좋을거야.

337 I wouldn't want to~

난 …하지 않을거야

- I wouldn't want to hang out here anymore.
  난 더이상 여기서 놀고 싶지 않아.
- I wouldn't want to meet them again.
  다시는 그 사람들 만나지 않을거야.

338 I'd appreciate it if ~

…해주시면 고맙겠어

- I would really appreciate it if you didn't tell her.
  걔한테 얘기안했으면 고맙겠어.
- I'd appreciate it if you'd take him to lunch.
  네가 모시고 나가 점심을 사드렸으면 정말 고맙겠어.

339 I'd be happier if S + 과거(완료)

…라면[…였다면] 더 좋겠는데

- I'd be happier if we kept the money.
  우리가 그 돈을 갖고 있다면 더 좋을텐데.
- I'd be happier if he had talked to his teacher.
  걔가 선생님에게 얘기했었다면 더 좋았을텐데.

340 **I'd be lying if I said~**

…라고 말한다면 그건 거짓말일거야

- I'd be lying if I said I regret what happened.
  내가 그 일에 대해 후회한다면 거짓이겠지.
- I'd be lying if I said I haven't thought about it myself.
  내가 그거에 대해 생각해보지 않았다고 말하면 거짓말이지.

341 **I'd give anything to~**

기필코 …할거야

- I'd give anything to have her back.
  걔를 되찾을 수 있다면 무엇이든 하겠어.
- I'd give anything to be with you again.
  다시 너랑 있을 수 있다면 뭐든지 하겠어.

342 **I'd give the world to ~**

기필코 꼭 …할거야

the world 대신에 my right arm이라고 해도 된다.

- I'd give the world to go out with Jane.
  무슨 일이 있어도 제인과 데이트하고 싶어.
- I'd give my right arm to see my family again.
  우리 가족을 다시 만날 수 있다면 무슨 짓이라도 하겠어.

343 **I'm happy to say that ~**

기꺼이 …라고 말할 수 있어

- I'm happy to say that the operation was a success.
  수술이 성공적이었다고 말하게 되어 기뻐요.
- I'm happy to say that we'll be home soon.
  우리가 곧 집에 도착할거라 말하게 되어 기뻐.

344 I'd just like to say a few words as to~

…에 관해 몇마디 하고 싶어요

- I'd just like to say a few words as to what we'll do next. 우리가 다음에 무엇을 할건지에 대해 몇마디 말하고 싶어요.
- I'd just like to say a few words as to the trouble we've been having. 우리가 겪고 있는 어려움에 대해 몇마디 말하고 싶어요.

345 I'd like to add that~

…을 덧붙이고 싶어요

- I'd like to add that we'll be serving drinks soon. 곧 음료가 나온다는 것을 덧붙이고 싶어요.
- I'd like to add that we need some new volunteers. 우리에게 새로운 자원봉사자들이 좀 필요하다는 것을 덧붙이고 싶어요.

346 I'd like to complain about~

…에 대해 항의 좀 해야겠어요

- I'd like to complain about the quality of the food that was served. 서빙되어 나온 음식의 질에 대해 항의 좀 해야겠어요.
- I'd like to complain about the way our manager acts. 우리 매니저가 행동하는 방식에 대해 항의를 좀 해야겠어요.

347 I'd like to let you know~

…을 알려드리려구요

- I'd like to let you know about a special offer. 특별제안에 대해 알려드릴려구요.
- I'd like to let you know the results of the test. 시험결과를 알려주려구.

348 **I'd like to point out that~**

…라는 주장을 하고 싶어요

- I'd like to point out that he isn't qualified for the job.
  걔는 업무자격이 부족하다는 주장을 하고 싶어요.
- I'd like to point out that Jessica and I used to be a couple. 제시카와 나는 과거에 커플이었다는 것을 말하고 싶어요.

349 **I'd like to, but~**

그러고는 싶지만

- I'd like to, but I have to get back to work.
  그러고는 싶지만 일하러 가야 돼.
- I'd like to, but I don't have enough time.
  그러고는 싶지만 시간이 충분치 않아.

350 **I'd like to~**

…하고 싶어

- I'd like to take you out to dinner on Friday.
  금요일에 저녁 외식시켜줄게.
- I'd like to meet you at 3. Does that work for you?
  3시에 만나자. 너도 괜찮아?

351 **I'd like you to + V**

…좀 해줄래

- I'd like you to make copies of these files.
  이 파일들 복사해.
- I'd like you to stay. Just hang out with me.
  안 갔으면 좋겠어. 나랑 함께 놀자.

352 I'd love to, but~

나도 그러고 싶지만, …

- I'd love to, but I have to go home early tonight.
  그러고 싶지만 안돼. 오늘 저녁 집에 일찍 가야 돼.
- I'd love to, but it's really getting late.
  그러고는 싶지만 정말 늦었어.

353 I'd prefer it if +과거동사

…하면 좋겠어

- I'd prefer it if we could keep it between us.
  그거 우리끼리 비밀로 하면 좋겠어.
- I'd prefer it if we stayed here tonight.
  우리가 오늘밤 여기에 머물렀으면 좋겠어.

354 I'd prefer not to~

…하면 좋겠어

- I'd prefer not to discuss that right now.
  지금 당장 그 얘기를 안했으면 좋겠어.
- I'd prefer not to stay here any longer.
  더 이상 여기에 머물지 않으면 좋겠어.

355 I'd prefer S+V

…였으면 좋겠어

- I'd prefer we stop meeting like this.
  이런 식으로는 그만 만나고 싶어.
- I'd prefer you weren't gay.
  네가 게이가 아니라면 좋겠어.

356 **I'd rather+V**

차라리 …할거야

- I'd rather talk to you. 네게 이야기하는 게 낫겠어
- I'd rather do it myself. 내가 직접 하는 게 낫겠어

357 **I'd rather not~**

…하지 않는게 좋겠어

- I'd rather not tell you everything.
  네게 다 말하지 않는 게 낫겠어.
- I'd rather not say. 말 안하는 게 낫겠어

358 **I'd say that ~**

아마 …일 걸요

- I'd say you shouldn't go to the new restaurant.
  저 새 식당엔 가지 말지.
- I'd say she died when she was about twenty.
  걔가 20살 때쯤 죽은 것 같아.

359 **I'll never forget that time when~**

…했던 그 때를 절대 잊지 못할거야

- I'll never forget that time when we first met.
  우리가 처음 만났던 때를 절대로 잊지 못할거야.
- I'll never forget that time when my wallet was stolen.
  지갑을 도둑맞았을 때를 절대 못잊을거야.

360 I'm going to make sure (that)~

반드시(꼭) …하게 할거야

- I'm going to make sure that he doesn't lie to me.
  걔가 내게 거짓말하지 못하도록 확실히 할게.
- I'm going to make sure that we get our money.
  우리의 돈을 확실히 받을 수 있도록 할게.

361 I'm just grateful that ~

…한 것만 해도 감사해

- I'm so grateful you got my license back.
  내 면허증을 되찾아줘서 정말 고마워.
- I'm so grateful that we came here.
  여기 오게 돼서 정말 고마워.

362 I'm just thinking about~

그저 …에 대해 생각하고 있어

- I'm just thinking about students at my school.
  내 학교의 학생들을 생각하고 있어.
- I'm just thinking about projects I can complete.
  내가 완성할 수 있는 프로젝트에 관해 생각하고 있어.

363 I'm looking forward to~

…을 몹시 기다리고 있어

- I'm really looking forward to talking with them.
  난 정말 함께 얘기나누고 싶어.
- I'm looking forward to staying out of trouble for a while. 한동안은 사고는 안 칠 생각이야.

364 **I'm not even sure if ~**

…인지 조차 확실히 모르겠어

I'm not exactly sure if …인지 잘 모르겠다

- I'm not even sure if he got my text message.
  걔가 내 문자를 받았는지 확실히 모르겠어.
- I'm not even sure if you are allowed to return.
  네가 돌아와도 되는지 확실히 모르겠어.

365 **I'm not sure ~**

…인 것 같진 않다, …일지 모르겠어

- I'm not sure if she'd still angry at me.
  아직도 나한테 화나 있는지 모르겠네.
- I'm not sure I'm ready to go there.
  내가 거기에 갈 준비가 되었는지 모르겠어.

366 **I'm trying to think back to the time when~**

난 …한 때를 회상해보려해

- I'm trying to think back to the time when we first met.
  우리가 처음 만났던 때를 회상해보려고 해.
- I'm trying to think back to the time when Leslie lived here. 레슬리가 여기 살았던 때를 회상해보려고 해.

367 **I'm very sorry to hear that~**

…라는 얘기를 들어서 굉장히 유감이야

- I'm sorry to hear that she got divorced. 걔가 이혼했다니 안됐네.
- I'm sorry to hear that you got fired. 너 잘렸다며 안됐다.

368 I've been trying to~

난 (줄곧) …하려던 중이었어

- I've been trying to figure out why you beat up your wife.
  네가 왜 네 아내를 때렸는지 알아내려고 하고 있어.
- I've been trying to meet him for months.
  수개월간 걔를 만나려고 하고 있었어.

369 if (my) memory serves me right

내가 기억하는 바로는

- If memory serves me right, I earned an A in English class. 기억이 맞다면 난 영어수업에서 A를 받았어.
- If memory serves me right, we travelled to a temple.
  기억이 맞다면 우리는 절에 여행을 갔어.

370 If I understand you correctly, you're saying~

내가 바로 이해했다면 네 말은 …

- If I understand you correctly, you're saying we should attend church. 내가 바로 이해했다면 네 말은 교회예배에 참석해야 된다는거지.
- If I understand you correctly, you're saying we're going broke. 내가 바로 이해했다면, 네 말은 우리가 파산할거란 말이지.

371 If it's okay with you, I'll~

괜찮다면 …할게

- If it's okay with you, I'll leave a little early today.
  괜찮다면, 오늘 좀 일찍 나갈게.
- If it's okay with you, I'll do some research on the matter. 괜찮다면, 그 문제에 대해 조사를 좀 할게.

372 If only I could~

…할 수 있다면 좋을텐데

- If only I could put into words how I feel.
  내 느낌을 언어로 표현할 수 있다면 얼마나 좋을까.
- If only I could read minds. 내가 사람의 마음을 읽을 수 있다면 얼마나 좋을까.

373 If S+V, then~

만약 …하다면 그럼…

- If Heather attends the conference, then I will go too.
  헤더가 회의에 참석한다면, 그럼 나도 가야지.
- If you help me, then I will pay you a hundred dollars.
  네가 날 도와주면 네게 100달러를 줄게.

374 If that is the case,~

만약 사정이 그렇다면

If that is the case 다음에는 then~, why~, 혹은 I'd like to~를 이어쓰면 된다.

- If that is the case, you'd better see a doctor.
  사실이 그렇다면 병원가봐라.
- If that is the case, let's go out for a drink.
  사실이 그렇다면 나가서 술한잔 하자.

375 If you ask me~, I would say~

내 생각엔 …라고 말하겠어

- If you ask me, I'd say take it right away!
  내 생각엔 바로 받아들이라고 말하겠어.
- If you ask me about Rick, I would say he's doing fine.
  릭에 관해 내 생각을 물어본다면, 괜찮은 애라고 말하겠어.

376 If you don't mind

괜찮으시다면

- If you don't mind, I'd like to have a cigarette.
  괜찮다면 담배 한대 피고 싶어.
- If you don't mind, I'd like to ask you both a few questions. 괜찮다면 너희 둘에게 몇 가지 질문할게

377 If you insist on~, then we can't ~

네가 …을 주장한다면 우리는 …할 수가 없어

- If you insist on causing problems, then we can't be friends. 네가 계속 문제를 야기한다면 우리는 친구가 될 수 없어.
- If you insist on remaining here, then we can't meet the other students. 네가 여기 계속 있겠다고 하면 우리는 다른 학생들을 만날 수가 없어.

378 If you think ~, what about~ ?

네 생각이 …하다면, …은 어떨까?

- If you think Patty is smart, what about her brother?
  패티가 똑똑하다고 생각한다면, 걔 오빠는 어때?
- If you think it's cold now, what about later tonight?
  지금 춥다면, 오늘 저녁에는 어떨까?

379 If you were to ask me~, I'd tell you that ~

내게 …을 묻는다면, ~라고 말하겠어

- If you were to ask me for money, I'd tell you that I don't have any. 내가 돈을 요구한다면, 난 돈이 없다고 말하겠어.
- If you were to ask me to dance, I'd tell you that I am very clumsy. 내게 춤을 추자고 한다면, 난 매우 서툴다고 말하겠어.

380

If you were~, would you ~?

네가 …라면, …하겠니?

- If you were old, would you live with your children?
  네가 나이 들게 되면 아이들과 함께 살겠어?
- If you were sick, would you visit the hospital?
  네가 아프다면 병원에 가겠어?

381

If you~ I can~

네가 …하면 난 …할 수 있어

- If you come to Seoul, I can meet up with you.
  네가 서울에 오면, 난 널 만날 수가 있어.
- If you let me borrow your phone, I can call a mechanic.
  네 폰을 빌려주면 난 수리공을 부를 수 있어.

382

If you~ I will~

네가 …하면 난 …할거야

- If you cook some food, I will help put it on the table.
  네가 음식을 좀 하면, 내가 식탁에 놓는 것을 도와줄게.
- If you stay here, I will return soon.
  네가 여기 남아있는다면, 나 금방 돌아올게.

383

If you~ then we can[can't]~

네가 …한다면 우리는 …할 수가 없[있]어

- If you spend all the money, then we can't pay the rent.
  네가 돈을 다 써버리면, 우리는 월세를 낼 수 없을거야.
- If you stay up all night, then we can't wake up on time.
  네가 밤을 샌다면 우리는 제시간에 일어날 수 없을거야.

384
If you~ what do you~?

네가 …한다면 넌 뭐를 …?

- If you meet your ex-wife, what do you think you'll say?
  네 전처를 만난다면 무슨 말을 할 것 같아?
- If you have a dinner party, what food do you serve?
  저녁 파티가 있다면, 어떤 음식을 내놓겠어?

385
I'll bet that ~

장담하건대 …해

- I'll bet rich people can go on vacation several times a year. 부자는 일년에 여러 번 휴가가는 게 확실해.
- I'll bet he's totally over me, I'll bet he's fine.
  걘 날 잊은 게 확실해, 정말이지 괜찮을 거야

386
I'll check if ~

…인지 알아볼게

- I'll check if he's finished working. 일을 끝냈는지 알아볼게.
- I'll check if we have any aspirin. 아스피린이 좀 있는지 알아볼게.

387
I'll do everything I can ~

…하기 위해 최선을 다할거야

- I'm going to do everything I can to get you back to her. 널 걔한테 데려다 주기 위해 할 수 있는 모든 것을 할거야.
- I'm going to do everything I can to get you out.
  너 꺼내기 위해 내가 할 수 있는 모든 일을 할거야.

388 **I'll go get~**

가서 …을 가져올게

- I'll go get you a glass of it.
  물 한 잔 갖다 줄게요.
- I'll go get a box of tissues for you.
  내가 가서 휴지박스를 가져올게.

389 **I'll go take~**

가서 …할거야

- I'm going to go take a bath.
  가서 목욕 좀 할거야.
- I'll go take a few pictures of the kids.
  난 가서 아이들 사진 좀 찍어줄게.

390 **I'll have sb~**

…에게 …하도록 시킬게

- I'll have Bob check on the inventory.
  밥보고 재고조사를 하라고 할게.
- I'll have Maya meet you at the airport.
  마야보고 공항에서 너를 만나도록 할게.

391 **I'll keep in mind that ~**

…을 명심할게

- I'll keep in mind that he has a short temper.
  걔 성깔이 있다는 것을 명심할게.
- I'll keep in mind that you're on a budget.
  넌 예산이 한정되어 있다는 것을 명심할게.

392

I'll let you know ~

…을 알려줄게

- I'll let you know when the surgery is over.
  수술이 끝나면 알려줄게.
- I'll let you know if anything turns up.
  무슨 일이 생기면 알려줄게.

393

I'll let you know if~

…인지 알려줄게

- I'll let you know if I find your glasses.
  네 안경을 찾으면 알려줄게.
- I'll let you know if he shows up.
  걔가 오면 알려줄게.

394

I'll never forget~

절대로 …을 잊지 않을거야

- I'll never forget his face.
  난 절대로 걔 얼굴을 잊지 않을거야.
- I'll never forget what my mother did.
  엄마가 한 짓을 절대로 잊지 않을거야.

395

I'll see if I can~

…할 수 있나 볼게

- I'll see if I can fix it.
  고칠 수 있나 볼게.
- I'll see if I can change the time of the meeting.
  내가 회의시간을 바꿀 수 있는지 알아볼게.

396

I'll see if~

…인지 알아볼게

- I'll see if she left some stuff upstairs.
  걔가 이층에 뭐 물건들을 두고 갔는지 알아볼게.
- I'll see if we can reschedule the game.
  경기 일정을 재 조정할 수 있을지 알아봐야겠어.

397

I'll tell you ~

너에게 …을 말해줄게

- I'll tell you what they were fighting over.
  걔네들이 뭐 때문에 싸웠는지 말해줄게.
- I'll tell you how bad it is.
  이거 얼마나 안 좋은지 말해줄게.

398

I'll try it if it's ~

만약 …하다면 내가 그걸 해보겠어

- I'll try it if it's recommended by a doctor.
  의사가 권하는 것이라면 한번 시도해볼게.
- I'll try it if it's not too expensive for me.
  내게 너무 비싸지 않다면 한번 해볼게.

399

I'll try to~

…하려고 하고 있어, …해볼게

- I'll try to forget it.
  잊으려고 노력할게.
- I'll try to get back as soon as I can.
  가능한 빨리 돌아오도록 할게.

400 I'll~ only if~

만약 …한다면 난 …할거야

- I'll go out with you only if it is as friends.
  친구로서라면 너와 함께 외출할게.
- I'll take an umbrella only if it is raining.
  비가 오는 경우에만 난 우산을 가져갈거야.

401 I'm against~

…에 반대야

- I'm against the plan. It seems like a bad idea.
  난 그 계획에 절대 반대야. 안 좋은 생각같아
- I'm against this whole project.
  난 이 프로젝트 전반에 걸쳐 반대야.

402 I'm allowed to~

나는 …해도 돼

- I'm young. I'm allowed to have fun.
  난 젊어. 난 즐겨도 돼.
- I'm not allowed to stay out past midnight.
  난 자정까지는 집에 들어와야 돼.

403 I'm angry at[with]~

…에 화가 나

- I'm angry at the workers for being noisy.
  일하는 사람들이 시끄럽게 해서 화가 났어.
- I'm angry with the next door neighbors.
  옆집 이웃 때문에 화가 났어.

404 **I'm asking you to~**

네게 …해달라고 부탁하는거야

- I'm asking you to save a man's life.
  한 사람의 생명을 구해달라고 부탁하는거야.
- I'm asking you not to do this.
  네게 그렇게 하지 말아달라고 부탁하는거야.

405 **I'm aware of~**

…을 알고 있어

- I'm aware of our cultural differences with Japan.
  난 우리와 일본의 문화적 차이를 알고 있어.
- I'm aware of where they will meet.
  어디서 모이는지 알고 있어.

406 **I'm embarrassed about~**

…가 부끄러워

- I'm not embarrassed about my past.
  난 내 과거를 부끄럽게 생각하지 않아.
- I'm embarrassed about having no money.
  부끄럽지만 내가 지금 돈이 없어.

407 **I'm excited about~**

…에 신나

- I'm excited about people coming to the party.
  사람들이 파티에 와서 신나.
- I'm excited to work with my boyfriend.
  내 남친과 일을 함께 하게 돼 정말 신나.

408 I'm fed up with people who complain about how hard ~

…가 힘들다고 투덜대는 사람들이 지긋지긋해

- I'm fed up with people who complain about how hard work is. 일이 힘들다고 투덜대는 사람들이 지긋지긋해.
- I'm fed up with people who complain about how hard their job is. 자기들 일이 힘들다고 투덜대는 사람들이 지긋지긋해.

409 I'm glad that S+V

…해서 좋아

- I'm glad we left school early today. 오늘 학교가 일찍 끝나서 좋아.
- I'm glad you guys were bonding. 너희들 관계가 좋아서 기뻐.

410 I'm glad to hear~

…을 들으니 기뻐

- I'm glad to hear you're all right. 네가 괜찮다니 기뻐
- Good. Anyway, I'm glad he's okay.
  좋아. 어쨌든, 걔가 괜찮아서 좋다.

411 I'm glad to see~

…하니 기뻐

- I'm glad to see you know the difference.
  네가 그 차이를 알게 된 걸 보니 기뻐.
- I'm glad to see you're feeling better.
  네 기분이 좋다고 하니 기뻐.

412 **I'm glad to~**

…해서 기뻐

- I'm glad to do my part. 내 역할을 해서 기뻐.
- I'm glad to help people in need.
  곤경에 빠진 사람들을 돕는게 좋아.

413 **I'm glad you mentioned[said] that~**

…을 언급해줘서 기뻐

- I'm glad you mentioned that the post office is close to us. 우체국이 가까이에 있다고 말해줘서 기뻐.
- I'm glad you mentioned that Kendra likes me.
  켄드라가 나를 좋아한다고 말해줘서 기뻐.

414 **I'm going to make sure ~**

꼭 …하게 할게

- I'm going to make sure someone picks you up.
  누가 널 확실히 선택하도록 할게.
- I'm going to make sure everyone has fun.
  다들 재미있도록 확실히 할게.

415 **I'm going to show you how~**

어떻게 …한지 보여줄게

- I'm going to show you how to fix it.
  어떻게 그걸 수리하는지 네게 보여줄게.
- I'm going to show you how the prisoner escaped.
  어떻게 죄수들이 탈출했는지 네게 보여줄게.

416 I'm going to wait until~

…할 때까지 기다릴거야

- I'm going to wait until everyone is asleep.
  다들 잠들 때까지 기다릴거야.
- I'm going to wait until after work.
  퇴근 때까지 기다릴거야.

417 I'm good at~

난 …을 잘해

강조하려면 good 대신에 great를 쓴다.

- I am good at my job, okay? 난 내 일을 잘한다고, 알았어?
- I'm good at what I was taught to do. 내가 교육받은 것은 잘해.

418 I'm happy about~

…에 만족해

happy 다음에는 about[with]+N, to+V, 그리고 that 절이 이어질 수 있다.

- I'm happy with what I've achieved. 난 내가 성취한 것으로 기뻐.
- I'm happy I'm able to give you this opportunity
  네게 이런 기회를 줄 수 있게 돼 기뻐

419 I'm having a hard time ~

…로 힘든 시간을 보내고 있어

- I'm still having a hard time accepting the decision.
  난 그 결정을 받아들이는 데 아직도 어려움이 있어.
- I'm having a hard time keeping it safe.
  그걸 안전하게 하는데 어려움을 겪고 있어.

420
I'm here to + V

…하러 왔어

- I'm here to complain about the noise.
  시끄럽다고 항의하러 왔는데요.
- I'm here to help you find your way again.
  네가 길을 찾는 걸 도와주려고 왔어.

421
I'm hoping that S+V

…이면 좋겠어

- I'm hoping you could help. 네가 도와줄 수 있으면 좋겠어.
- I'm hoping we will be around 3:30.
  3시 30분경에 도착하길 바래.

422
I'm hoping to~

…하면 좋겠어

- I'm hoping to keep it for a while.
  잠시 그걸 갖고 있으면 좋겠어.
- I'm hoping to sleep with him tonight.
  오늘 밤 걔랑 자고 싶어.

423
I'm in favor of~

…에 찬성이야

I'm not in favor of~ …에 반대하다

- I'm in favor of building a new highway.
  새로운 고속도로를 내는거에 찬성야.
- I'm in favor of trying Anthony's solution.
  난 앤소니의 해결책을 써보는데 찬성야.

424

I'm just saying that~

내 말은 단지…

- I'm just saying it wasn't my fault.
  내 말은 단지 내 잘못이 아니라는 거지.
- I'm just saying that everyone seems very confused.
  내 말은 단지 다들 매우 혼란스러워한다는 거야.

425

I'm mad about[at]~

…에 화가 나

- I'm mad about you lying to me.
  네가 내게 거짓말 한거에 화가 나.
- I'm mad at my girlfriend because she left me.
  여친이 날 떠나서 화가 나.

426

I'm not allowed to~

난 …하면 안돼

- I'm not allowed to bring kids to work.
  아이들을 직장에 데려오면 안돼.
- I'm not allowed to meet customers.
  난 고객들을 만나면 안돼.

427

I'm not aware of~

…을 몰라

- I'm not aware of any problems here.
  여기 어떤 문제가 있다는건 모르겠는데.
- I'm not aware of problems with the computer.
  컴퓨터가 무슨 문제인지 몰라.

428 **I'm not going to do anything to ~**

난 …할 아무것도 하지 않을거야

- I'm not going to do anything to help you!
  너를 돕기 위해서 난 아무것도 하지 않을거야!
- I'm not going to do anything to mess them up.
  걔네들 어지럽히게 할 어떤 일도 하지 않을게.

429 **I'm not going to let you~**

네가 …하지 못하게 할거야

- I'm not going to let you do it again!
  네가 다시는 그렇게 못하도록 할거야!
- I'm not gonna let you put yourself in danger.
  네가 위험에 처하게끔 놔두지 않을거야.

430 **I'm not good at~**

…에 서툴러

- I'm not very good at picking up girls.
  난 여자애들 낚는데 정말 서툴러.
- I'm terrible at coming up with names.
  난 사람들 이름을 기억해내는걸 잘 못해.

431 **I'm not happy about~**

…가 별로야

- I'm not happy about this. 이거 별로인데.
- I'm not happy about the price of this computer.
  난 이 컴퓨터 가격에 불만이야.

432 I'm not in a position to say anything about~

…에 대해 말할 위치가 아냐

- I'm not in a position to say anything about the company's future. 회사의 미래에 대해서 말할 위치가 아냐.
- I'm not in a position to say anything about our relationship. 우리 관계에 대해 말할 위치가 아냐.

433 I'm not ready to+V[for+N]

…할 준비가 되어 있지 않아

- I'm not ready to give that up. 난 그걸 포기할 준비가 되지 않았어.
- I'm not ready for the wedding. 난 결혼식에 갈 준비가 안됐어.

434 I'm not saying~

…라는 말이 아냐

- I'm not saying I wasn't a little surprised to see you guys kissing. 너희들이 키스하는 걸 보고 조금도 놀라지 않았다는 말은 아냐.
- I'm not saying you're not dedicated to your schoolwork. 네가 학교공부에 충실히 했다고는 말하지 못하겠네.

435 I'm not suggesting S+V

…하자는 말이 아냐

- I'm not suggesting you give him your underwear.
  걔한테 너의 속옷을 주라는 말이 아냐.
- I'm not suggesting you quit your job.
  내 말은 회사를 그만두라는 말이 아냐.

436 **I'm not sure if~**

…일지 모르겠어

- I'm not sure if you remember me.
  네가 나를 기억하는지 모르겠어.
- I'm not sure if I am available Friday, but I will check with my wife. 금요일에 시간이 되는지 모르겠지만 아내한테 확인해볼게.

437 **I'm not sure that[what]~**

…를 확실히 모르겠어

- I'm not so sure that's a good idea.
  그게 좋은 생각인지 잘 모르겠어.
- I'm not sure what you mean. 네가 하는 말이 무슨 의미인지 잘 모르겠어.

438 **I'm not telling you ~**

…라고 말하지 않을거야

- I'm not telling you to invest in that firm.
  네가 그 회사에 투자하지 말라고 할거야.
- I'm not telling you to stop studying.
  학업을 멈추라고 하지 않을거야.

439 **I'm one of those people who~**

난 …하는 사람들 중 하나야

- I'm one of those people that's just better off alone.
  나는 단지 혼자 있는게 더 나은 사람들 중의 하나야.
- I'm just one of those people who believe you can have both. 난 단지 둘 다 가질 수 있다고 믿는 사람들 중 하나야.

440

I'm planning to+V

…할 생각이야

- I'm planning to run in the marathon.
  난 마라톤에 출전할 생각이야.
- I'm planning to buy a new car. 새 차를 사려고 해

441

I'm pleased to+V

…하게 돼 기뻐

I'm pleased with~라고 해도 된다.

- I'm pleased to relax on the beach.
  해변에서 쉬게 돼서 기뻐.
- I'm pleased to talk to the president.
  사장과 얘기를 하게 돼 기뻐.

442

I'm poor at~

난 …에 서툴러

- I'm poor at math and science.
  난 수학과 과학에 서툴러.
- I'm poor at planning my future.
  난 미래를 계획세우는데 서둘러.

443

I'm really lucky that ~

…여서 정말 다행야

- I'm really lucky that I met my wife.
  내가 내 아내를 만나서 정말 다행이야.
- I'm really lucky that I stayed at home today.
  오늘 집에 있게 돼서 정말 다행이야.

444 I'm relieved that S+V

…해서 다행이야

- I'm relieved to hear that.
  그 이야기를 들으니 맘이 놓여.
- I'm so relieved you're safe.
  네가 안전해서 참 다행이야.

445 I'm sorry about +N[~ing]~

…해서 미안해

- I'm sorry about the delay. 늦어져서 미안해.
- I'm sorry about changing my mind.
  내가 마음을 바꿔서 미안해.

446 I'm sorry to have to tell you this, but~

이런 말을 해서 안됐지만, …

- I'm sorry to have to tell you this, but your boyfriend is cheating on you. 이런 말해서 안됐지만 네 남친이 바람펴.
- I'm sorry to have to tell you this, but your dad's been shot. 이런 말씀드리게 돼 유감입니다만 아버님이 총에 맞았습니다.

447 I'm sorry to~

…해서 안됐어

- I'm sorry to hear about your accident.
  네가 사고를 당해서 안됐어.
- I'm sorry to trouble you, but I need some help.
  폐끼쳐 미안하지만 도움이 좀 필요해.

448 I'm sorry, but I have to say~

미안하지만 …라고 말해야겠어

- I'm sorry, but I have to say that I didn't like it.
  미안하지만 그걸 좋아하지 않았다고 말해야겠어.
- I'm sorry, but I have to say that you weren't hired.
  죄송하지만 취업되지 않았다고 말씀드려야겠네요.

449 I'm sorry, but I can't~

미안하지만 …을 할 수가 없어

- I'm sorry, but I can't let it happen again.
  미안하지만 다시는 그같은 일이 일어나지 않도록 할 수는 없어.
- I'm sorry, but I can't do that.
  미안하지만, 난 그렇게 할 수가 없어.

450 I'm starting to think ~

…라는 생각이 들기 시작해

- I'm starting to think this was a mistake.
  이건 실수였다는 생각이 들기 시작해.
- I'm starting to think we're never going to see that pizza.
  우리는 절대로 그 피자를 다시 못볼거라 생각이 들기 시작해.

451 I'm sure you can~

확실히 …할 수 있어

- I'm sure you can handle this.
  확실히 넌 이걸 잘 처리할거야.
- I'm sure you can figure it out.
  네가 알아낼 수 있을거라 확신해.

452
I'm sure S+V
…가 확실해

- I'm sure there are tons of boys who'd love to go out with you. 너랑 데이트하고 싶어하는 남자애가 엄청 많을게 확실해.
- I'm sure there's plenty of things you're better at. 네가 더 잘하는게 많이 있을게 분명해.

453
I'm surprised at your comment on~
…에 대한 네 언급에 놀랐어

- I was surprised at your comment on the murder trial. 살인사건 공판에 대한 네 언급에 놀랐어.
- I was surprised at your comment on her clothing. 걔 의상에 대한 네 언급에 놀랐어.

454
I'm surprised to find that ~
…을 알고 나서 놀랐어

- I'm surprised to find that I like Indian food. 내가 인도 음식을 좋아한다는 것을 알고 놀랐어.
- I'm surprised to find that Jeff is getting married again. 제프가 다시 결혼한다는 것을 알고 놀랐어.

455
I'm talking about ~
난 …얘기를 하는거야

- I'm talking about my life. 내 인생에 관한 얘기야.
- I'm talking about what you're doing right now. 지금 당장 네가 뭘하느냐에 관한 얘기야.

456 **I'm the one who~**

내가 …했어

- I'm the one who said her death was an accident.
  걔의 죽음이 사고였다고 말한 사람은 바로 나야.
- I'm the one who found it.
  내가 바로 그걸 발견한 사람입니다.

457 **I'm thinking about ~**

…할까 생각중이야

- I'm thinking about becoming a boxer.
  나 복서가 될까 생각중이야.
- I'm thinking about getting a tattoo.
  문신을 할까 생각중이야.

458 **I'm thinking of ~ing**

…할까 생각중이야

- I'm thinking of ordering a pizza.
  피자를 주문할까 생각하고 있어.
- I'm thinking of inviting Anne.
  앤을 초대할까 생각중야.

459 **I'm trying to~**

…하려고 하고 있어

- I'm trying to work things out with Eva.
  난 에바와 일을 잘 풀어가려고 하고 있어.
- I'm trying to find Tim before he gets in any more trouble. 팀이 더 어려움에 놓이기 전에 걜 찾을거야.

460 **I'm upset about[with]~**

…에 화나다

- I'm upset about what you said earlier.
  난 네가 앞서 얘기한 거에 화가 났어.
- I'm upset with Andrea for quitting.
  앤드리아가 그만둬서 속상해.

461 **I'm used to~**

난 …에 익숙해졌어

- I'm used to it, don't worry about it.
  난 적응했으니, 걱정하지마.
- I got used to spending my days with Tracey.
  난 트레이시와 함께 시간을 보내는데 익숙해졌어.

462 **I'm worried about~**

…가 걱정돼

- I'm worried about you and your future.
  난 너와 네 미래가 걱정돼.
- I'm worried about losing my job.
  난 일자리를 잃을까봐 걱정돼.

463 **I'm worried that~**

…가 걱정돼

- I'm worried it will increase his stress.
  그 때문에 걔가 스트레스를 더 받을까 걱정돼.
- I'm worried that the repairman won't show up.
  수리공이 오지 않을까 걱정돼.

464 in case S + V

…라면, …에 대비하여

- I'll be there in case you need help.
  네가 도움이 필요할지도 모르니 내가 거기로 갈게.
- Just leave your cell phone on in case we need to get in touch. 우리가 연락할 일이 있을지 모르니까 핸드폰은 켜놓고 있으세요.

465 In what way do you think S+V?

어떤 면에서 넌 …라고 생각하는거야?

- In what way do you think Helen caused the problem?
  어떤 면에서 넌 헬렌이 그 문제를 야기했다고 생각하는거야?
- In what way do you think we should change?
  어떤 면에서 우리가 바뀌어야 한다고 생각하는거야?

466 Is it ~ to+V?

…하는게 …해?

- Is it strange to avoid drinking alcohol?
  술을 먹지 않으려는게 이상해?
- Is it good to post opinions online?
  온라인에 의견을 올리는게 좋은거야?

467 Is it all right if ~?

…해도 괜찮을까?

- Is it all right if I go with you?
  너랑 함께 가도 돼?
- Is it all right if I ask you one more question?
  하나만 더 물어봐도 될까?

468 ## Is it all right to~?

…해도 괜찮겠어?

- Is it all right to park my car here?
  여기에 주차해도 괜찮아요?
- Is it all right to ask the waitress for more food?
  여종업원에게 음식을 더 갖다 달라고 해도 괜찮아요?

469 ## Is it okay to+V[if S+V]?

…해도 돼?

- Is it okay for me to sit down here?
  내가 여기 앉아도 될까?
- Is it okay if I phone after lunch?
  점심먹고 나서 전화해도 될까요?

470 ## Is it possible to + V?

…할 수도 있을까?

- Is it possible to be addicted to a person?
  한 사람에게 중독되는게 가능한 일일까?
- Is it possible that I have a cancer?
  내가 암일 수도 있나요?

471 ## Is it true that S + V?

…라는 게 사실이야?

- Is it true that you are leaving?
  네가 떠난다는게 사실이야?
- Is it true that we will never meet again?
  우린 다시 만날 수 없다는게 사실이야?

472 Is that how you~ ?

그런 식으로 …하는거야?

- Is that how you practice law?
  너 그런 식으로 변호사업을 하고 있는거야?
- Is that how you kiss your friends?
  너 그런 식으로 친구들에게 키스를 해?

473 Is that why~?

그게 바로 …한 이유야?

- Is that why you're here?
  그래서 네가 여기 온거야?
- Is that why no one showed up?
  그래서 아무도 나오지 않은거야?

474 Is there anything~ ?

…할 것이 있어?

- Is there anything I can do for you?
  뭘 도와줄까?
- Is there anything I should know about that?
  내가 그에 대해 알아야 할 것이 있어?

475 Is there a way~ ?

…할 방법이 있어?

- Is there a way we could speed this up?
  이거의 속도를 낼 수 있는 방법이 있어?
- Is there a way to stop their argument?
  걔네들 다툼을 멈추게 할 방법이 있어?

476 **Is there any chance ~?**

…할 가능성이 좀 있어?

- Is there any chance you didn't see that?
  네가 그럴 못봤을 가능성이 있어?
- Is there any chance this is a mistake?
  이게 실수일 수도 있어?

477 **Is there any way~ ?**

…할 다른 방법이 없을까?

- Is there any way I could see you naked?
  너 벗은 모습을 볼 방법이 뭐 있을까?
- Is there any way to link these two?
  이거 2개를 연결시킬 방법이 있니?

478 **Is there any chance~ ?**

…할 수 있어?

- Is there any chance I could see it?
  내가 그걸 볼 수 있을까?
- Is there any chance I could take a day off?
  하루 휴가낼 가능성이 있어?

479 **Is there anyone else who ~?**

…인 다른 누구 있어?

- Is there anyone else you'd like to talk about?
  네가 얘기하고 싶은 다른 사람이 있어?
- Is there anyone else who'd know what he was talking about? 걔가 무슨 얘기를 했는지 알고 있을 사람 누구 없나?

480

Is there anyone~ ?

…한 사람이 있어?

- Is there anyone you should call?
  네가 전화해야 할 사람이 있어?
- Is there anyone who can confirm that?
  그걸 확인해줄 사람이 혹시 있어?

481

Is there anything else~ ?

다른 …가 있어?

- Is there anything else you want to tell me?
  내게 말하고픈 뭐 다른 것이 있어?
- Is there anything else I need to know about?
  내가 더 알아야 될게 뭐 없어?

482

Is there anything you can do to~?

…하는데 네가 할 수 있는게 뭐 있어?

- Is there anything you can do to help her out?
  걜 도와주는데 네가 할 수 있는게 뭐야?
- Is there anything you can do to fix the problem?
  그 문제를 해결하는데 네가 할 수 있는게 뭐야?

483

Is there some other~ ?

다른 …가 있어?

- Is there some other place you'd rather be.
  네가 있었으면 하는 다른 장소가 있어?
- Is there some other place for us to sit?
  우리가 앉을 수 있는 다른 장소가 있어?

484
Is there some~ ?

…할 뭐가 좀 있을까?

- Is there some reason why she shouldn't have?
  그렇게 말하면 안 될 이유라도 있어?
- Is there some place we can talk?
  우리가 얘기나눌 다른 장소가 있을까?

485
Is there something that~ ?

…할게 있어?

- Is there something I should know?
  내가 알아야 될게 있어?
- Is there something you want to ask me?
  내게 물어보고 싶은게 뭐 있어?

486
Is this how you~ ?

이게 …하는 방식이야?

- Is this how you talk to all your customers?
  넌 이런 식으로 모든 고객들을 상대해?
- Is this how you wanted the room organized?
  이렇게 방 정리를 하면 되겠어?

487
Is this your last ~?

이게 네 마지막 …야?

- Is this your last class of the day?
  이게 네 오늘 마지막 수업이야?
- Is this your last chance to join the gym?
  이게 네가 체육관에 가입할 수 있는 마지막 기회야?

488 Isn't there any way to + V?

…할 방법이 없나요?

- Isn't there any way to buy some more wine?
  와인을 좀 더 살 수 있는 방법이 없어?
- Isn't there any way to fix the mistakes?
  실수들을 바로 잡을 방법이 뭐 없나요?

489 It appears that[as if] ~

내가 보기엔 …인 것 같아

- It appears as if that was his intention.
  그게 그 사람의 의도였던 것 같아.
- It appears that your treatments have taken effect after all. 네가 받은 치료가 결국 효과를 발휘한 것 같아.

490 It bothers me that~

…가 마음에 걸려

- It bothers me that I'm never going to have that feeling.
  내가 그런 감정을 절대로 느끼지 못한다는게 짜증나.
- It bothered me when she slept with other men.
  걔가 다른 남자들과 자는 게 마음에 걸려.

491 It can be ~ if it~?

…라면 …일 수도 있어

- It can be expensive if it's made of gold.
  금반지이면 비쌀 수도 있어.
- It can be very painful if it is not cured.
  치료받지 않으면 매우 아플 수도 있어.

492 **It didn't make sense to me because~**

…때문에 그건 말도 안됐어

- It didn't make sense to me because your client is innocent. 네 의뢰인이 무죄이기 때문에 그건 말도 안됐어.
- It didn't make sense to me because she didn't stay there. 걔는 거기 머물지 않았기 때문에 그건 말도 안됐어.

493 **It didn't take long for sb to~**

…하는데 시간이 오래 걸리지 않았어

- It didn't take long for Mick to find a girlfriend. 믹이 여친을 찾는데 시간이 많이 걸리지 않았어.
- It didn't take long for Lenny to lose all his money. 레니가 가진 돈을 다 잃는데 시간이 많이 걸리지 않았어.

494 **It does matter wh~**

…가 중요해

- It does matter what a good lawyer can make a jury believe. 능력있는 변호사가 배심원에게 무엇을 믿게 하느냐는 중요해.
- It does matter because I never said anything. 난 아무런 말도 하지 않았기 때문에 상관이 있어.

495 **It doesn't look like~**

…할 것 같지 않아

- It doesn't look like she is coming. 걔는 올 것 같지 않아.
- It doesn't look like they sent us an invitation. 걔네들이 우리에게 초대장을 보낼 것 같지 않아.

496 It doesn't make sense to+sb[V]

…은 말도 안돼

- I know this doesn't make any sense to you.
  이게 너한테는 전혀 말도 안된다는 것을 알아.
- It doesn't make sense to go out without an umbrella.
  우산없이 나가면은 안되겠다.

497 It doesn't matter wh-

…해도 나는 상관없어

- It doesn't matter how it happened.
  어떻게 그렇게 되었는지 상관없어.
- It doesn't matter if you don't believe it
  네가 믿지 않아도 상관없어.

498 It doesn't mean that~

…한다는 뜻은 아냐

- It doesn't mean that you're a bad doctor.
  그건 네가 좋지 않은 의사라는 건 아냐.
- It doesn't mean you're a terrible person.
  네가 끔찍한 사람이라는 말은 아냐.

499 It doesn't sound like~

…인 것 같지 않아

주어 It은 종종 생략된다.

- It doesn't sound like she is happy. 걔가 행복하지 않은 것 같아.
- Doesn't sound like we can go there. 거기는 가면 안될 것 같구나.

500 It doesn't take long before~

…하는데 많은 시간이 걸리지 않아

- It doesn't take long before everyone gets drunk.
  다들 취하는데 많은 시간이 걸리지 않아.
- It doesn't take long before the party gets started.
  파티가 시작하는데 많은 시간이 걸리지 않아.

501 It feels good to+V

…하면 기분이 좋아

- It feels good to be taken care of.
  누가 돌봐주면 기분이 좋아.
- It feels good to be in control of something.
  뭔가 통제를 하고 있으면 기분이 좋아.

502 It feels like~

(나에겐) …처럼 들리다

- Sometimes it feels like it never happened.
  간혹 아무 일도 없었던 것 같아
- It feels like he hates talking to us.
  걔는 우리와 얘기하는 것을 싫어하는 것처럼 들려.

503 It goes against~

그건 …에 어긋나

- It goes against everything that I believe to be good
  이건 내가 좋다고 생각한 모든 것에 반하는 거야
- It goes against all my instincts, but I said all right.
  내 본능에 어긋나지만 괜찮다고 했어.

504 It got me thinking that~

…을 생각하게 하다

that 절 대신 of ~ing가 이어지기도 한다.

- It got me thinking that maybe I should go back to school. 난 아마도 학업을 다시 시작해야만 한다는 생각이 들어.
- It got me thinking of moving to a different neighborhood. 난 다른 동네로 이사가야 할까 봐.

505 It has been +시간 + since ~

…한지 …나 됐어

- It's been two years since my divorce. 나 이혼한 지 2년 됐어.
- It's been six months since we've had sex. 우리가 섹스한지 6개월이 흘렀어.

506 It has just occurred to me that~

…가 생각났어

- It has just occurred to me that Monday is a holiday. 월요일이 휴일이라는게 생각났어.
- It occurred to me that I could die at any time. 내가 언제든지 죽을 수 있다는 생각이 들었어.

507 It has something to do with~

…와 관련이 있어

- I think it has something to do with why he had the affair. 그건 걔가 불륜을 저질렀던 이유와 관련이 있는 것 같아.
- It has something to do with the medicine I took. 내가 먹는 약 때문일거야.

508 **It has to do with~**

…와 관련이 있어

- It has to do with my mom and her many marriages.
  엄마의 여러번에 걸친 재혼들 때문에 그래.
- It has to do with your knowing I am an excellent lawyer. 내가 훌륭한 변호사라는 것을 네가 알고 있기 때문일거야.

509 **It helps ~ing**

…하는데 도움이 돼

It helps+V, It helps sb to+V 등의 변형을 알아본다.

- Perhaps it'll help me better understand her.
  아마도, 그건 내가 걔를 더 잘 이해하는데 도움이 될거야.
- It will help him to pay his bills. 걔가 청구서 돈을 내는데 도움이 될거야.

510 **It hit me that~**

…라는 생각이 들다

- It hit me that this isn't going to work.
  갑자기 이건 제대로 될 수가 없을 거라는 생각이 들었어.
- It hit me that I need to buy a new suit.
  새로운 정장을 사야된다는 생각이 갑자기 들었어.

511 **It is ~ to+V**

…하는 것은 …해

- It's good for you to eat some vegetables.
  야채를 먹는 게 너한테 좋아.
- It's so hard to lose weight. 몸무게를 줄이기가 굉장히 어려워.

512 It is + adj. + for sb to + V

…가 ~하는 것은 …해

- It is stupid for anyone to believe his lies.
  누구라도 걔 거짓말을 믿는 것은 어리석어.
- It is smart for you to invest your money.
  네가 네 돈을 투자하는 것은 영리한거야.

513 It is A that ~

…는 …해

- It's not my fault that I'm late.
  늦은 건 내 잘못이 아냐.
- It's clear that we have to do something.
  뭔가를 해야만 한다는 건 분명해.

514 It is all right to~

…해도 괜찮아

- It's all right to get some coffee.
  커피를 좀 먹어도 괜찮아.
- It's all right for you to dream about the future.
  네가 미래에 대해 꿈을 꿔도 괜찮아.

515 It is good that[to+V]~

…하는게 좋아

- It's good to hear your voice.
  네 목소리 들으니 좋아.
- It's good that we got out and did something physical.
  우리 밖에 나가서 운동을 좀 하는게 좋은 것 같아.

516 **It is me who ~**

…해야 할 건 바로 나야

- It is me who planned the whole thing.
  모든 것을 계획한 것은 바로 나야.
- It is me who will be blamed for the mess.
  이 엉망친 것으로 비난받을 사람은 바로 나야.

517 **It is nice for sb to ~**

…가 ~하는 것이 좋아

- It is nice for Grandma to visit us.
  할머니가 우리를 방문하시는 것은 좋아.
- It is nice for the students to get out and exercise.
  학생들이 나가서 운동하는 것은 좋아.

518 **It is not that~**

…가 아냐

- It's not that I don't want to come. I have another appointment. 가기 싫은게 아냐. 다른 약속이 있어.
- It's not that we don't have confidence in you.
  너를 못 믿어서가 아니야.

519 **It is okay to~**

…해도 괜찮아

- It's okay to take some time to relax.
  잠시 긴장을 풀고 쉬워도 돼.
- It's okay to leave work when you finish.
  일 마치면 퇴근해도 돼.

520 It is okay to say that~

…라고 말해도 괜찮아

- It's okay to say that the movie sucks.
  그 영화가 형편없다고 말해도 괜찮아.
- It's okay to say that she got fat.
  걔가 살이 쪘다고 말해도 괜찮아.

521 It is really hard to say how+S+V

…의 방법(상황)을 설명하기란 아주 곤란해

- It is really hard to say how he fixed the problem.
  걔가 어떻게 그 문제를 해결했는지 설명하기란 정말 어려워.
- It is really hard to say how we will pay our bills.
  우리가 어떻게 청구서비용을 낼지 말하기란 정말 어려워.

522 It is supposed to +V

…할 예정이다, …하기로 되어 있어

- It's supposed to be a secret.
  그건 비밀로 하기로 되어 있어.
- It's supposed to be spring. Why is it still cold?
  봄이어야 하는데. 왜 아직도 추운거야?

523 It is that S+V

…라는 말야

- It is that she gets anything she asks for.
  걔는 자신이 원하는 것은 뭐든 다 얻는다는 말야.
- It is that Dad took the only car we have.
  아버지가 유일한 우리 차를 가져가셨다는거야.

524 It is too bad that ~

…라니 너무 안됐어, …은 안된 일이야

- It's too bad we can't go there.
  우리가 거기에 갈 수 없어 참 안됐어.
- It's too bad it can't tell us what happened.
  안됐지만 그걸로 무슨 일이 일어났는지 알수 없어.

525 It is too~ to~

너무 …해서 …해

- It's too difficult to do housework.
  집안일을 하는게 너무 힘들어.
- It's too dangerous to hitch a ride these days.
  요즘에 히치하이크하는 건 너무 위험해.

526 It is true that~ but~

그게 사실이기는 하지만 …

- It is true that he asked her out, but she refused?
  그가 데이트 신청을 한 것은 사실이지만 그녀가 거절했다고?
- Is it true that I was supposed to be fired but it never happened? 내가 잘리기로 되어있는데 그러지 않았다는 것이 사실이야?

527 It is[was] ~ that~

…하는 것은 …야[였어]

- It was strange that he never showed up.
  걔가 오지 않은 것은 정말 이상했어.
- It is good that Pat recovered from the accident.
  팻이 사고에서 회복돼서 다행이야.

528 **It is~ that~**

…하는 것은 …야

- This is the house that has 9 bedrooms.
  침실이 9개인 집이다.
- There's some bread that you might like.
  네가 좋아할 것 같은 빵이 있어.

529 **It isn't all right~**

…하면 안돼

- It isn't all right that you broke the TV.
  네가 TV를 망가트린 것은 괜찮지 않아.
- It isn't all right that you lied to me.
  내게 거짓말을 한 것은 괜찮지 않아.

530 **It isn't okay ~**

…하는 것은 괜찮지 않아

- It isn't okay to stay home and be lazy.
  집에서 죽치며 게으르게 행동하는 것은 괜찮지 않아.
- It isn't okay to gossip about your friends.
  네 친구들 뒷담화를 하는 것은 좋지 않아.

531 **It looks as if~**

…인 것 같아

- It looks as if Jeff has gone for the day.
  제프가 퇴근한 것 같은데.
- It looks as if Sara didn't know that the party was tonight. 새러는 파티가 오늘 밤이었다는 걸 몰랐던 것 같아.

532 **It looks like + N**

…같아

- It looks like **a hurricane.** 허리케인인가봐.
- It looks like **fun.** 재미 있는 것 같아.

533 **It looks like~**

…처럼 보이다, …인 것 같아

- It looks like **we've got something in common after all** 결국 우린 닮은 데가 있는 것 같아
- It looks like **he's hiding something inside his jacket.** 걔가 주머니 안에 뭔가 숨기고 있는 것 같아.

534 **It makes me sick to think~**

…을 생각하면 역겨워져

- It makes me sick to think **how cruel I was to my own mother.** 내가 어머니에게 얼마나 잔인했나 생각하면 역겨워.
- It makes me sick to think **Sara betrayed us.** 새라가 우리를 배신했다는 것을 생각하면 역겨워.

535 **It makes me think of ~**

그것은 내게 …을 생각나게 해

- It makes me think of **the time we were in Europe.** 그건 우리가 유럽에 있을 때를 생각나게 해.
- It makes me think of **the first time I fell in love.** 그건 내가 처음으로 사랑에 빠진 때를 생각나게 해.

536 It makes me think of the time when ~

그 말을 들으니 …했던 때가 생각나

- It makes me think of the time when we first met.
  그 말을 들으니 우리가 처음 만났던 때가 생각나.
- It makes me think of the time when the class went camping. 그 말을 들으니 반에서 캠핑갔던 때가 생각나.

537 It makes no difference ~

…은 중요하지 않아

- It makes no difference if we stay or not.
  우리가 남아있건 말건 그건 중요하지 않아.
- It makes no difference what food you order.
  네가 무슨 음식을 주문하든 그건 중요하지 않아.

538 It makes sense that~

당연히 …해

- It makes sense that he has no money.
  걔가 돈이 없는 것은 당연해.
- It makes sense that the business is successful.
  사업이 성공적인 것은 당연해.

539 It means a lot (to sb)~

…는 의미가 커

- It really means a lot to me that all of you came.
  너희들 모두 와준건 내게 정말 의미가 커.
- It really means a lot to me that you guys are okay with this. 너희들이 이게 괜찮다는건 내게 큰 의미를 가져.

540
It means~
그건 …을 뜻하는거야

- It means we can be a part of the association.
  우리가 협회의 일원이 될 수 있다는거네.
- It means tomorrow will be very cold.
  그건 내일 무척 추울거라는거야.

541
It never crossed my mind that~
…은 생각도 못했어

- It never crossed my mind that she would lie.
  걔가 거짓말을 하리라고는 생각도 못했어.
- It never crossed my mind that he would get angry.
  걔가 화를 내리라고는 생각도 못했어.

542
It never occurred to me that~
…라는 생각이 전혀 들지 않았어

- It never occurred to me that she might want it.
  걔가 그걸 원할지도 모른다는 생각이 전혀 들지 않았어.
- It just never occurred to me that you'd come home.
  네가 집에 올거라는 생각이 전혀 들지 않았어.

543
It occurred to ~
…가 생각나

- It occurred to me that I was really rude at the meeting.
  내가 회의에서 무척 무례했다는 생각이 문득 들었어.
- It occurred to Sue this was the nicest compliment she had ever received.
  수는 문득 이거는 자기가 받은 찬사 중에서 최고의 찬사라는 생각이 들었어.

544

It really doesn't matter who~

누가 …하느냐 하는 건 중요하지 않아

- Doesn't matter who they side with, I'm still in charge.
  걔네들이 어느 편을 들든 상관없어, 내가 여전히 책임자인걸.
- It really doesn't matter who leads the group.
  누가 그 그룹의 리더가 되는 것은 중요하지 않아.

545

It says (here) that ~

…라고 씌여 있어

- It says you used to be a nurse here.
  여기 간호사셨다고 써 있는데요.
- It says here that you need to plug it in.
  플러그에 꽂아야 된다고 써있잖아.

546

It seems as though[if] ~

마치 …인 것 같아

- It just seems as though that maybe you have intimacy issues. 너는 사람들과 친해지는데 문제가 있는 것처럼 보여.
- It seems as if she has fallen asleep. 걔가 잠이 든 것같아 보여.

547

It seems like just yesterday that ~

…가 바로 어제 일 같은데

- It seems like just yesterday that I lived in Seoul.
  내가 서울에 살았던게 어제 일 같은데.
- It seems like just yesterday that you were in high school. 네가 고등학교 다니던 때가 어제 일 같은데.

548 It seems so strange for me to + V

…하다는 게 나한테는 너무 낯선 것 같아

- It seems so strange for me to see you here.
  너를 여기서 보는게 내게는 너무 낯선 것 같아.
- It seems so strange for me to be graduating.
  내가 졸업을 하는게 너무 낯선 것 같아.

549 It seems that~

(나에겐) …처럼 보여

- It seems that I have lost my wallet.
  지갑을 잃어버린 것 같아.
- It seems that you are really tired from this homework.
  이 숙제 때문에 너 정말 피곤해 보여.

550 It seems to +V

…하는 것 같아

- It seems to be your lucky day.
  너 운수 좋은날 같아.
- It seems to be our duty to decide which will is valid.
  어떤 유언장이 유효한지 결정하는게 우리의 의무인 것 같아.

551 It seems to me that ~

내가 보기엔 …인 것 같아

- It seems to me that you can't control yourself at all.
  난 네가 너 자신을 전혀 통제 못하고 있는 것 같아.
- It seems to me she doesn't love you.
  내 생각에 걘 널 사랑하지 않는 것 같아.

552 It sounds like ~

…한 것처럼 들려

- It sounds like you had a difficult day.
  오늘 힘들었던 것 같으네.
- It sounds like you're getting serious.
  진지하게 발전되는 것 같아.

553 It strikes sb as strange[odd] that~

…에 납득이 안됐어

- It strikes him as strange that Michelle disappeared.
  미쉘이 사라진게 걔한테는 납득이 안돼.
- It struck the cops as strange that he fled the country.
  경찰들은 그가 국외로 탈출한게 납득이 안됐어.

554 It takes + 시간 + to + V

…하는 데 시간이 ~만큼 걸려

- It takes 5 minutes to get there.
  거기 가는데 5분 걸려.
- It takes around 1 hour for me to get home.
  집에 오는데 한 시간 걸려.

555 It takes a while to + V

…하는 데는 시간이 좀 걸려

- It takes a while to find a job.
  일자리를 찾는데는 시간이 좀 걸려.
- It takes a while to start a business.
  사업을 시작하는데는 시간이 좀 걸려.

556
It takes me+ 시간 + to + V

…하는 데 ~의 시간이 걸려

- It took me a long time to plan it out.
  그거 짜는데 시간 많이 걸렸어
- It takes me five minutes to get ready.
  내가 준비하는데 5분 걸려.

557
It takes~to

…하는데 …가 필요해

- It takes courage to do so.
  그렇게 하는데 용기가 필요해
- It takes balls to fight with Bob.
  밥과 싸울려면 배짱이 있어야 되는데

558
It was a matter of time before~

…하는 건 시간문제였어

- It was a matter of time before the bridge failed.
  그 다리가 무너지는건 시간문제였어.
- It was a matter of time before the marriage broke up.
  그 결혼이 깨지는 것은 시간문제였어.

559
It was a mistake to~

…하는 건 실수였어

- It was a mistake to rely on Jeb's advice.
  젭의 충고에 의존하는 것은 실수였어.
- It was a mistake to play a joke on Ken.
  켄을 놀린 것은 실수였어.

560

It was everything S+could do to~

…가 할 수 있는 일이라고는 …하는 것밖에 없었어

- It was everything he could do to find a job.
  걔가 할 수 있는 일이라고는 일자리를 찾는 것이었어.
- It was everything she could do to get home.
  걔가 할 수 있는 일이라고는 집에 가는 거였어.

561

It was so + adj. + that S+had to

너무나 …해서 ~해야 했어

- It was so hot that Leo had to take off his shirt.
  레오는 너무 더워서 셔츠를 벗어야 했어.
- It was so big that she had to get help to lift it.
  그건 너무 커서 걔는 그걸 들어올리는데 도움을 받아야 했어.

562

It was the first time that ~

…한 것은 ~만에 처음이었어

- It was the first time that I attended a party in three years. 내가 파티에 간 것은 3년 만에 처음이었어.
- It was the first time that we went to a theater in six years. 우리가 극장에 간 것은 6년 만에 처음이었어.

563

It will not be long before~

머지 않아 …할거야

- It won't be long before my body starts to wither.
  곧 내 몸이 시들기 시작할거야.
- It will not be long before she gets married.
  걘 머지않아 결혼할거야.

564 **It will take you about+시간명사**

(너는) …정도 시간이 걸릴거야

- It will take you about two hours to watch the movie.
  영화보는데 두시간 가량 걸릴거야.
- It will take you about twenty minutes to finish lunch.
  점심먹는데 한 20분 걸릴거야.

565 **It works best for ~**

…에 가장 잘 작용해

- It works best for curing headaches.
  그건 두통을 낫게 하는데 가장 잘 작용해.
- It works best for complex math problems.
  복잡한 수학 문제에 가장 잘 작용해.

566 **It would be a good idea to~**

…하는 것은 좋은 생각일거야

- It would be a good idea if we cut back on expenses.
  경비를 줄인다면 좋은 생각일거야.
- It would be a good idea to check on your mom.
  네 어머니 상태를 확인하는 것은 좋은 생각일거야.

567 **It would be a good idea not to~, but to~**

…하지 않고 …하는게 좋은 생각같아

- It would be a good idea not to skip the party, but to go and celebrate. 파티를 빼먹지 말고 가서 축하하는게 좋은 생각같아.
- It would be a good idea not to argue, but to seek a solution. 다투지 말고 해결책을 찾는게 좋은 생각같아.

568 It would be better to + V than to + V

…하는 것보다 …하는게 낫다

- It would be better to take the subway than to drive.
  차를 끌고 가는 것보단 지하철을 타는 게 나을 것 같아.
- It would be better to finish it now than Monday.
  월요일보다 지금 끝마치는 게 더 나아.

569 It would be better to~

…하는게 더 나을거야

- It'd be better to wait. Let him chill for a few days.
  기다리는게 더 나을거야. 걔가 며칠동안 열 좀 식히도록 놔두자.
- It would be better to talk to your mom about it.
  그 문제에 대해 엄마하고 얘기를 해보면 더 나을텐데.

570 It would be nice to + V

…하면 좋을텐데

- It would be nice to have something to take care of.
  뭔가 돌볼게 있다는 것은 좋은 걸거야.
- It would be nice to see all of my friends again.
  내 친구들을 다 또 보면 좋을거야.

571 It would help if~

…하면 도움이 될거야

- It would help if you came up with some ideas.
  네가 좀 좋은 아이디어를 생각해낸다면 도움이 될텐데.
- It would help if you got me some food.
  먹을 것 좀 사다주면 도움이 될거야.

572 It would make me feel better if~

…하면 기분이 좋아질텐데

- It would make me feel better if I slept with you.
  너랑 자면 기분이 좋아질텐데.
- It would make me feel better if Lewis apologized to me. 루이스가 내게 사과한다면 내 기분이 좋아질텐데.

573 It's about time (that) S + 과거동사

벌써 …했어야지

- It's about time she dumped that loser.
  걔가 그 한심한 놈을 차버릴 때가 되었지.
- It's about time I give something back. 내가 좀 돌려줘야 될 때가 되었어.

574 It's difficult to believe that~

…라니 믿어지지 않아

It's difficult to imagine that~ …라니 믿어지지 않는다, …은 상상도 할 수 없어

- It's difficult to believe that she was beautiful when she was young. 걔가 젊었을 때 예뻤다는 건 믿어지지 않아.
- It's difficult to believe that you failed the test.
  네가 시험에 떨어졌다니 믿기지 않아.

575 It's hard to imagine that~

…라니 믿어지지 않아

- It's hard to imagine that we won't see him again.
  걔를 다시는 볼 수 없을거라니 믿어지지 않아.
- It's hard to imagine that Bruce stole those items.
  브루스가 이 물건들을 훔쳤다니 믿어지지 않아.

576 It's much more difficult to + V

…하는 것은 훨씬 더 어려워

- It's much more difficult to find a good deal.
  싼가격의 물건을 찾는 것은 훨씬 더 어려워.
- It's much more difficult to fall in love.
  사랑에 빠지는 것은 훨씬 더 어려워.

577 It's only a matter of time before S+V

…하는 건 오로지 시간 문제야

- It's only a matter of time before Terry gets a promotion. 테리가 승진하는건 오로지 시간문제야.
- It's only a matter of time before it breaks down.
  고장나는 것은 오로지 시간문제이네.

578 It's the only way to~

…하려면 그 방법 밖에 없어

- It's the only way to become the best athlete.
  최고의 선수가 되기 위해서는 그게 유일한 방법이야.
- Failing classes is not the only way to get attention from your parents. 낙제만이 부모님의 관심을 끄는 유일한 방법은 아냐.

579 It's unlikely that ~

…인 것 같진 않아, …일지 모르겠어

- It's unlikely that she will agree to this.
  걔가 이거에 동의할 것 같지 않아.
- It's unlikely that Pete was telling the truth.
  피트가 사실을 말했던 것 같지 않아.

A-D E-H I-K L-T W-Y

580 **It'll give us time to~**

그렇게되면 우리가 …할 시간을 갖게 될거야

- It'll give us time to discuss some things.
  그렇게 되면 우리가 몇몇 일들을 토의할 시간을 갖게 될거야.
- It'll give us time to find another solution.
  그렇게 되면 우리가 다른 해결책을 찾는 시간을 갖게 될거야.

581 **It's ~ that counts**

중요한건 …야

- It's what's inside that counts.
  중요한 건 육체의 내면이라구.
- It's the thought that counts.
  중요한 것은 마음이야.

582 **It's a good idea to begin with~**

…부터 시작하는 것은 좋은 생각이야

- It's a good idea to begin with a group meeting.
  그룹미팅부터 시작하는 것은 좋은 생각이야.
- It's a good idea to begin with introductions.
  소개부터 시작하는 것은 좋은 생각이야.

583 **It's a good thing that ~**

…하는 것은 잘한 일이야

- It's a good thing that I am prepared.
  내가 준비를 해놓는 것은 좋은 일이야.
- That's a good thing to do while the weather is nice.
  날씨 좋을 때 하는게 좋지.

584 **It's a shame~**

…은 안된 일이야

- It's a shame that you don't like Indian food.
  인도음식을 싫어하다니 안됐네.
- It would be a shame to let it go to waste.
  그걸 쓰레기로 버리긴 너무 아까울거야.

585 **It's against my principles to~**

…하는 것은 내 원칙에 어긋나는거야

- It's against my principles to cheat on exams.
  부정하게 시험을 보는 것은 내 원칙에 어긋나.
- It's against my principles to lie about my behavior.
  내 행동에 대해 거짓을 말하는 것은 내 원칙에 어긋나.

586 **It's all right to say that~ but~**

…라고 말해도 괜찮지만, …

- It's all right to say you like him, but no one else does.
  네가 걔를 좋아한다고 말해도 괜찮지만 다른 사람들은 안돼.
- It's all right to say you like fast food, but it's fattening.
  정크푸드를 좋아한다고 말해도 되지만 살이 찌게 될거야.

587 **It's as if~**

마치 …인 것 같아

- It's as if he was talking about me.
  걔는 나에 대해서 얘기했던 것 같아.
- It's as if you're not conscious of anything else.
  넌 다른 아무 것도 기억을 못하는 것 같구나.

588 **It's better if~**

…하는게 더 나아

- It's better if we're on the same team.
  우리가 같은 팀인게 더 나아.
- It's better if we just stayed friends.
  우리가 그냥 친구로 남는게 더 나아.

589 **It's better to~**

…하는게 더 나아

- It's better to just stay here. 그냥 여기 남아있는게 더 나아.
- It's better to take notes in class. 수업시간에는 받아적는게 더 나아.

590 **It's a choice between ~ and ~**

…와 … 중에서 선택하는거야

- It's a choice between sleeping and having a good time. 자느냐 혹은 즐건 시간을 보내느냐 중에서 선택하는거야.
- It's a choice between something expensive and something cheap. 비싼거와 싼거 중에서 선택하는거야.

591 **It's clear to me that~**

내게 …는 분명해

- It's clear to me now that you are my fate.
  네가 나의 운명이라는건 내게는 확실해.
- It's clear to me that she never liked you.
  갠 너를 전혀 좋아하지 않았던게 이제 분명해.

592 It's great that~

…하는게 아주 잘된 일이야

- It's great that your friends are here.
  네 친구들이 여기 있는 것은 아주 잘된 일이야.
- It's great that we have some free time.
  우리에게 좀 자유시간이 주어진 것은 잘된 일이야.

593 It's hard (for me) to ~

(내가) …하기는 힘들어

- It's hard for me to understand her behavior.
  난 걔의 행동을 이해하기가 어려워.
- It's hard for me to find nice clothes.
  난 멋진 옷을 찾기가 쉽지 않아.

594 It's hard to believe that ~

…라니 믿어지지 않는다, …은 상상도 할 수 없어

- It's hard to believe he's gone.
  걔가 가버렸다는게 믿겨지지 않아.
- It's just hard to believe that happened to us.
  그런 일이 우리에게 일어났다니 믿기지 않아.

595 It's hard to know~

…을 알기는 어려워

- It's hard to know why Vera broke up with him.
  왜 베라가 걔와 헤어졌는지는 알기 어려워.
- It's hard to know which job to apply for.
  어떤 일에 지원을 해야 할지 도통 모르겠어.

596 **It's hard to tell that~**

…을 판단하기 어려워

- It's hard to tell exactly how it happens.
  어떻게 그런 일이 일어났는지 판단하기 어려워.
- It's hard to tell because everything was damaged.
  다 부서져서 구분하기가 어려워.

597 **It's high time S+V**

…할 때가 되었어

- It's high time to start your homework.
  네 숙제를 해야 될 때가 되었어.
- It's high time to find a new place to live.
  새로 살 집을 찾아야 할 때야.

598 **It's impossible to~**

…하는 것은 불가능해

- It's impossible for me to help you.
  내가 널 돕는 것은 불가능해.
- It's impossible to find her apartment!
  걔 아파트를 찾는 건 불가능해

599 **It's like S+V**

…하는 것 같아

- It's like you're hiding something.
  뭔가 숨기는 것 같아.
- It's like I've forgotten how to date.
  내가 데이트하는 법을 잊어버린 것 같아.

600

It's likely to~

…할 것 같아

- It's likely to start raining tonight.
  오늘밤에 비가 내리기 시작할 것 같아.
- It's likely to take some time.
  시간이 좀 걸릴 것 같아.

601

It's my job to ~

…하는 것은 나의 일이야

- It's my job to teach you.
  널 가르치는 게 내 일이야.
- It's my job to figure out what happened to your mother.
  네 어머니에게 무슨 일이 일어났는지 알아보는 게 내 일이야

602

(It's) No wonder ~

…하는 것은 당연해

- It's no wonder my parents didn't touch me.
  당연히 내 부모님은 내게 손대지 않으셨어.
- No wonder he is so confident.
  그 사람이 자신감 넘치는게 당연해.

603

It's not a matter of~

그건 …의 문제가 아냐

- It's not a matter of being lazy.
  그건 게으름의 문제가 아냐.
- It's not a matter of doing the wrong thing.
  그건 나쁜 짓을 하느냐의 문제가 아냐.

604 **It's not good to~**

…하는 것은 좋지 않아

- It's not good to be wet too long.
  너무 오랫동안 젖어있는 것은 좋지 않아.
- Sometimes it's not good to look back in the past.
  때로는 과거를 되돌아보지 않는게 좋아.

605 **It's not like S+V**

…와 같지 않아

- It's not like you took any interest in me.
  너 나한테 전혀 관심없는 것 같아.
- It's not like we didn't know this was coming.
  우리는 이럴 줄을 몰랐던 것 같지는 않아.

606 **It's not that S + V, it's just that S + V**

…한 게 아니라, …한 것이야

- It's not that it's rude. It's just immaterial.
  그건 무례한게 아니라 의미가 없는거야.
- It's not that we were scared, it's just that we wanted to leave. 우리는 무서웠던게 아니라 떠나고 싶었던거야.

607 **It's not that S+V**

…가 아냐

- It's not that I don't wanna have sex with men.
  내가 남자하고 섹스를 하고 싶지 않다는게 아냐.
- It's not that we don't appreciate your good will.
  우리가 너의 선의를 몰라서가 아니야.

608

It's not true that~

…은 사실이 아냐

- It's not true that we have to work Sunday.
  일요일에 일해야 한다는 건 사실이 아냐.
- It's not true that I had an affair with her.
  내가 걔와 바람을 폈다는 것은 사실이 아냐.

609

It's possible for ~to~

…가 …하는 것은 가능해

- It's possible for him to return.
  걔가 돌아오는 것은 가능해.
- It's possible for our boss to let us leave early.
  사장이 우리를 일찍 보내줄 수도 있어.

610

It's possible that~

…할 수 있어

- It's possible I will buy a motorcycle.
  내가 오토바이를 살 수도 있어.
- It's possible she hates us.
  걔가 우리를 싫어할 수도 있어.

611

It's so~ that~

너무 …해서 …해

- It's so late that I'm going to fall asleep.
  너무 늦어서 잠잘거야.
- It's so dark that I tripped over a chair.
  너무 어두워서 의자에 걸려 넘어졌어.

612
It's supposed to~

…하기로 되어 있어

- It's supposed to be a big secret.
  그건 중요한 비밀로 하기로 되어 있어.
- It's supposed to be completed by next month.
  그건 담달까지 완성되도록 되어 있어.

613
It's the first time S+V

…한 것은 처음이야

- It's the first time she's made so many mistakes.
  걔가 그렇게 많은 실수를 한 것은 처음이야.
- It's the first time I found a bargain here.
  내가 여기서 싼 물건을 발견한 것은 이번이 처음이야.

614
It's the only thing that ~

그건 …하는 유일한 것이야

- It's the only thing that keeps my mind off Chris.
  그게 크리스를 잊는 유일한 길이야.
- It's the only thing that keeps my heart beating.
  그게 내 가슴을 뛰게 만드는 유일한 것이야.

615
It's the only way S+V

…하려면 그 방법밖에 없어

- It's the only way to deal with men.
  그게 남자들을 다루는 유일한 방법이야.
- It's the only way to get some rest.
  좀 쉬려면 그 방법 밖에 없어.

616 It's time to + V

(이제) …할 때야

- It's time to take a break. 쉴 시간이야.
- It's time to put you to work. 네게 일을 줄 때가 되었어.

617 It's too bad because~

…라니 안됐어

- It's too bad because the report was wrong.
  보고서가 거짓이라니 참 안됐어.
- It's too bad because they don't like you.
  걔네들이 널 안 좋아한다니 안됐어.

618 It's too much to say[suggest]~

…라고 말하는 것은 너무해

- It's too much to say that he is a bad person.
  걔가 나쁜 사람이라고 말하는 것은 너무해.
- It's too much to say that she will sleep with anyone.
  걔가 아무나하고 잔다고 말하는 것은 너무해.

619 It's true that~ but it's also true that~

…는 사실이지만 역시 …도 사실이야

- It's true that it's hot, but it's also true that we have an air conditioner. 더운 것도 사실이지만 에어콘이 있는 것도 사실이잖아.
- It's true that Herman is dumb, but it's also true that he works hard. 허만이 멍청한 것도 사실이지만 열심히 일하는 것도 사실이야.

620 **It's what got me~**

바로 그 때문에 내가 …된거야

- It's what got me to stop drinking and driving.
  바로 그 때문에 난 음주운전을 그만두게 되었어.
- It's what got me to marry him.
  바로 그때문에 난 걔와 결혼하게 되었어.

621 **It's you that~**

…하는 것은 바로 너야

- It's you that has the problem!
  문제가 있는건 바로 너야!
- In fact, it's you two that give me hope.
  사실, 내게 희망을 주는 건 바로 너희 둘이야.

622 **I've been meaning to~**

…하려고 했는데

- I've been meaning to get that fixed.
  그걸 수리하려고 했었어.
- I've been meaning to tell you about something.
  네게 뭔가 얘기하려고 했었어.

623 **I've been working in ~**

…에서 일하고 있어

- I've been working in the medical supplies department.
  난 의료보급부서에서 일하고 있어.
- I've been working in our headquarters in New York.
  난 뉴욕의 본사에서 일하고 있어.

624 I've done everything ~

…하기 위해 내가 할 수 있는 것은 다했어

- I've done everything you asked me to do.
  네가 원하는 모든 것을 다했어.
- I've done everything you wanted me to do.
  네가 원하는 건 다 해주었어.

625 I've never heard~

…하는 것을 못들어봤어

- I have never heard you ask a patient that question.
  난 네가 환자에게 그런 질문하는 걸 들어본 적이 없어.
- I've never heard Ron get angry.
  난 론이 화내는 걸 못들어봤어.

626 I've never known sb to + V

…가 …하는 것을 본 적이 없어

- I've never known Chris to lie to me.
  난 크리스가 내게 거짓말하는 것을 본 적이 없어.
- I've never known Any to drink like this.
  난 애니가 이렇게 마시는 것을 본 적이 없어.

627 I've never seen sb~

…가 …하는 것을 본 적이 없어

- Wow. I've never seen you give up so easily.
  와. 네가 그렇게 쉽게 포기하는 건 처음 봐.
- I've never seen him help with house work.
  걔가 집안 일 도우는 것을 본 적이 없어.

628
I've started to notice that~

…을 알아차리기 시작했어

- I've started to notice that Donna really likes you.
  도나가 정말로 너를 좋아한다는 것을 알아차리기 시작했어.
- I've started to notice that business has not been good.
  사업이 좋지 않았다는 것을 알아차리기 시작했어.

629
I'm trying to figure out ~

…을 알아내려고 하는 중야

- I'm trying to figure out if Samantha likes me or not.
  사만다가 날 좋아하는지 안좋아하는지 알아보려고.
- We're trying to figure out who did this.
  누가 그랬는지 밝혀내겠습니다.

630
Keep ~ing

계속해서 …해

- Keep going, I have to get dressed, all right?
  계속 얘기해. 난 옷 갈아입어야 되니까, 알았어?
- Keep screaming. No one can hear you.
  계속 비명을 질러대봐. 아무도 널 들을 수가 없다고.

CHECK IT OUT! 문장속에서 확인해보기!

A: What would you like to do tonight?
B: Let's go see a movie.
A: **I'd rather** go to a nightclub.

A: 오늘 저녁에 뭐하고 싶어?
B: 영화보러 가자.
A: 난 나이트클럽에 가는 게 더 좋은데.

★
go see가 어색할 수도 있지만, 많이 쓰이는 표현으로 go와 see 사이에 to나 and가 생략된 것으로 생각하면 된다.

A: **I'll bet** you $10 you won't get an A.
B: You're on. I studied hard for this test.
A: It doesn't matter. You're not a good student.

A: 난 네가 A를 못 받는 데 10달러 걸겠어.
B: 좋아. 난 이번 시험엔 공부 많이 했어.
A: 상관 없어. 넌 공부를 잘 하는 애도 아니잖아.

★
비슷해 보이지만 You're on은 내기할 때, You're right on은 상대방 의견이 맞다고 할 때 쓴다는 점이다

A: Thanks for the lovely dinner party.
B: You're very welcome. How about some dessert?
A: Well, **I think I'd better** be going now.

A: 아주 멋진 저녁 파티였어요.
B: 별 말씀을요. 디저트 좀 드실래요?
A: 저, 그만 가봐야 될 것 같아요.

★
You're welcome을 강조하려면 You're very welcome이라고 한다.

A: Sorry, **I couldn't understand what** you just said.
B: Would you like me to go over it again with you?
A: Yes, if you don't mind.

A: 미안해요. 방금 말한 걸 이해못했어요.
B: 다시 얘기해 드려요? A: 네, 괜찮으시다면요.

★
상대방에게 양해를 구할 때 사용하는 표현으로 don't 대신 wouldn't를 써서 if you wouldn't mind라고 해도 된다.

A: Are there any more bags to carry inside?
B: Just that small one, and I can take it myself.
A: Okay, then **I guess I'll** see you tomorrow.

A: 안으로 옮겨야할 가방이 더 있나요?
B: 저 조그만 것만 남았는데 제가 들고 가죠.
A: 좋아요, 그럼 내일 보면 되겠네요.

★
내가 직접 들고 가겠다는 말로 여기서 myself는 강조어법이다.

A: How can I help you?
B: **I would like to** order 5 tickets to the boat cruise tonight.
A: I'm sorry, but we are all sold out for tonight.

A: 뭘 도와드릴까요?
B: 오늘밤 보트 여행 티켓 5장을 주문하고 싶은데요.
A: 죄송하지만 오늘밤 티켓은 모두 매진됐습니다.

★
be sold out은 매진됐다는 말로 겨울코트가 다 매진됐어?라고 하려면 Were they sold out of winter coats?라고 하면 된다.

Common Patterns in English Conversation

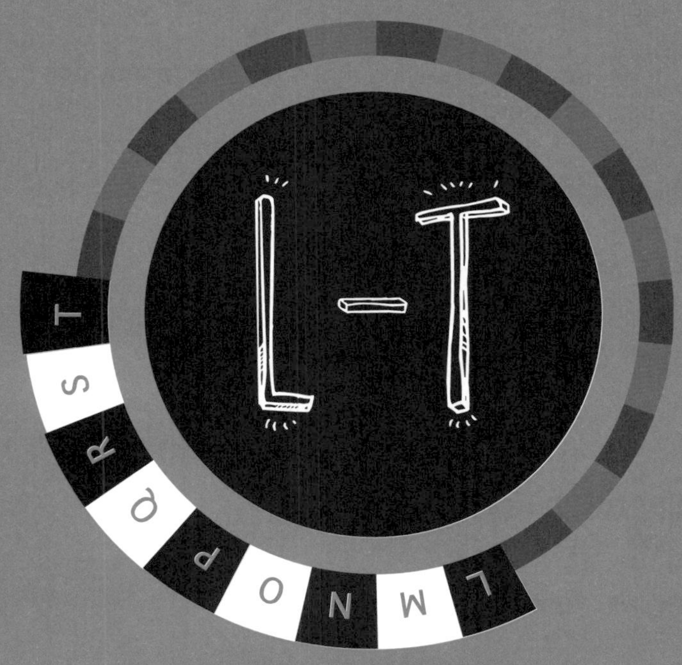

001

Let me begin by~

…부터 시작할게요

- Let me begin by saying that a terrible tragedy has occurred here. 먼저 여기서 불행한 비극이 일어났다는 걸 말씀드리며 시작하죠.
- Let me begin by showing you a financial report. 먼저 재정보고서를 보여주는 것으로 시작하죠.

002

Let me check~

…을 확인해볼게

- Let me check your temperature. 체온 재볼게요.
- Let me check your blood pressure. 혈압 좀 재볼게요.

003

Let me help you with[V]~

…하는 걸 도와줄게

- Let me help you with your baggage. 짐 드는 것 도와줄게.
- Let me help you find the right girl. 이상형의 여자를 찾는거 도와줄게.

004

Let me know if~

…을 알려줘

- Let me know if you have any thoughts.
  특별한 생각이 나면 알려줘.
- Let me know if you need anything else.
  뭐 필요한거 있으면 알려줘.

005

Let me know wh~

…을 알려줘

- Let me know what you think.
  네가 어떻게 생각하는지 알려줘.
- Let me know when you can come.
  언제 올 수 있는지 알려줘.

006

Let me make sure~

…을 확인해볼게

- Let me make sure I'm getting this right.
  내가 이걸 제대로 바로 잡고 있는지 확인해볼게.
- Let me make sure that I don't have any meetings.
  아무 회의도 없는지 확인해볼게

007

Let me see if I can~

내가 …할 수 있는지 한번 볼게

- Let me see if I can reschedule the appointment.
  약속을 다시 조정할 수 있는지 알아볼게.
- Let me see if I can get that for you.
  내가 널 위해 그걸 확보할 수 있는지 알아볼게.

008 Let me see if~

…할 수 있을지 알아볼게

- Let me see if I can sum this up.
  내가 이걸 압축해서 말해줄 수 있는지 보자고.
- Let me see if I can explain this to everyone.
  내가 이걸 모두에게 설명할 수 있을지 알아볼게.

009 Let me see sth

…을 보여줘

- Come on, let me see the test paper.
  이봐, 시험지 좀 보여줘.
- Oh, let me see your new diamond ring!
  어, 새로 산 다이아몬드 반지 보여줘.

010 Let me see what~

…을 보자

- Let me see what I can do.
  내가 할 수 있는 게 뭔지 볼게.
- Let me see what is going to happen.
  어떤 일이 벌어질지 보자.

011 Let me see,

글쎄, 저,

- Let me see, have we met before?
  글쎄, 우리 전에 만난 적 있나요?
- Let me see, we need some groceries.
  글쎄, 우리 좀 식료품이 필요해.

012 **Let me tell you something about[S+V]~**

…에 대해 말해줄게

- Let me tell you something about a neighborhood.
  한 이웃에 관해 얘기 좀 해줄게.
- Let me tell you something you couldn't possibly remember. 네가 기억도 할 수 없는 뭔가를 얘기해줄게.

013 **Let me tell you what~**

…을 얘기해줄게

- Let me tell you what I do not wanna see.
  내가 보고 싶지 않은게 뭔지 말해줄게.
- Let me tell you what I know.
  내가 뭘 알고 있는지 말해줄게.

014 **Let me think about~**

…에 대해 생각해볼게

- Let me think about it. Call me later tonight.
  생각 좀 해보고, 오늘 저녁 늦게 전화줘.
- Let me think about the proposal.
  그 제안에 대해 생각해볼게.

015 **Let me try to~**

…을 해볼게

- Let me try to explain it to you.
  네게 설명해볼게.
- Let me try to shut down the program.
  내가 저 프로그램을 꺼보도록 할게.

016 Let's pretend~

…라고 생각해봐, 상상해봐

pretend like S + V …하는 것처럼 행동하다

- Let's pretend that we just met. 우리가 방금 만났다고 생각해봐.
- Let's pretend that we are on vacation now.
  우리가 지금 휴가중이라고 생각해봐.

017 Let's get started on~

…을 시작하자

- Yeah, so let's get started on the wedding plans!
  그래, 그럼 우리 결혼식 계획을 어서 짜보자!
- Nice to meet you. I'll get started on this.
  만나서 반가워. 내가 이거 바로 시작할게.

018 Let's go get~

…하러 가자

- Let's go get a drink. 가서 술한잔 하자.
- Let's go get some ice cream to cool down.
  가서 아이스크림 좀 먹고 식히자.

019 Let's move on~

이제 …하자

- I finished my homework. Now let's move on to Bible study! 숙제 끝냈어. 이제 성경공부하자!
- Let's move on from this discussion topic.
  이 토론 주제에서 다음으로 넘어가자.

020

Let's not argue about~

…에 대해 다투지말자

- Let's not argue about the price of this item.
  이 물건의 가격에 대해서 다투지 말자.
- Let's not argue about childish things.
  유치한 일로 다투지 말자.

021

Let's not talk about[discuss]~

…는 다시 얘기하지 말자

- Let's not talk about that ever again.
  다시는 그 얘기하지 말자.
- Let's not talk about the past, please.
  제발 과거 얘기는 하지 말자.

022

Let's say (that) S+V

…라고 가정해 보자

- Let's say you're right. 네가 맞다고 치자.
- Let's say that she is going to be there. Then what?
  걔가 거기에 갈 거라고 하자. 그럼 어떻게 되는데?

023

Let's stop talking about~

…얘기는 그만하자

- Let's stop talking about it now.
  이제 그 얘기는 그만하자.
- Let's stop talking about personal subjects.
  개인적인 문제들 얘기는 그만하자.

024 Let's talk about~

…에 대해 얘기하자

- Let's talk about this in my office
  내 사무실에서 이 문젤 이야기하자고
- Let's talk about Charles. Is he good in bed?
  찰스 얘기해 보자고, 걔 밤일 잘해?

025 Let's try~

…하도록 하자

- Let's try not to piss her off.
  걔 열받게 하지 말자.
- Let me try to explain it to you, okay?
  네게 설명을 하도록 할게, 알았지?

026 Let's wait and see how[what/if]~

…을 지켜보자고

- Let's wait and see what Chris says.
  크리스가 무슨 말을 하는지 지켜보자고.
- Let's wait and see if she plans to stay.
  걔가 남을 생각인지 지켜보자.

001 Make sure~

확실히 …하도록 해

- Make sure you share with your brothers.
  너 네 형제들과 함께 확실히 나누도록 해.
- Make sure you guys show her a good time.
  너희들은 걔가 즐거운 시간을 확실히 보내도록 해.

002 make time for[to+ V]

…할 시간을 내다

- I make time for her but I don't make time for you.
  걔한텐 시간을 내도 너한테 시간낼 수 없어.
- Make time. I'll be expecting you.
  시간을 만들어 봐. 널 기다리고 있을게.

003 My guess is~

내 추측은 …야

- My guess is sooner rather than later.
  가급적 빨리하는게 좋을거야.
- My guess is that she is feeling upset.
  내가 추측하기에 걔는 화가 나 있을거야.

004 My personal feeling is that ~

내 개인적인 생각은 …이야

My personal opinion is that~ 내 개인적 생각은 …야

- My personal feeling is that things are getting worse.
  내 개인적인 생각은 상황이 점점 안좋아진다는거야.
- My personal feeling is that we should move to another place. 내 개인적은 생각은 우리가 다른 곳으로 이사가야 한다는거야.

005 My suggestion is S+V

…하는게 어떨까

- My suggestion is that he receive a punishment.
  걔가 처벌을 받는게 어떨까.
- My suggestion would be to go to rehab and get the help you need. 내 생각을 말하자면 재활원에 가서 네가 필요로 하는 도움을 받는거야.

006 Neither one of ~

어느 누구도 …가 아니야

- Either one of you recognize him? 너희 둘 중 하나는 걔를 알아보겠어?
- Neither one of them is exactly trustworthy.
  걔네들 중 어느 누구도 신뢰할 수가 없어.

007 never know whether or not S + V

…인지 어떤지[아닌지] 절대 알 수 없어

- I never know whether or not Jim is joking.
  짐이 농담을 하는지 아닌지 정말 모르겠어.
- You never know whether or not Claire will be in a bad mood. 클레어가 기쁜 나빠하게 될지 아닐지는 절대 모를거야.

008 **Never mind that S+V**

…을 신경쓰지마

- Never mind I'm a single parent!
  내가 한부모 가정이라고 신경쓰지마!
- Never mind that she didn't come.
  걔가 오지 않은거 신경쓰지마.

009 **Never mind what[about]~**

…신경쓰지마

- Never mind about your coffee break.
  커피타임에 대해 신경쓰지마.
- Never mind what I want.
  내가 원하는게 뭔지 신경쓰지마.

010 **No matter what S + V**

…이 무엇을 ~한다 해도

- No matter what happens, she'll be happy.
  무슨 일이 일어나든, 걘 행복할거야.
- No matter what I say, don't let me do that again
  내가 뭐라든, 내가 그걸 다시 못하게 해

011 **No one can tell what[why]~**

아무도 …을 알 수 없어

- No one can tell what the professor is thinking.
  그 교수가 무슨 생각을 하는지 아무도 알 수 없어.
- No one can tell what will happen in the future.
  미래에 무슨 일이 벌어날지는 아무도 몰라.

012 Nothing is more ~ than ~

…보다 더 …한 것은 없는 것 같아

- Nothing is more pleasant than relaxing.
  쉬는 것보다 더 즐거운 것은 없어.
- Nothing is more fun than going downtown.
  시내에 가는 것보다 더 재미있는 것은 없어.

013 Now I remember,

이제 생각이 났어

- Now I remember. It was at a Christmas party.
  이제 생각이 나네. 성탄파티였었지.
- Right now I remember I didn't say I love you.
  이제 생각이 나는데 난 널 사랑한다고 말한 적 없어.

014 Now I understand why ~

왜 …한지 이제야 알겠어

- Now I understand why people are so excited.
  사람들이 왜 그토록 흥분되어 있는지 이제야 알겠어.
- Now I understand why you want your vacation time.
  네가 휴식이 필요하다고 한 이유를 이제야 알겠다.

015 Now that S + V, S + V

이제는 …니까, ~

- Now that I'm dating a famous actress, I feel I'm in over my head. 유명한 여배우와 데이트하니까, 너무 걱정이 돼.
- Now that you and Jill are engaged you'll have a lot of work to do. 이제 너하고 질이 결혼하니 할 일이 많을게야.

016 **On second thought, ~**

다시 생각해 보니, …

- On second thought, I will have another cup of coffee.
  다시 생각해보니 커피한잔 더 마실래.
- On second thought, I'd love to go. 다시 생각해보니, 나 가고 싶어.

017 **Once S + V, S + V**

일단 …하면, …하자마자

- Once I went there, I couldn't get back.
  일단 내가 거기 갔을 때, 난 돌아올 수가 없었어.
- Once your secrets are out in the open, you don't have to hide behind them anymore.
  비밀이 세상에 알려지고 나면, 그 뒤에 숨을 필요가 없어.

018 **One of the difficulties with sth is that ~**

…의 문제점 가운데 하나는 ~이야

- One of the difficulties with studying is that you never sleep enough. 공부하는데 있어 문제점 중 하나는 네가 잠을 충분히 자지 못한다는거야.
- One of the difficulties with my job is that the salary is low. 내 일의 문제점 중 하나는 급여가 낮다는거야.

019 **One of the disadvantages of sth is that ~**

…의 문제점 가운데 하나는 …이야

- One of the disadvantages of summer is that the beaches are crowded. 여름의 문제점 가운데 하나는 해변가에는 사람들로 가득찬다는거야.
- One of the disadvantages of gambling is that you can lose money. 도박의 문제점 가운데 하나는 돈을 잃을 수 있다는거야.

020 One of the problems with sth is that ~

…의 문제점 가운데 하나는 …이야

- One of the problems with smoking is that is causes cancer. 흡연의 문제점 가운데 하나는 암을 유발한다는거야.
- One of the problems with snacking is that you gain weight. 스낵을 먹는 것의 문제점 가운데 하나는 살이 찐다는거야.

021 One possibility is that~

…할 가능성도 있어

- One possibility is that class will end early. 수업이 일찍 끝날 수도 있어.
- One possibility is that she forgot to call you. 걔가 네게 전화하는걸 깜박했을 수도 있어.

022 One thing that I would like to make clear is that~

내가 분명히 하고 싶은 한가지는 …야

- One thing I would like to make clear is that I don't like the Internet. 내 분명히 하고 싶은 한가지는 난 인터넷을 싫어한다는거야.
- One thing I would like to make clear is that you must be on time. 내 분명히 하고 싶은 한가지는 넌 시간을 지켜야 한다는거야.

023 One thing that we have to remember is that S + V

한가지 기억해두어야 할 것은 …

- One thing that we have to remember is that we must get up early. 한 가지 기억해두어야 할 것은 우리가 일찍 일어나야 된다는거야.
- One thing that we have to remember is that she doesn't trust us. 한 가지 기억해두어야 할 것은 걔는 우리를 믿지 않는다는거야.

024 **One thing that's not clear to me is~**

분명하지 않은 한가지는 …야

- One thing that's not clear to me is why he did this.
  분명하지 않은 한가지는 왜 그가 그랬냐는거야.
- One thing that's not clear to me is who is in charge.
  분명하지 않은 한가지는 누가 책임자냐는거야.

025 **Part of the reason for this is that~**

이에 대한 이유 중에 일부[하나]는 …이야

- Part of the reason for this is that we are very busy.
  이에 대한 이유 중의 하나는 우리가 매우 바쁘다는거야.
- Part of the reason for this is that he needed more time.
  이에 대한 이유 중의 하나는 걔는 시간이 더 필요했다는거야.

026 **Perhaps I shouldn't tell you this, but~**

네게 이걸 말하지 말아야겠지만, …

- Perhaps I shouldn't tell you this, but she has been divorced. 네게 이걸 말하지 말아야겠지만 걔는 이혼했어.
- Perhaps I shouldn't tell you this, but the boss doesn't like you. 네게 이걸 말하지 말아야겠지만 사장은 널 싫어해.

027 **Please allow me to + V**

…하게 해주세요

- Allow me to get right to the point.
  본론으로 바로 들어갈게.
- Hyde, allow me to introduce you to a special lady.
  하이드, 내가 특별한 부인을 소개시켜줄게.

028 Recently, there has[have] been an increasing number of people who~

최근에 …하는 사람들의 수가 증가하고 있어

- Recently, there have been an increasing number of people who **had serious problems.**
  최근에 심각한 문제에 직면한 사람들이 수가 증가하고 있어.
- Recently, there have been an increasing number of people who **have gotten married.**
  최근에 결혼하는 사람들이 수가 증가하고 있어.

029 Remember that S+V

…을 기억해

- Remember that **you and I aren't friends anymore.**
  우린 더 이상 친구가 아니라는 걸 기억해.
- Remember that **we're going to a movie tonight.**
  오늘 밤 우리 영화 보러 가는거 기억해.

030 Remember to~

잊지말고 …해라

- Remember to **brush your teeth.** 잊지 말고 양치질해라.
- Remember to **be back by midnight.** 잊지 말고 자정까지 돌아와라.

031 Remember when~?

…한 때가 기억나?

- Remember when **you injured your leg?** 너 다리 부상 때 기억해?
- Remember when **you said you wanted to be a model?**
  네가 모델이 되고 싶다고 말한 때 기억나?

001 S + will be in trouble if~

만일 …하면 …가 곤란해질거야

- The business will be in trouble if the economy doesn't improve. 경기가 좋아지지 않으면 사업은 힘들어질거야.
- Stacey will be in trouble if her father learns the truth. 스테이시는 아버지가 사실을 알게 되면 곤란해질거야.

002 Seeing as~

…한 것 같으니

- Seeing as work is finished, we can all go home. 일이 끝난 것 같으니 모두 집에 가도 돼.
- Seeing as you've got the most experience, I want you to take care of this. 자네가 가장 경험이 있는 듯하니 이걸 맡아주게.

003 She did us the favor of~

걘 우리에게 …하는 호의를 베풀었어

- She did us the favor of lending us some money. 걘 우리에게 돈을 좀 빌려주는 호의를 베풀었어.
- She did us the favor of letting us stay for a few days. 걘 우리가 며칠 머물게 하는 호의를 베풀었어.

004 She makes you want to~

네가 …하고 싶게끔 해

- She makes you want to take her in your arms.
  걔때문에 넌 걔를 껴안고 싶어져.
- He is really good at explaining things, and he makes you want to learn more.
  걘 설명을 잘해. 그래서 걔때문에 너는 더 배우고 싶어지잖아.

005 She strikes you as ~

걔는 네가 …하는 사람으로 생각돼

- Art strikes me as a person who is impatient.
  아트는 참을성이 없는 사람인 것 같아.
- This apartment strikes me as a place for having fun.
  이 아파트는 재미있게 지낼 수 있는 집인 것같이 보여.

006 Since when are you~ ?

언제부터 …해?

- Since when are you into jazz music?
  언제부터 재즈에 빠졌어?
- Since when are you interested in beauty?
  언제부터 미용에 관심이 있었던거야?

007 Since when do you~ ?

너 언제부터 …야?

- Since when did you start writing music? 언제부터 작곡시작했어?
- Since when do you know so much about my personal life? 언제부터 네가 내 사생활에 대해 많이 알고 있는거야?

008 **Since when~ ?**

언제부터 …야?

- Since when is that a problem? 언제부터 그게 문제야?
- Since when is our marriage in trouble?
  언제부터 우리 결혼이 곤경에 빠진거야?

009 **Some ~, others ~**

…하는 사람도 있고, …하는 사람도 있어

Some ~, the rest…몇몇은 ~하고 나머지는 …한다

- Some like to go camping, others like staying in hotels.
  캠핑가는 것을 좋아하는 사람도 있고 호텔에 머무는 것을 좋아하는 사람도 있어.
- Some brought lunches, others went to the cafeteria.
  점심을 가져오는 사람들도 있고 카페테리아에 가는 사람들도 있어.

010 **Somebody has to~**

누군가 …임에 틀림없어

- Somebody has to tell you this. 누군가 네게 이걸 말해줬음에 틀림없군.
- Somebody has to make him feel bad about it.
  누군가 걔가 그거에 기분 상하게 했음에 틀림없어.

011 **Sometimes S + V, but most of the time S + V**

가끔은 …하지만 대부분은 …해

- Sometimes we meet at night, but most of the time we meet at work. 가끔은 밤에 만나지만 대부분은 근무 중에 만나.
- Sometimes I drive to work, but most of the time I take the subway. 가끔 차로 출근하지만 대개는 지하철을 이용해.

012 Speaking of~

…에 대해 말하자면

Speaking of which 말이 나왔으니 그런데

- Speaking of Zach, I haven't seen him around lately.
  잭 얘기가 나와서 그런데, 최근에 걜 보지 못했어.
- Speaking of which, I have a surprise for all of you.
  말이 나왔으니 그런데, 너희들 모두에게 놀래줄 게 있어.

013 Sth is + 비교급 + than sb imagined

…가 생각했던 것보다 더 …해

- Oh, you're even more handsome than I imagined.
  야, 넌 내가 상상했던 것보다 훨씬 핸섬하다.
- My mom's crazier than I ever imagined.
  우리 엄마는 상상이상으로 미치셨어.

014 Tell me about~

…에 대해 얘기해봐

- Tell me about your new girlfriend. 새로 사귄 애인에 대해 얘기해봐.
- Tell me about problems you've had. 네게 있는 문제점들을 말해봐.

015 Tell me that~

…라고 말해줘

- Tell me he did not spend the night here.
  걔가 여기서 밤을 보내지 않았다고 말해줘.
- Tell me you turned in the assignment.
  네가 숙제를 제출했다고 말해줘.

016 **Tell me wh~**

…을 말해줘

- Tell me exactly what **she said.**
  걔가 정확히 뭐라고 했는지 말해줘.
- Tell me why **you're doing this.**
  네가 왜 이러는지 말해봐.

017 **That doesn't mean that S + V**

그렇다고 …라는 의미는 아니야

- That doesn't mean **we're not devoted to our children.**
  그렇다고 우리가 우리 아이들에게 전념하지 않는다는 것을 뜻하는 것은 아냐.
- That doesn't mean **they're not true.**
  그것들이 거짓이라고 의미하는 것은 아냐.

018 **That is when ~**

바로 그때 …한거야, …한게 바로 그때야

- That's when **they found the cancer.**
  바로 그때 걔네들은 암을 발견했어.
- That's when **I broke my leg.**
  그때 다리가 부러진거야.

019 **That's one of the reasons why ~**

그래서 …하기도 해

- That is one of the reasons why **he stopped drinking.**
  그건 걔가 금주한 이유 중의 하나야.
- That is one of the reasons why **we bought a dog.**
  그건 우리가 개를 입양한 이유 중의 하나야.

020 That may be a good idea, but~

그건 좋은 생각일 수도 있지만, …

- That may be a good idea, but let's see what others say. 좋은 생각일 수도 있지만 다른 사람은 뭐라고 하는지 보자고.
- That may be a good idea, but I don't think it's realistic. 좋은 생각일 수도 있지만 현실성이 없는 것 같아.

021 That means that~

그건 …라는 말이야

- That means there's something to tell. 저건 뭔가 할 말이 있다는거야.
- That means you have access to medical supplies. 저건 네가 의약품에 접근할 수 있다는 것을 뜻해.

022 That reminds me of~

그걸 보니 …가 생각나

- That reminds me of a trip I took to Scotland. 그걸 보니 스코틀랜드로 갔던 여행이 생각나.
- That reminds me of the time I met your parents. 그걸 보니 내가 네 부모님을 만났던 때가 생각나.

023 That's because~

그건 …때문이야

- That's because it didn't happen. 그건 그런 일이 일어나지 않았기 때문이야.
- That's because people are afraid to approach you. 그건 사람들이 네게 다가가기 두려워하기 때문이야.

024 That would be great for sb

…에게 아주 좋을거야

- That would be great for students to see.
  학생들이 보면 아주 좋을거야.
- That would be great for Malcom to enjoy.
  말콤이 재미있어하면 아주 좋을거야.

025 That's how S + V

그래서 …을 했다

- That's how I raised my kids.
  그렇게 해서 난 아이들을 양육했어.
- That's how Sam lost her virginity to Tony.
  그렇게 해서 샘이 토니에게 순결을 잃었어.

026 That's part of ~

…의 일부야

- That's part of being a responsible person.
  그건 책임지는 사람의 일부분야.
- That's part of the job you'll be doing.
  네가 하고 있는 일의 일부분야.

027 That's what ~

그게 바로 …이야

- That's what we're supposed to think.
  그게 바로 우리가 생각해야 되는거야.
- That's what we're supposed to be doing.
  바로 그게 우리가 해야 되는 일이래.

028 That's what caused~

바로 그게 …의 원인이야

- That's what caused the hypertension.
  바로 그 때문에 고혈압이 생긴거야.
- That's what caused the accident.
  바로 그 때문에 사고가 일어났어.

029 That's what made sb + V

그래서 …가 ~했어

- That's what made her e-mail me.
  그래서 걔가 내게 이메일을 보냈어.
- That's what made you get sloppy, isn't it?
  그래서 네가 부주의하게 된거야, 그지 않아?

030 That's why ~

그래서 …하는 거야

- That's why we were only married for 3 weeks.
  바로 그래서 우리 결혼한지 3주밖에 안됐어.
- That's why he's so tired all the time.
  그래서 걔가 늘 그토록 피곤한 거야.

031 That's as if to say~

그건 마치 …라고 말하는 것과 같아

- That's as if to say I never texted you.
  내가 전혀 문자를 보내지 않았던 것처럼 말하는 것과 같아.
- That's as if to say that we were being insincere.
  그건 우리에게 진정성이 없었다고 말하는 것과 같아.

032 That's as much as to say~

…라고 말하는 셈이야

- That's as much as to say we'll never meet the goal.
  그건 우리가 목표를 달성할 수 없다고 말하는 셈이야.
- That's as much as to say you don't care.
  그건 네가 신경을 쓰지 않는다는 말하는 것과 같아.

033 That's because ~

그건 …때문이야

- That's because I don't have enough money.
  그건 내가 돈이 충분치 않기 때문이야.
- That's because I don't want her to come.
  난 걔가 오기를 바라지 않기 때문이야.

034 That's exactly what S + V

그게 바로 …야

- That's exactly what I was trying to say.
  그게 바로 내가 말하려고 했던거야.
- And that's exactly what you want, isn't it, to leave town?
  그리고 바로 그게 네가 원하는거지, 그지 않아, 마을을 떠나는거?

035 That's how~

그렇게 해서 …했어

- She cheated on me. That's how it ended.
  걔가 부정을 저질렀어. 그래서 끝나게 됐어.
- That's how I decided to become a stockbroker.
  그래서 내가 주식중개인이 되기로 결심했어.

036 That's like saying~

…라고 말하는 셈이야

- That's like saying you don't like him.
  그건 걔를 싫어한다는 것과 같은 소리네.
- That's like saying you like being cold.
  추운 날씨가 좋다는 소리네.

037 That's not how S + V

…는 그렇게 하면 안돼

- That's not how it works. 그렇게는 안돼.
- That's not how I made my money.
  나는 그렇게 해서 돈을 벌지 않았어.

038 That's the one thing ~

그건 …하는 것이야

- That's the one thing I will never do.
  그건 내가 절대로 하지 않을 일이야.
- That's the one thing that we can't agree on.
  그건 우리가 합의할 수 없는 일이야.

039 That's the way~

그게 …하는 방식이야

- That's the way he and I first met.
  그렇게 해서 그와 난 처음으로 만났어.
- That's the way you can learn to program computers.
  그렇게 해서 넌 컴퓨터를 프로그램하는 것을 배울 수 있어.

040

That's true, but it's also true~

사실이지만 역시 …도 사실이야

- That's true, but it's also true that time is running out.
  사실이지만 시간이 없는 것도 역시 사실이야.
- That's true, but it's also true that he isn't going to return.
  사실이지만 걔는 돌아오지 않을거라는 것도 사실이야.

041

That's what I want~

바로 그게 내가 …하고 싶은거야

- That's what I want to talk to you about.
  그게 바로 내가 네게 말하고 싶은거야.
- That's what I want to complete by the end of the day.
  그게 바로 오늘 중으로 내가 끝내고 싶은거야.

042

the best+N+ I've p.p.

지금까지 …한 것 중에 가장 …한 것

- It's the best suit I've ever had on.
  내가 지금껏 입었던 것 중에 가장 최고의 정장이야.
- This is the best apartment I've lived in.
  여기는 내가 살아본 아파트 중에서 최고야.

043

The best way is to~

가장 좋은 방법은 …이야

- The best way is to ask for help.
  가장 좋은 방법은 도움을 청하는거야.
- The best way is to have a beer and relax.
  가장 좋은 방법은 맥주마시고 쉬는거야.

044 The best way to + V is to + V~

하려면 …하는게 제일 좋은 방법이야

- The best way to **get better** is to **rest.**
  더 나아지는 가장 좋은 방법은 쉬는거야.
- The best way to **find a job** is to **search online.**
  직장을 찾는 가장 좋은 방법은 온라인에서 검색하는거야.

045 The first thing you need to know is that~

먼저 네가 알아둘 것은 …이야

- The first thing you need to know is that **we are late.**
  먼저 네가 알아둬야 할 것은 우리가 늦었다는거야.
- The first thing you need to know is that **our boss is here.**
  먼저 네가 알아둬야 할 것은 우리 사장이 여기 있다는거야.

046 The first time S+V, S+V

처음으로 …했을 때 …했어

- The first time **we met, she was so nervous.**
  우리가 처음 만났을 때 걔는 매우 긴장했어.
- The first time **they visited Paris, they were excited.**
  걔네들이 파리를 처음 갔을 때 흥분했어.

470 The funny thing is that~

이상한 건 …라는 것이야

- The funny thing is that **I never saw him before.**
  이상한 건 난 전에 걔를 본 적이 전혀 없다는거야.
- The funny thing is that **she doesn't even have a car.**
  이상한 건 걔는 차도 없다는거야.

048

The good thing about ~ is that~

…의 좋은 점은 …이야

- The good thing about TV is that you watch it any time.
  TV의 좋은 점은 언제든지 볼 수 있다는거야.
- The good thing about soup is that it's easy to cook.
  수프의 좋은 점은 요리하기가 쉽다는거야.

049

The last thing I want to do is + V

내가 가장 하기 싫은 일은 …이야

- The last thing I want to do is make him angry.
  가장 원치않는 일은 걜 화나게 하는거야.
- The last thing I want to do is see my ex-boyfriend.
  가장 원치않는 일은 전남친을 보는거야.

050

The meaning of this is that~

이것의 의미는 …야

- The meaning of this is that you are not welcome.
  이것의 의미는 네가 환영받지 못하고 있다는거야.
- The meaning of this is that classes will be cancelled.
  이것의 의미는 수업이 취소될거라는거야.

051

The mistake that you've made is in~

네가 한 실수는 …였어

- The mistake that you've made is in trusting Dave.
  네가 한 실수는 데이브를 신뢰한거였어.
- The mistake that you've made is in lending out money.
  네가 한 실수는 돈을 빌려줬다는거야.

052 The odds are~

…할 수도 있어

- The odds are he won't come back.
  걔는 다시 돌아오지 않을거야.
- The odds are that she's in denial.
  걔가 부인할 가능성이 있어.

053 The only thing (that) ~ is~

…하는 것은 ~뿐이야

- The only thing they have in common is you.
  걔네들이 유일하게 공통적으로 갖고 있는 건 바로 너야.
- The only thing he needs is some time alone.
  걔가 필요로 하는건 잠시 혼자 있는 것 뿐이야.

054 The only way to~ is to[by ~ing]~

…하는 유일한 방법은 …하는거야

- The only way to learn is to go to school.
  배우는 유일한 방법은 학교에 가는거야.
- The only way to succeed is to work hard.
  성공하는 유일한 방법은 열심히 일하는거야.

055 The other problem is that~

또 다른 문제 하나는 …라는거야

- The other problem is that time has expired.
  또 다른 문제는 유효기간이 다 지났다는거야.
- The other problem is that she is a lesbian.
  또 다른 문제는 걔가 레즈라는거야.

056 **The point I would like to make is that~**

내가 주장하고 싶은 것은 …야

- The point I would like to make is that **we never expected this.** 내가 주장하고 싶은 것은 우리는 전혀 이를 예상하지 못했다는거야.
- The point I would like to make is that **we need to order supplies.** 내가 주장하고 싶은 것은 우리는 사무용품을 주문해야 된다는거야.

057 **The point is ~**

중요한 점은 …라는거야

- The point is **you are going to need surgery.**
  중요한 점은 넌 수술이 필요하다는거야.
- The point is **we can't help you right now.**
  중요한 점은 지금 당장은 널 도울 수 없다는거야.

058 **The problem is that ~**

…라는 게 문제야

The real problem is that ~ 정말로 문제가 되는 것은 …이다

- The problem is **the boss wouldn't like it.**
  사장이 그걸 좋아하지 않을거라는게 문제야.
- The real problem is that **no one was listening.**
  정말로 문제가 되는 것은 아무도 귀기울여 듣지 않았다는거야.

059 **The problem is when ~**

…할 때 문제가 된다

- The problem is when **he refuses to work.**
  걔가 일을 거부하면 문제가 돼.
- The problem is when **they start arguing.**
  걔네들이 다투기 시작하면 문제가 돼.

060 The problem we are facing is~

우리가 직면한 문제는 …야

- The problem we are facing is a lack of transportation.
  우리가 직면한 문제는 교통수단이 부족하다는거야.
- The problem we are facing is more serious than we imagined. 우리가 직면한 문제는 우리의 생각보다 심각해.

061 The problem we have is~

우리의 문제는 …야

- The problem we have is getting worse every day.
  우리의 문제는 매일 상황이 나빠진다는거야.
- The problem we have is in finding a qualified tutor.
  우리의 문제는 자격있는 선생님을 구하는데 있어.

062 The problem we have to discuss[deal with] is~

우리가 토의해야 하는 문제는 …야

- The problem we have to discuss is the damage caused by the flood. 우리가 토의해야 하는 문제는 홍수의 피해야.
- The problem we have to discuss is a shortage of medicine. 우리가 토의해야 하는 문제는 의약품의 부족이야.

063 The question is~

문제는 …야

- The question is, what made him turn violent?
  문제는 말야 걔가 뭣 때문에 폭력적으로 변했냐야?
- The question is what has been bothering Bart?
  문제는 뭣 때문에 바트가 힘들어 했냐는거야?

064 The question we have to answer is~

우리가 답해야 하는 문제는 …야

- The question we have to answer is who can win the election. 우리가 답해야 하는 문제는 누가 선거에서 당선될 수 있냐는거야.
- The question we have to answer is where can we get funds. 우리가 답해야 하는 문제는 어디서 자금을 모으냐야.

065 The reason (why) ~ is that~

…한 이유는 …야

- The reason it was cancelled is that it's raining.
  그게 취소된 이유는 비가 오기 때문이야.
- The reason Dana yelled is that she's angry.
  데이나가 소리친 이유는 화가 났기 때문이야.

066 The reason for ~ is that~

…의 이유는 …야

- The reason for the argument is that they didn't agree.
  논쟁한 이유는 걔네들이 서로 의견이 달라서였어.
- The reason for the flood is that it rained heavily.
  홍수가 난 이유는 폭우가 내려서야.

067 The thing is~

중요한 것은 …야

- The thing is that you're married to Jane.
  요는 네가 제인과 결혼했다는 거지
- The thing is I don't really believe it. 요는 내가 널 안 믿는다는 거야.

068 The truth is that~

사실은 …야

- The truth is that you don't need an extra vehicle.
  사실은 넌 차가 추가로 필요하지 않아.
- The truth is that this job can be dangerous.
  사실은 이 일은 위험할 수도 있어.

069 The whole point is to~

진짜 목적은 …야

- The whole point is to prepare for your retirement.
  진짜 목적은 퇴직 후를 위해 준비하는거야.
- The whole point is to get him a wonderful present.
  진짜 목적은 걔에게 멋진 선물을 주는거야.

070 The worst part is~

가장 최악의 부분은 …야

- The worst part is finding the right gift.
  가장 골칫거리는 적합한 선물을 찾는거야.
- The worst part of fighting is getting hurt.
  권투의 가장 안좋은 점은 다친다는거야.

071 There are a lot of people who ~

…하는 사람들이 많아

- There are a lot of people who actually need a job.
  실제적으로 일자리가 필요로 하는 사람들이 많아.
- There are a lot of people who don't like Dick.
  딕을 싫어하는 사람들이 많아.

072 There are times when S + V

…할 때가 있어

- There are times when I want to quit.
  그만두고 싶은 때가 있어.
- There are times when the bus is late.
  버스가 늦게 올 때가 있어.

073 There comes a moment when~

…할 때가 와

- There comes a moment when someone recognizes me. 누군가 널 알아보는 때가 올거야.
- There comes a moment when everything seems strange. 모든게 이상하게 보일 때가 있을거야.

074 There comes a point when~

…할 때가 와

- There comes a time when people change.
  사람들이 변하는 때가 오게 되어 있어.
- There comes a time when you have to grow up.
  철들 때가 오기 마련이지.

075 There is a way S+V

…할 방법이 있어

- There's a way to get free cable TV.
  무료 유선TV를 볼 수 있는 방법이 있어.
- There's a way to get a refund on this semester's tuition
  이번 학기 수업료를 돌려받을 수 있는 방법이 있어.

076 There is no one[nobody]~

…할 아무도 없어

- There's no one to call.
  전화할 사람이 아무도 없어.
- There's no one in the kitchen.
  부엌에는 아무도 없어.

077 There is no other way to~

…할 다른 방법이 없어

- There's no other way to track her cell phone?
  걔 핸드폰을 추적할 다른 방법은 없어?
- There's no other way to get to Boston tonight.
  오늘밤에 보스톤에 도착하려면 다른 방법이 없어.

078 There is no way but to~

…할 수 밖에 없어

- There is no way but to confront the person who is bothering you. 너를 귀찮게 구는 사람에게 맞서는 수밖에 없어.
- There is no way but to ask her if she feels the same way. 걔도 같은 생각인지 물어보는 수밖에 없어.

079 There is nothing like~

…만한게 없어

- There's nothing like burgers cooked on a grill.
  그릴 위에서 익는 버거만하게 없어.
- Well, there's nothing like friends.
  저기, 친구만한게 없지.

080 **There is nothing I like more than~**

…하는 것보다 내가 더 좋아하는 것은 없어

- There's nothing I like more than a sporting event.
  스포츠 경기보다 내가 더 좋아하는 것은 없어.
- There's nothing I like more than lying on the beach.
  해변가에 누워있는 것보다 내가 더 좋아하는 것은 없어.

081 **There is[are] ~ ing**

…하는 …가 있어

- There are clothes lying on the floor.
  바닥에는 옷들이 놓여져 있어.
- There are girls waiting for your call.
  네 전화를 기다라는 여자애들이 있어.

082 **There is[are] A that~**

…한 …가 있어

- There's a virus that is dangerous.
  위험한 바이러스가 있어.
- There are places that we can travel for vacation.
  휴가 때 여행할 수 있는 곳들이 있어.

083 **There is[are] some~ that~**

…한 …도 있어

- There's some people I'd like to introduce her to.
  걔한테 소개시켜주고픈 사람들이 있어.
- There's some things about him I don't think you know.
  네가 모를 것 같은 걔에 관한 몇몇 일들이 있어.

084 There may be a lot of people who ~

…하는 많은 사람들이 있을지도 몰라

- There may be a lot of people who get angry.
  화가 난 사람들이 많을지도 몰라.
- There may be a lot of people who disagree.
  반대하는 사람들이 많을지도 몰라.

085 There must be ~

…가 있음에 틀림없어

- There must be some kind of mistake.
  뭔가 착오가 있는게 틀림없어.
- There must be a lot of competition from other guys.
  다른 사람들로부터 많은 경쟁이 있을거야.

086 There seems to be + N

…가 있는 것 같아

- There seems to be some disagreement.
  좀 불화가 있는 것 같아.
- There seems to be a new student in class.
  반에 신입생이 있는 것 같아.

087 There's no way that S + V

…일 리가 없다, 절대로 …할 수가 없어

- There's no way that I will ever sell this house.
  난 절대 이 집을 팔지 않을거야.
- There's no way there was a kid at that apartment.
  저 아파트에 한 아이가 있었을리 만무하지.

088 **There's no way to+V**

…할 방법이 없어

- There's no way to trace the payments.
  송금내역을 추적할 방법이 없어.
- There's no way to take it on the airplane.
  비행기에 같이 데리고 갈 방법이 없어.

089 **There's a good chance that~**

…할 가능성이 커

- There is a good chance you will fail.
  네가 실패할 가능성이 많아.
- There's a good chance he won't wake up.
  걔가 일어나지 않을 가능성이 커.

090 **There's a possibility that~**

…할 가능성이 있어

- There's a possibility she has been here before.
  전에 여기 있어본 적이 있을 가능성이 있어.
- There's always the possibility that he's guilty.
  걔가 유죄일 가능성은 항상 있어.

091 **There's another way to~**

…하는 다른 방법이 있어

- There's another way to find the building's location.
  그 빌딩의 위치를 알아내는 다른 방법이 있어.
- There's another way to solve the riddle.
  수수께끼를 푸는 다른 방법이 있어.

092 There's got to be~

…가 있을거야

- There's got to be some misunderstanding.
  뭔가 오해가 있었어.
- There's got to be another way to fix this.
  이거 수리하는 다른 방법이 있을거야.

093 There's no difference between~

…사이의 차이점이 있어

- There's no difference between the two political parties. 두 정당의 차이점은 없어.
- There's no difference between the two products.
  두 제품의 차이점은 없어.

094 There's no hope of~

…할 희망은 없어

- There is no hope of her ever getting better.
  걔가 더 나아질 가능성은 없어.
- There is no hope he will be able to leave soon.
  걔가 곧 퇴원할 희망은 없어.

095 There's no need to~

…할 필요가 없어

- There's no need to change your clothes.
  네 옷을 갈아입을 필요는 없어.
- There's no need for him to come tomorrow.
  걔가 내일 올 필요는 없어.

096

There's no reason to~

…할 이유가 없어

- There's no reason to be happy. Things are awful.
  행복해 할 필요가 없어. 상황이 끔찍해.
- There's no reason to worry about it.
  그거 걱정할 이유없어.

097

There's no telling ~

…는 알 수가 없어

- There's no telling what you think.
  네가 뭘 생각하는지 알 수가 없어.
- There's no telling how long they'll last.
  그것들이 얼마나 오래 계속될지 몰라.

098

There's no way to tell ~

그건 아무도 몰라

- There's no way to tell who it was.
  누구인지는 알 길이 없어
- There's no way to tell if it will be successful.
  성공할 지 여부는 알 길이 없는거야.

099

There's nothing we can do about~

…에 대해 할 수 있는게 아무 것도 없어

- There's nothing we can do about that.
  우리가 그것에 대해 할 수 있는게 아무 것도 없어.
- There's nothing we can do about the problems Ken caused. 켄이 일으킨 문제들에 대해 우리가 할 수 있는게 아무 것도 없어.

100 There's nothing wrong with sb[sth,~ing]

…에 전혀 문제가 없어

- There's nothing wrong with the plane.
  비행기에는 아무 이상도 없어.
- There's nothing wrong with having a husband.
  시집가는데 아무 이상도 없어.

101 Think if~

…라고 생각해봐, 상상해봐

- Think if you left the keys on your desk or at home.
  집이나 책상위에 키를 두고 왔다고 생각해봐.
- Think if we need another television in our apartment.
  우리 아파트에 TV가 한대 더 필요하다고 생각해.

102 This doesn't have anything to do with~

…와 아무 관련이 없어

- This doesn't have anything to do with your husband.
  이건 네 남편과는 아무런 상관이 없어.
- This doesn't have anything to do with that photograph I took this morning. 이건 내가 오늘 아침 찍은 사진과 아무런 관련이 없어.

103 This hasn't happened since ~

이런 일은 …이래로 일어났던 적이 없어

- This hasn't happened since I was a little kid.
  내가 어렸을 적 이래로 이런 일은 없었어.
- This hasn't happened since our last field trip.
  마지막 현장학습이래로 이런 적은 없었어.

104 ## This is because~

이건 …때문이야

- This is because I hit you, isn't it?
  이건 내가 너를 때렸기 때문이지, 그렇지 않아?
- This was because of the big rainstorm this afternoon.
  이건 오늘 오후에 내린 대형 폭풍우 때문이야.

105 ## This is how~

바로 이렇게 …해

- This is how I deal with things.
  난 이런 식으로 일들을 처리해.
- This is how children distinguish between good and evil.
  이런 식으로 아이들은 선과 악을 구분해.

106 ## This is my first~

내가 처음으로 해보는 …야

- This is my first day at this school.
  오늘이 이 학교 첫날이야.
- This is my first meeting with Gina.
  이번이 지나와의 첫 미팅이야.

107 ## This is not how~

이거는 …해서는 안되는거야

- This isn't how it's supposed to be.
  그거는 이렇게 되면 안되는건데.
- This is not how it's supposed to go. I'm supposed to take her out. 상황이 이렇게 가면 안되는건데. 내가 걔를 데리고 가야 한다고.

108 **This is not to say~**

이건 …을 말하는게 아냐

- This is not to say we are still good friends.
  이건 우리가 아직 좋은 친구라고 말하는게 아냐.
- This is not to say that the project has been completed.
  그 프로젝트가 완성되었다고 말하는게 아냐.

109 **This is not what~**

이건 …하는게 아냐

- This is not what I want to do.
  이건 내가 하고 싶은 일이 아냐.
- This is not what you have to do.
  이건 네가 해야 할 일이 아니야.

110 **This is the first time since~**

…이래로 처음이야

- This is the first time since last winter.
  지난 겨울 이래로 이번이 처음이야.
- This is the first time since we got married.
  우리가 결혼한 이래로 이번이 처음이야.

111 **This is the thing about~**

그게 바로 …의 다른 점이야

- That's the thing about patterns.
  그게 바로 패턴의 특징이야.
- That's the thing about romance beginning.
  바로 그렇게 사랑은 시작되는거야.

112 **This is what~**

이게 바로 …하는거야

- This is what we're going to do.
  이게 바로 우리가 앞으로 할 일이야.
- This is what I was afraid of.
  이게 바로 내가 걱정하던 거야.

113 **This is why~**

바로 그래서 …해

- This is why she doesn't date tall guys.
  이래서 걔가 키큰 남자들하고 데이트하지 않는 거라구.
- This is why you need to exercise.
  이래서 네가 운동을 해야 하는 거야.

CHECK IT OUT! 문장속에서 확인해보기!

A: Hi, Janet. How did your date with Rob go?
B: Oh, it was great! I really like him.
A: **No wonder** you seem to be on cloud nine.

A: 안녕, 재닛. 랍과의 데이트 어땠어?
B: 정말 좋았어! 난 그 사람이 진짜 맘에 들어.
A: 그래서 그렇게 기분이 좋아보이는구나.

★
be on cloud nine은 very happy라는 관용어구이다.

A: Look at all the stuff I bought!
B: **Let me help you with** your grocery bags.
A: Thank you, that's very kind of you.

A: 내가 사온 물건들 좀 보세요!
B: 식료품 가방 들어줄게요.
A: 고마워요. 정말 친절하시군요.

★
뭔가 시선을 끌 때는 Look at+sth 혹은 Look at sb의 형태를 쓴다. 참고로 Look at you 하면 서로 만났을 때 새로워진 모습을 보면서 하는 말로 '얘 좀 봐라!,' '이거봐라'라는 표현이 된다.

A: What was Rick giving the high five to David for?
B: Both of them finally got their promotions.
A: **That means** we're next in line!

A: 릭이 왜 데이비드와 손뼉을 마주친 거죠?
B: 두 사람 모두 드디어 승진했대요.
A: 그럼 다음은 우리 차례네요!

★
하이파이브를 동사로 쓴 경우로 give the high five to sb하게 되면 …에게 하이파이브를 하다가 된다.

A: **There is** a slight problem, Bill.
B: What is the matter?
A: I won't be able to make it to the presentation.

A: 문제가 좀 생겼어, 빌.
B: 뭔데?
A: 발표회에 가지 못할 것 같아.

★
make it은 크게 두가지 의미만 알아두면 된다. 성공하다, 가기로 한 곳에 시간에 맞게 도착하다이다. 후자의 경우 make it to+장소의 형태로 쓰인다.

A: I'm afraid I don't know what to say.
B: I can't figure it out either.
A: **Let me** ask Rick what he thinks.

A: 뭐라고 해야 할지 모르겠어요.
B: 저도 역시 어떻게 말을 해야할 지 알 수가 없는데요.
A: 릭은 어떻게 생각하는지 물어볼게요.

★
figure out은 이해하다 혹은 머리를 굴려 생각해 내다라는 의미이다. find out이 사실이나 어떤 정보를 찾아내는 것임에 반해 figure out은 뭔가를 이해하고 해답을 찾는 것을 말한다.

A: **Make sure** you keep your eye on the ball.
B: Don't worry. I'll be watching.
A: Let us know if he does anything suspicious.

A: 방심하지 않도록 해.
B: 걱정마, 내가 지켜보고 있을 테니까.
A: 그 사람이 수상한 짓을 하면 알려줘.

★
keep one's eye on the ball는 뭔가 중요한 것에 주의를 집중하다라는 의미의 표현.

U
V
W
X
Y
Z
W-Y

001 We apologize for~

…에 대해 사과할게요

- We apologize for the delay, but we're busy.
  늦어져서 사과드립니다만 너무 바빠서요.
- I came to apologize for my rude behavior.
  내 무례한 행동에 사과하러 온거야.

002 We don't have any problem with ~

…에 전혀 문제가 없어

- We don't have any problem with the new neighbors.
  새로운 이웃들과 전혀 문제가 없어.
- We don't have any problem with people smoking in our house. 우리집에서 담배를 피는 사람들과 아무런 문제가 없어.

003 We have to keep in mind that~

…을 명심해야 해

- We have to keep in mind that everyone has a different opinion. 다들 의견이 다르다는 것을 명심해야 돼.
- We have to keep in mind that the economy is getting better. 경기가 점점 좋아지고 있다는 것을 명심해야 돼.

004 **We have to recognize that~**

…을 알고 있어야 해

- We have to recognize that politicians are dishonest.
  정치인들은 부정직하다는 것을 알고 있어야 돼.
- We have to recognize that a new plan is needed.
  새로운 계획이 필요하다는 것을 알고 있어야 돼.

005 **We just have to be ~ when ~**

우리는 …할 때 …해야 돼

- We just have to be careful when we're in the forest.
  우리가 숲에 있을 때는 조심할 수밖에 없어.
- We just have to be quiet when we enter the library.
  도서관에 들어갈 때는 조용해야 돼.

006 **We might as well ~**

…하는 편이 나아

- We might as well not do it.
  우리는 그렇게 하지 않는게 나아.
- We might as well just go to sleep.
  우린 자러가는 편이 나아.

007 **We need to figure out~**

우리는 …을 알아내야 돼

- We need to figure out who this dog belongs to.
  이 개의 주인이 누군인지 알아내야 돼.
- We need to figure out which way we came in.
  우리는 어느 길로 들어왔는지 생각해내야 돼.

008 We need to find out~

…을 알아내야 해

- We need to find out what is going on there.
  거기 무슨 일인지 알아내야 돼.
- We need to find out where he put the USB chip.
  이 USB칩을 어디에 꽂아야 하는지 알아내야 돼.

009 We shouldn't forget that~

우리는 …을 잊어서는 안돼

- We shouldn't forget that we have to work this weekend.
  이번 주말에 일해야 한다는 것을 잊어서는 안돼.
- We shouldn't forget that Ron has helped us in the past. 론이 과거에 우리를 도왔다는 것을 잊어서는 안돼.

010 We'll be all right if~

…한다면 우린 괜찮을거야

- We'll be all right if everyone helps us.
  모두들 우리를 도와준다면 우린 괜찮을거야.
- We'll be all right if we can get a little more money.
  우리가 돈을 좀 더 확보할 수 있다면 괜찮을거야.

011 We'll see wh~

…을 알게 될거야

- We'll see what she says.
  걔가 뭐라는지 알게 될거야.
- We'll see what he likes.
  걔가 뭘 좋아하는지 알게 될거야.

012 **went there[or back] to + V**

…하러 거기에 갔어

- You guys just went there to get married?
  너희들은 그냥 거기 가서 결혼한거야?
- She went back to the casino to try her luck again.
  걘 자기 운을 시험해보기 위해 다시 카지노로 돌아갔어.

013 **We're not here to talk about[discuss]~**

우린 …을 얘기하러 여기 온게 아냐

- Well, we're not here to talk about your clients.
  네 고객 얘기하러 여기 온 게 아닌데.
- We're not here to talk about your personal problems.
  네 개인문제 얘기하러 여기 온 게 아닌데.

014 **We're not talking about~**

우린 …에 관해 얘기하고 있지 않아

- We're not talking about your father.
  우린 네 아버지 얘기를 하고 있는게 아냐.
- We're talking about life and death.
  우린 삶과 죽음에 관해 얘기하고 있어.

015 **We've been through ~**

우리는 …을 겪었어

- I've been through the footage throughout the entire day. 하루 종일 난 그 자료영상을 훑어봤어.
- I've been through it too many times to not understand the risks. 너무 많이 겪어봐서 내가 위험을 이해못할리가 없어.

016 What (do you think) will happen when ~ ?

…하면 어떻게 될까?

- What do you think will happen if you leave?
  네가 떠난다면 어떻게 될까?
- What will happen if she doesn't get her medicine?
  걔가 자기 약을 먹지 못하면 어떻게 될까?

017 What am I supposed to~ ?

내가 어떻게 …해야 돼?

- What am I supposed to do with these flowers?
  이 꽃들 어떻게 해야 되는거야?
- What am I supposed to do with this?
  내가 이거 어떻게 해야 되는거지?

018 What are the odds that S+V?

…의 가능성은 어때?

- What are the odds of that?
  그거의 가능성이 어때?
- What are the odds that he saw us?
  걔가 우리를 봤을 가능성이 어때?

019 What are you going to ~ ?

…을 …할거야?

- What are you going to tell the new employees?
  신입사원들에게 뭐라고 말할거야?
- What are you going to do on Friday?
  금요일에 뭘 할거야?

020 **What are you planning to ~ ?**

뭘 …할 계획이니?

- What are you planning to do at the end of the day?
  일과 끝나고 뭐할 계획야?
- What are you planning to wear?
  뭘 입을 생각야?

021 **What bothers you the most~?**

…할 때 가장 불편한 점이 뭐야?

- What bother you the most about the way she's acting?
  걔의 연기방식에서 가장 거슬리는게 뭐야?
- What bother you the most about the new members?
  새로운 회원들에게 가장 불편한 점이 뭐야?

022 **What brings you back~ ?**

왜 …로 다시 온거야?

- What brings you back to LA?
  어쩐 일로 LA에 다시 온거야?
- What brings you all the way from Texas?
  어쩐 일로 텍사스에서 여기까지 온거야?

023 **What brings you to~ ?**

어쩐일로 …에 온거야?

- What brings you to New York?
  뉴욕에는 어쩐일이야?
- What brings you to the hospital?
  병원에는 어쩐 일이야?

024 What brought sb to ~?

뭐 때문에 …가 …에 온거야?

- What brought you to this coffee shop?
  뭐 때문에 커피샵에 온거야?
- What brought you to the fall festival?
  왜 가을 축제에 온거야?

025 What can I do to~ ?

…하려면 어떻게 해야 돼?

- What can I do to make it up to you?
  너한테 보상해주려면 어떻게 해야 돼?
- What can I do to make things better?
  상황이 나아지도록 하기 위해 어떻게 해야 할까?

026 What can you tell me about~?

…에 대해 내게 뭐 말해줄게 있어?

- What can you tell us about your old friend?
  네 오랜 친구에 대해 뭘 말해줄 수있어?
- What can you tell me about this file I'm not seeing?
  내가 못보는 파일에 대해 뭐라고 말해줄 수 있어?

027 What caused ~?

…의 이유가 뭐니?

- What caused the bridge to collapse?
  뭐 때문에 다리가 붕괴된거야?
- What caused Jane and Sam to divorce?
  왜 제인과 샘이 이혼을 한거야?

028 **What comes with ~?**

…에는 뭐가 함께 나오나요?

- What comes with the lunch special?
  점심 스페셜에는 뭐가 달려나오나요?
- What comes with that?
  그거하고 달려나오는게 뭐야?

029 **What could be more ~ than ~ ?**

…보다 더 …한게 있을까?

- What could be more important than that?
  그보다 더 중요한 일이 뭐가 있겠어?
- What could be more humiliating than that?
  그것보다 더 부끄러운게 뭐가 있겠어?

030 **What could you possibly tell me that~?**

…을 내게 뭐라고 말할 수 있어?

- What could you possibly tell me that he didn't say?
  왜 걔가 아무말도 하지 않은거야?
- What could you possibly tell me that I don't know?
  내가 모르는 이유가 뭐야?

031 **What did I say about ~?**

…에 대해 내가 뭐라고 했어?

- What did I say about being boring?
  지겹다는거에 대해 내가 뭐라고 했니?
- What did I say about talking to me?
  내게 얘기하는거에 대해 내가 뭐라고 했어?

032 What did I tell you~?

…에 대해 내가 뭐라고 했지?

- What did I tell you what happened if you got him a gun? 걔에게 총을 주면 어떻게 될거라 내가 했어?
- What did I tell you about talking to your friends while you're working? 근무 중에 친구와 얘기하는 거에 대해 내가 뭐라고 했지?

033 What did you do to~ ?

…을 어떻게 한거야?

- What did you do with the aspirin? 아스피린 어떻게 했어?
- What did you do to get her to laugh? 어떻게 해서 걔를 웃게 한거야?

034 What did you do when[before]~?

…때 넌 어떻게 했어?

- What did you do when it all went bad? 그게 모두 악화될 때 넌 어떻게 했어?
- What did you do when they found out? 걔네들이 알아냈을 때 넌 어떻게 했어?

035 What did you do with~ ?

…을 어떻게 했니?

- What did you do with my history book? 내 역사책 어떻게 했어?
- What did you do with the condom you used? 네가 사용한 콘돔 어떻게 했어?

036 What do I have to~?

…하려면 내가 어떻게 해야 돼?

- What do I have to do to get to know her better?
  걔를 더 잘 알려면 내가 어떻게 해야 돼?
- What do I have to do to change you?
  널 바뀌게 하려면 내가 어떻게 해야 돼?

037 What do I tell~ ?

…에게 뭐라고 하지?

- What do I tell your kids?
  네 아이들에게 뭐라고 하지?
- What do I always tell you?
  내가 항상 너한테 뭐라고 했니?

038 What do you expect me to ~?

내가 …하기를 기대하는거야?

- What do you expect me to do?
  내가 뭘 하길 기대해?
- What do you expect me to think?
  내가 어떤 생각을 하겠어?

039 What do you expect to~ ?

넌 …하기를 기대해?

- What do you expect to see on your trip to Egypt?
  이집트 여행에서 뭘 볼거라 기대해?
- What do you expect to see there?
  가서 뭘 보길 바라는 거야?

040 What do you have to~ ?

…을 해야 하는데?

- What do you have to pick up?
  너는 뭘 사야 하는데?
- What do you have to be sorry about?
  뭐 때문에 미안하다고 해야 하는데?

041 What do you mean ~?

…가 무슨 말이야?

- What do you mean you're not so sure?
  확실하지 않다니 무슨 말이야?
- What do you mean you don't remember me?
  나를 기억 못한다니 그게 무슨 말이야?

042 What do you mean by ~ing?

…는 무슨 뜻이죠[의도죠]?

- What do you mean by returning my gift?
  내 선물을 돌려준다니 그게 무슨 말이야?
- What do you mean by refusing to shake his hand?
  걔와 악수를 거부한다니 그게 무슨 말야?

043 What do you say if ~?

…하는게 어때?

- What do you say if we take a 15 minute break?
  15분간 휴식을 하는게 어떻겠어?
- What do you say if we take a look at the applicants?
  지원자들을 한번 보는게 어떻겠어?

044
What do you say in English if you ~ ?
…을 말할 때 영어로 어떻게 말해?

- What do you say in English if you can't find the toilet?
  화장실을 찾지 못했을 때 영어로 어떻게 말해?
- What do you say in English if you want to eat?
  먹고 싶을 때 영어로 뭐라고 말해?

045
What do you say to+N[~ing]?
…하는게 어때?

- What do you say to going for a drink?
  한 잔 하러 가는 게 어때?
- What do you say to replacing your glasses?
  네 안경을 바꿔 보는게 어때?

046
What do you say we ~?
…는 어떤데?, …하는게 어때?

- What do you say we call it a day?
  오늘 일은 그만하는 게 어때?
- What do you say we call it a night and get some sleep?
  이제 그만 끝내고 잠을 좀 자는 게 어때?

047
What do you think S+V?
…가 …한다고 생각해?

- What do you think she's going to do?
  걔가 뭘 할거라고 생각해?
- What do you think I should order?
  내가 뭘 주문해야 된다고 생각해?

048 What do you think about~?

…에 대해 어떻게 생각해?

- What do you think about my new house?
  우리 새집 어때?
- What do you think about me staying the night?
  내가 밤새 머물러는 거 어때?

049 What do you think of +N[~ing]?

…에 대해 어떻게 생각해?

- What do you think of this weather?
  날씨 어때?
- What do you think of adding him to our team?
  걔를 우리 팀에 넣으면 어때?

050 What do you think of sb ~ing?

…가 …하는거에 대해 어떻게 생각해?

- What do you think of my friends staying at our house?
  내 친구들이 우리집에 머무는 거 어떻게 생각해?
- What do you think of Marge winning that award?
  마지가 그 상을 받는거에 대해 어떻게 생각해?

051 What do you think the best way to ~?

…하는 가장 좋은 방법이 뭐라고 생각하니?

- What do you think the best way to get my hair cut is?
  내 머리를 자르는 가장 좋은 방법은 뭐라고 생각해?
- What do you think the best way to enter med school is? 의대에 들어가는 가장 좋은 방법은 뭐라고 생각해?

052
What do you think we should do to + V?

…를 위해 우리는 무엇을 해야 할까?

- What do you think we should do to fix the computer?
  컴퓨터 수리를 위해 우리는 무엇을 해야 할까?
- What do you think we should do to change his mind?
  걔의 맘을 바꾸기 위해 우리는 무엇을 해야 할까?

053
What do you want me to~?

내가 …을 어떻게 하라고?

- What do you want me to do?
  날 더러 어쩌라고?
- What do you want me to say?
  날 더러 뭘 말하라고?

054
What do you want to~ ?

넌 …하기를 원해?

- What do you want to change?
  뭘 바꾸고 싶은데?
- What do you want to know about her?
  걔에 대해서 뭘 알고 싶어?

055
What does it look like S+V?

…가 뭐처럼 보여?

- What does it look like I'm doing?
  내가 뭐하는 것처럼 보여?
- What does it look like Barry is going to buy?
  배리가 뭘 사려고 하는 것처럼 보여?

056 What does it matter if~?

…한들 무슨 상관이야?

- What does it matter if I know it?
  내가 그걸 안다고 무슨 상관이야?
- What does it matter if we are late?
  우리가 늦는다고 무슨 상관이야?

057 What does it take to~ ?

…하는데 뭐가 필요해?

- What does it take to get a good job?
  좋은 직장을 얻는데 뭐가 필요해?
- What does it take to become rich?
  부자가 되는데 뭐가 필요해?

058 What gives you the idea ~?

왜 …라고 생각해?, …라고 생각하는 이유가 뭐야?

- What gives you the idea Kara is married?
  케이라가 결혼했다고 생각하는 이유가 뭐야?
- What gives you the idea you can fix the problem?
  왜 네가 문제를 해결할 수 있다고 생각해?

059 What happened to ~ when~?

…때 …에(게) 무슨 일이 생긴거야?

- What happened to Maria when she went on a blind date? 마리아는 소개팅에 갔을 때 무슨 일이 있었던거야?
- What happened to you when you did the interview?
  네가 인터뷰를 할 때 무슨 일이 있었던거야?

060 What happened to ~?

…에(게) 무슨 일이 생긴거야?

- What happened to the dinner party?
  저녁파티는 어떻게 된거야?
- What happened to your date?
  데이트 어떻게 된거야?

061 What have I told you about~ ?

…에 대해 내가 뭐라고 했니?

- What have I told you about idle gossip?
  내가 쓸데없는 뒷담화에 대해 내가 뭐라고 했니?
- What have I told you about staying out late?
  늦게까지 외출하는거에 대해 내가 뭐라고 했니?

062 What have you been ~ing?

…을 하고 있었어?

- What have you been doing lately?
  최근에 어떻게 지내고 있었어?
- What have you been telling him?
  넌 걔한테 뭘 말하고 있었어?

063 What I don't understand is why ~

…의 이유가 뭔지 모르겠어

- What I don't understand is why he never called me.
  왜 걔가 내게 전화를 하지 않았는지 모르겠어.
- What I don't understand is why she took off her clothes. 걔가 왜 옷을 벗었는지 이유를 모르겠어.

064 What I don't get is~

내가 이해못하는 건 …야

- What I don't get is why you did what you did.
  내가 이해못하는건 네가 왜 그랬냐는거야.
- What I don't get is why they're angry.
  내가 이해못하는건 걔네들이 왜 화를 내냐는거야.

065 What I mean is that~

내 말은 …라는거야

- What I mean is that maybe there is something to it.
  내 말은 거기에 뭔가 있을지 모른다는거야.
- What I mean is you are in serious trouble.
  내 말은 네가 아주 심각한 문제에 빠져 있다는거야.

066 What I meant to say is~

내가 말하려고 했던 건 …야

- What I meant to say is that I'll be home late.
  내가 말하려고 했던건 내가 집에 늦을거라는거야.
- What I meant to say is he can't be trusted.
  내가 말하려고 했던건 걘 믿을 수 없다는거야.

067 What I meant was~

내 말은 …라는거였어

- What I meant was I know what you mean.
  내 말은 네 말을 알아 들었다는거였어.
- What I meant was I need some help.
  내 말은 내가 도움이 좀 필요하다는거였어.

068

What I said was~

내 말은 …라는거야

- What I said was you did a good job.
  내 말은 네가 일을 잘했다는거야.
- What I said was that I understood.
  내 말은 내가 이해했다는거야.

069

What I want is for you to~

너한테 바라는 건 …하는거야

- What I want is for you to calm down.
  너한테 바라는건 침착하라는거야.
- What I want is for you to be happy.
  너한테 바라는건 행복하라는거야.

070

What I want to know is ~

내가 알고 싶은 건 …하는거야

- What I want to know is why the plan failed.
  내가 알고 싶은건 왜 계획이 실패했냐는거야.
- What I want to know is what I should study.
  내가 알고 싶은건 내가 무엇을 공부해야 하냐는거야.

071

What I want is to~

내가 바라는 것은 …야

- What I want is to be happy.
  내가 원하는건 행복해지는거야.
- What I want is to buy a train ticket.
  내가 바라는건 기차표를 사는거야.

072 What I wanted to say is~

내가 말하고자 했던 건 …야

- What I wanted to say is everything will be OK.
  내가 말하고자 했던건 다 잘될거라는거야.
- What I wanted to say is you look great tonight.
  내가 말하고자 했던건 오늘밤 너 멋져보인다는거야.

073 What I would like to know is~

내가 알고 싶은건 …야

- What I would like to know is when we'll be finished.
  내가 알고 싶은건 우리가 언제 끝낼 것인가야.
- What I would like to know is where the food is.
  내가 알고 싶은건 음식이 어디 있느냐야.

074 What I'm trying to say is ~

내가 하려는 말은 …라는거야

- What I'm trying to say is that she's rich.
  내가 하려는 말은 걔가 부자라는거야.
- What I'm trying to say is I want you to leave.
  내가 말하고자 하는 건 네가 떠나길 바란다는 거야.

075 What if ~?

만일 …하면 어떻게 될까?

- What if I said we had to work tomorrow?
  내일 일해야 한다고 내가 말하면 어떻겠어?
- What if she's right about this?
  이거에 대한 걔말이 맞으면 어떻게 될까?

076
What I'm saying is ~
내 말은 …거야

- What I'm saying is we reap what we sow.
  내 말은 뿌린 대로 거둔다는 거야.
- What I'm saying is Chris likes you.
  내 말은 크리스가 너를 좋아한다는거야.

077
What is the best thing to do for~?
…에 최선의 방법은 뭐야?

- What is the best thing to do for a severe headache?
  심한 두통에 최선의 방법은 뭐야?
- What is the best thing to do for flu symptoms?
  독감증상이 있을 때 최선의 방법은 뭐야?

078
What is the cause of ~?
…의 원인은 뭘까?

- What is the cause of your depression?
  네 우울증의 원인은 뭐야?
- What is the cause of the flickering lights?
  왜 불이 깜박거리는거야?

079
What's with~ ?
무슨 일이야?, 왜 그래?

- What's with your hair?
  머리가 왜 그래?
- What's with you? You're acting like a kid.
  왜 그래? 애처럼 굴고 말야.

080 What kind of~ ?

어떤 종류의 …을 해?

- What kind of computer did you buy?
  어떤 종류의 컴퓨터를 구입했어요?
- What kind of woman do you want to date?
  어떤 타입의 여자와 데이트하고 싶어?

081 What made sb + V?

뭐 때문에 …가 …했을까?

- What made you come here? 여긴 어쩐 일로 왔어요?
- What made you quit your job? 어째서 일을 그만뒀어요?

082 What made you think~ ?

왜 …라고 생각했던거야?

현재형으로 쓰려면 What makes you think~?라 한다.

- What made you think Kathy will co-operate?
  케이시가 협조할거라고 왜 생각했던거야?
- What makes you feel that way?
  왜 그렇게 생각하는거야?

083 What made you want to~ ?

뭐 때문에 …을 하고 싶어했던거야?

- What made you want to go on a diet?
  뭐 때문에 다이어트를 하고 싶어했던거야?
- What made you want to quit school?
  왜 학교를 그만두고 싶어했던거야?

084
What makes it so~ ?

뭐 때문에 그게 …해?

- What makes it so expensive in New York?
  뭐 때문에 뉴욕의 물가가 비싼거야?
- What makes it so difficult to do this work?
  뭐 때문에 이 일을 하는게 어려운거야?

085
What makes me really angry is (that) ~

정말 화나는건 …야

- What makes me really angry is people who are selfish.
  정말 화나는건 이기적인 사람들이야.
- What makes me really angry is rude drivers.
  정말 화나게 하는건 무례한 드라이버들이야.

086
What makes you so sure S + V?

…을 어떻게 그렇게 확신해?

- What makes you so sure Clancy ate your snacks?
  클랜시가 네 스낵을 먹었다고 어떻게 그렇게 확신해?
- What makes you so sure the company is going bankrupt? 회사가 부도날거라는 것을 어떻게 그렇게 확신해?

087
What makes you think that ~ ?

무엇 때문에 …라고 생각하니?

- What makes you think you know all about me?
  어떻게 네가 나에 대해 모든 걸 안다고 생각해?
- What makes you think he's going to propose?
  왜 걔가 프로포즈할 거라 생각한거야?

088 What makes you~?

왜 …라고 하는거야?

- What makes you say that?
  왜 그렇게 말하는거야?
- What makes you believe her lies?
  어째서 걔가 하는 거짓말을 믿는 거야?

089 What reason did S+ V?

뭐 때문에 …가 ~했을까?

- What reason did he give for using the money?
  걔는 그 돈을 쓴 이유를 뭐라고 했어?
- What reason did Bristol give for missing class?
  브리스톨은 수업빠진 이유를 뭐라고 했어?

090 What should I do if~ ?

…라면 어떻게 해야 돼?

- What should I do if we get lost?
  우리가 길을 잃으면 난 어떻게 해야 돼?
- What should I do if I am late?
  내가 늦으면 난 어떻게 해야 돼?

091 What should I do with ~?

…를 어떻게 (처리)해야 하나요?

- What should I do with these old clothes?
  이 낡은 옷들 어떻게 해야 돼?
- What should we do with the stuff we got?
  우리가 갖고 있는 물건들 처리를 어떻게 해야 돼?

092 **What was the reason for sb to+ V?**

뭣 때문에 …가 ~했을까?

- What was the reason for him to take a week off?
  뭐 때문에 걔가 일주일 휴가를 냈을까?
- What was the reason for her to buy a dress?
  뭐 때문에 걔가 옷을 샀을까?

093 **What would happen if ~?**

만약 …라면 어떻게 되는데?

- What would happen if you screwed me.
  네가 날 속이면 어떻게 될까?
- What would happen if I refuse the surgery?
  내가 수술을 거부하면 어떻게 될까?

094 **What would you have done if~?**

…라면 넌 어떻게 했었을 것 같아?

- What would you have done if you were him?
  당신이 저 사람이었다면 어떻게 했겠어?
- What would you have done if your friend stole your money? 네 친구가 네 돈을 훔쳤다면 넌 어떻게 했겠어?

095 **What would you like me to~?**

내가 뭘 …했으면 좋겠어?

- What would you like me to tell them?
  내가 걔네들에게 뭐라고 했으면 좋겠어?
- What would you like me to do first?
  내가 먼저 뭘 했으면 좋겠어?

096 What would you like to ~ ?

뭘 …하고 싶어?

- What would you like to find out?
  뭘 알고 싶은거야?
- What would you like to ask me?
  뭘 물어보고 싶은데요?

097 What would you say if~ ?

…라면 너 뭐라고 할테야?

- What would you say if someone offered you a job on the stock market? 주식시장에 관련된 일을 제시하면 넌 뭐라고 할래?
- What would you say if I asked you to help me?
  내가 네게 도와달라고 한다면 어떻겠어?

098 What would you say to~ ?

…하는게 어떻겠어?

- What would you say to a trip to the shore?
  해변가로 여행가는게 어떻겠어?
- What would you say to a new haircut?
  새로 머리를 자르면 어떻겠어?

099 What you need is~

네게 필요한 것은 …야

- What you need is to come clean and cooperate.
  네게 필요한 것은 솔직히 털어놓고 협조하는 거야
- What you need is a good divorce lawyer.
  네게 필요한 것은 능력있는 이혼변호사야.

100 **What[When] are you going to~?**

너 [언제] …할거야?

- What are you going to do with the offer?
  그 제안을 어떻게 할거야?
- When are you going to ask her out?
  걔한테 언제 데이트 신청할거야?

101 **What's the point in~ing[if~]?**

…를 할 거라면 (도대체) ~를 하는 의의가 뭐야?

- What's the point in living, without curiosity?
  호기심이 없다면 무슨 재미로 살아?
- What's the point if they're not available?
  그것들을 이용할 수 없다면 무슨 소용이 있어?

102 **What's wrong with~?**

…에 무슨 일 있나요?

- What's wrong with my computer?
  내 컴퓨터 뭐가 잘못된거야?
- What's wrong with being nice to him?
  걔한테 잘해주는 게 뭐 잘못됐어?

103 **What's ~ like?**

…는 어때?

- What are the girls like in New York?
  뉴욕의 여자애들은 어때?
- What's the new manager like?
  새로운 매니저 어때?

A-D E-H I-K L-T W-Y

104 What's it gonna take to+V

어떻게 하면 …할 수 있어?

- What's it gonna take for you to forgive me?
  어떻게 해야 네가 날 용서하겠어?
- What's it gonna take to get us out of hell?
  어떻게 해야 우리를 구해주겠어?

105 What's the best way to~ ?

…하는데 최선의 방법은 뭐야?

- What's the best way to exercise?
  운동을 하는 가장 좋은 방법은 뭐야?
- What's the best way to get him to do something?
  걔가 뭔가 하겠끔하는 최선의 방법은 뭐야?

106 What's the difference between A and B?

A와 B의 차이점이 뭐지?

- What's the difference between coffee and tea?
  커피와 티의 차이점이 뭐야?
- What's the difference between France and Germany?
  프랑스와 독일의 차이점은 뭐야?

107 What's the English word that means~ ?

…을 뜻하는 영어단어는 뭐야?

- What's the English word that means it's finished?
  끝났다고 뜻하는 영어단어는 뭐야?
- What's the English word that means I don't understand?
  이해못한다는 것을 뜻하는 영어단어는 뭐야?

108 What's the right way to say~ in English?

…을 제대로 된 영어로 어떻게 말해?

- What's the right way to say that I'm religious in English? 난 신앙인이라는 것을 영어로 어떻게 제대로 말해?
- What's the right way to say I need help in English?
  내가 도움이 필요하다는 것은 영어로 어떻게 제대로 말해?

109 When did I say S+V?

내가 언제 …라고 했어?

- When did I say you were boring?
  내가 언제 네가 지루하다고 했어?
- When did I say he cheated on you?
  내가 언제 걔가 너 몰래 바람핀다고 했어?

110 When did you find out~ ?

…을 언제 알게 됐어?

- When did you find out about this?
  언제 이거에 대해 알아냈어?
- When did you find out you had cancer?
  네가 암이라는걸 언제 알게 됐어?

111 When did you know~ ?

언제 …을 알게 됐어?

- When did you know he was a gay?
  걔가 게이라는걸 언제 알게 됐어?
- When did you know you'd marry your wife?
  넌 언제 네 아내와 결혼할거라는 걸 알게 됐어?

112 When did you last+V?

언제 …을 마지막으로 한거야?

- When did you last see Herb?
  언제 마지막으로 허브를 본거야?
- When did you last have sex?
  언제 마지막으로 섹스를 했어?

113 When did you say~ ?

언제 …한다고 했어?

- When did you say Nicole would be back?
  니콜이 언제 돌아올거라 했지?
- When did you say she got divorced?
  걔가 언제 이혼했다고 했지?

114 When did you start ~ing?

언제 …하기 시작했어?

- When did you start cooking the meal?
  언제 식사를 요리하기 시작했어?
- When did you stop smoking cigarettes?
  언제 금연했어?

115 When did you tell sb~ ?

언제 …한다고 말했어?

- When did you tell Randy he was fired?
  해고됐다고 언제 랜디에게 말했어?
- When did you tell your mom about your problem?
  네 문제에 대해 엄마에게 언제 말했어?

116 **When do you expect sb[sth] to+V?**

언제 …할 것 같아?

- When do you expect the men to **finish construction?**
  남자들이 집을 언제 다 지을 것 같아?
- When do you expect the president to **arrive?**
  언제 사장이 도착할거라 생각해?

117 **When do you have to~ ?**

언제 …을 해야 돼?

- When do you have to **go back to work?**
  넌 언제 일하러 돌아가야 돼?
- When do you have to **return to the office?**
  넌 언제 사무실로 돌아가야 돼?

118 **When do you think S+V?**

언제 …가 …할 것 같아?

- When do you think **she's gonna get here?**
  걔가 언제 집에 올 거 같아?
- When do you think **I can take Nina home?**
  내가 언제 니나를 집에 데려갈 수 있을 것 같아?

119 **When do you want to+V?**

언제 …을 하고 싶어?

- When do you want to **meet him?**
  넌 걔를 언제 만나기를 원해?
- When do you want me to **start?**
  내가 언제 출발하기를 바래?

120 When have you ever heard[seen]~ ?

언제 …라는 걸 들었[봤]어?

- When have you ever heard me admit that?
  내가 그걸 인정하는 걸 언제 들었어?
- When have you ever seen me take drugs?
  내가 약하는 걸 언제 봤어?

121 When I say, I (don't) mean

…라고 할 때 내 뜻은 …야(아냐)

- When I say I need money, I mean I'm looking for a job.
  내가 돈이 필요하다고 할 때 내 뜻은 일자리를 찾고 있었다는거야.
- When I say he's upset, I don't mean he wants to fight.
  걔가 화났다고 말할 때 걔가 싸울려고 한다는 뜻은 아냐.

122 When was the last time (that) ~?

마지막으로 …한 게 언제였죠?

- When was the last time a man your age asked you out? 네 나이 또래 남성이 너한테 데이트를 신청한 마지막 때가 언제였니?
- When was the last time you saw him?
  마지막으로 걜 본게 언제인가요?

123 When was your last~ ?

마지막으로 …한게 언제였어?

- When was your last dental check-up?
  마지막으로 이를 점검한게 언제였어?
- When was your last visit to the doctor?
  병원에 마지막으로 간게 언제였어?

124

When were you gonna tell ~?

언제 …을 말할려고 했어?

- When were you going to tell me this?
  언제 내게 이걸 말하려고 했어?
- When were you gonna tell me you were pregnant?
  너 임신했다고 언제 내게 말하려고 했어?

125

Whenever[Every time] S + V~, S + V

…할 때 마다 …하다

- Whenever she's under stress, she will make herself ill.
  걘 스트레스를 받을 때마다, 병을 앓아버려.
- Whenever I talk to Brad, he says nothing to me.
  브래드에게 말할 때마다 걘 아무 말도 안해.

126

When's the best time to+V?

언제가 …하기에 가장 좋은 때야?

- When's the best time to get started?
  언제가 시작하기에 가장 좋은 때야?
- When's the best time to visit the factory?
  언제가 공장을 방문하기에 가장 좋은 때야?

127

When's the first time S+V?

언제 처음으로 …했어?

- When's the first time you started to feel ill?
  언제 처음으로 몸이 아프기 시작한거야?
- When's the first time you met Winnie?
  언제 처음으로 위니를 만났어?

128 When's the last time S+V?

언제 마지막으로 …했어?

- When's the last time you saw your father?
  마지막으로 아버지를 본 게 언제야?
- When's the last time you were in Korea?
  네가 한국에 마지막으로 있던 때가 언제야?

129 Where am I supposed to~ ?

내가 어디서 …해야 돼?

- Where am I supposed to take my babies?
  내가 내 애기들을 어디로 데리고 가야 돼?
- Where am I supposed to make money?
  내가 어디서 돈을 벌어야 돼?

130 Where can I get~?

어디서 …을 살 수 있어?

- Where can I get tickets to see the show?
  이 공연의 관람티켓을 어디서 구해요?
- Where can I get a suit for the wedding?
  내가 어디서 결혼식에 입을 옷을 살 수 있을까?

131 Where do you think S+V?

어디서 …가 …할 것 같아?

- Where do you think we should start?
  어디부터 시작해야 돼?
- Where do you think she got that idea?
  걔가 그 생각을 어디서 얻었을 것 같아?

132

Where do you want to~ ?

어디서 …을 하고 싶어?

- Where do you want to put the tattoo?
  어디에 문신을 새기고 싶어?
- Where do you want to hold the ceremony?
  그 행사를 어디서 열기를 바래?

133

Where were you when~ ?

…할 때 넌 어디있었어?

- Where were you when Harold lost his job a year ago.
  해롤드가 일년 전에 실직했을 때 넌 어디있었어?
- Where was Jerry when you needed help?
  네가 도움이 필요했을 때 제리는 어디에 있었어?

134

Which is why~

그것이 바로 …이유야

- Which is why we don't hide anything.
  그래서 우리는 아무것도 숨기지 않아.
- Which is why my answer is yes!
  바로 그래서 내 대답은 예스야!

135

Which tells us~

그건 내게 …라고 말하는 것 같아

- Which tells us he's growing confident.
  그걸보니 걔의 자신감이 커져가고 있다는 것을 알 수 있어.
- Which tells me he knew exactly what he was doing.
  그걸보니 걔는 실력이 뛰어나다는 것을 알 수가 있어.

136 While you're at it, ~

그거 하는 김에…

- While you're at it, take the garbage outside.
  그것을 하는 김에 쓰레기를 밖에 내놔.
- While you're at it, double check the homework.
  그것을 하는 김에 숙제를 다시 한번 확인해봐.

137 Who am I supposed to~ ?

내가 누구를 …해야 돼?

- Who am I supposed to meet for lunch?
  내가 점심먹으러 누구를 만나야 돼?
- Who am I supposed to give a tour to?
  내가 누구에게 안내를 해줘야 돼?

138 Who are you to tell me ~ ?

네가 뭔데 나한테 …라고 말하는거야?

- Who are you to tell me I haven't been happy.
  네가 뭔데 내가 불행했다고 말하는거야?
- Who are you to tell me what to do?
  네가 뭔데 나더러 이래라 저래라 하는거야?

139 Who did you say S+V

누구를 …그랬어?

- Who did you say you were with again?
  너 누구와 함께 있었다고 그랬지?
- Who did you say we will meet?
  우리가 누구를 만날거라고 그랬지?

140

Who do you think S + V?

누가 …할거라고 생각해?

Who do you think +V하게 되면 네 생각에 누가 …한 것 같아?

- Who do you think you're talking to?
  내가 그렇게 바보처럼 보이냐?
- Who do you think stole my gold necklace?
  누가 내 금목걸이를 훔쳤다고 생각해?

141

Who do you want to~?

누구를 …하고 싶어?

- Who do you want to work with more?
  누구와 더 함께 일하고 싶어?
- Who do you want to invite to the party?
  파티에 누굴 초대하고 싶어?

142

Who said~?

누가 …라고 했어?

- Who said that I didn't like you?
  내가 널 좋아하지 않는다고 누가 그랬어?
- Who said I was rich? 내가 부자라고 누가 그랬어?

143

Who told you~ ?

누가 …라고 했어?

- Who told you it was my birthday?
  내 생일였다고 누가 말한거야?
- Who told you we had sex?
  우리가 섹스했다고 누가 그래?

144

Who would have thought~ ?

누가 …을 상상이나 했겠어?

- Who would have thought we'd lose the game?
  우리가 게임에서 질거라 누가 생각이나 했겠어?
- Who would have thought he'd succeed?
  걔가 성공하리라고 누가 생각이나 했겠어?

145

Why did you tell me ~ ?

왜 …라고 했어?

- Why did you tell me this now?
  넌 왜 내게 이걸 말하는거야?
- Why did you tell me I was gonna be a father?
  넌 왜 내가 아버지가 될거라고 말했어?

146

Why did you want to~?

왜 …을 하고 싶어했어?

- Why did you want to have lunch?
  넌 왜 점심을 먹고 싶어했어?
- Why did you have to act like that?
  넌 왜 그렇게 행동하고 싶어했어?

147

Why didn't you say~?

왜 …라고 말하지 않았어?

- Why didn't you say you were leaving?
  넌 왜 간다고 말하지 않은거야?
- Why didn't you say that to him?
  왜 그걸 걔한테 말하지 않았어?

148 **Why didn't you tell me ~?**

왜 …라고 말하지 않았어?

- Why didn't you tell me you loved me?
  왜 내게 날 사랑한다고 말하지 않았어?
- Why didn't you tell me they were here?
  넌 왜 걔네들이 여기 있다는걸 말하지 않았어?

149 **Why do you care what~?**

…을 왜 신경써?

- Why do you care what other people think?
  다른 사람이 무슨 생각이든 왜 상관해?
- Why do you care what I think?
  내가 뭘 생각하든지 네가 왜 신경 써?

150 **Why do you think ~?**

왜 …라고 생각해?

- Why do you think he's back? 왜 걔가 돌아왔다고 생각해?
- Why do you think everybody uses them?
  왜 모두들 그것들을 이용한다고 생각해?

151 **Why do you want to+V?**

왜 …하고 싶은거야?

Why do you have to+V?하게 되면 왜 …을 해야 만 하는데?

- Why do you want to take me upstairs?
  왜 나를 위층으로 데려가고 싶은거야?
- Why do you have to make things so complicated?
  너는 왜 일을 더 복잡하게 만들어야 하는데?

A-D | E-H | I-K | L-T | W-Y

152 Why don't we go ~?

같이 …하러 가는 게 어때?

- Why don't we go down to the bar?
  우리 바로 같이 가자.
- Why don't we go downtown and go window shopping?
  시내에 가서 윈도우 쇼핑을 하자.

153 Why don't we start~ ?

…을 시작하자

- Why don't we start fixing up the house?
  집을 수리하기 시작하자.
- Why don't we start saving money?
  돈을 모으기 시작하자.

154 Why don't we~?

…하자

- Why don't we have lunch?
  우리 점심 먹을까?
- Why don't we just wait and see what Will has to say?
  윌이 뭐라 말할지 지켜보자고.

155 Why don't you ~?

…하는 게 어때?

- Why don't you try it on?
  그거 입어봐.
- Why don't you give him a call?
  걔에게 전화해봐

156 **Why don't you go~ ?**

…가는게 어때?

- Why don't you go by train?
  기차를 타고 가렴.
- Why don't you go inside and get the party started?
  들어가서 파티를 시작해.

157 **Why is it taking so long to+V?**

…하는데 왜 그렇게 시간이 오래 걸려?

- Why is it taking so long to find the guilty person?
  죄가 있는 사람을 찾는데 왜 그렇게 시간이 오래 걸려?
- Why is it taking so long to start a romance?
  연애를 시작하는데 왜 그렇게 시간이 오래 걸려?

158 **Why not+V ?**

…하는게 어때?

- Why not bring her to a hospital?
  걔를 병원에 데려가는게 어때?
- Why wait all this time? Why not tell me then?
  왜 마냥 기다리고 있는거야? 그냥 내게 말해봐.

159 **Why would I~?**

내가 왜 …하겠어?

- Why would I be mad at you?
  내가 왜 너한테 화를 내겠어?
- And why would I want to do that?
  그리고 내가 왜 그렇게 하기를 원하겠어?

160 Why would you say+N?

왜 …라고 얘기를 하는거야?

- Why would you say such a thing?
  넌 왜 그런 얘기를 하려는거야?
- Why would you say that to me?
  넌 왜 내게 그렇게 말하는거야?

161 Why would you say S+V?

왜 …소리를 해?

- Why would you say you are losing your mind?
  네가 제 정신이 아니라고 왜 말하는거야?
- Why would you say he acted foolishly?
  걔가 왜 어리석게 행동했다고 말하는거야?

162 Will you be able to + V?

…할 수 있겠어?

- Will you be able to come? 올 수 있어요?
- Will you be able to work overtime when we have a big job? 우리가 아주 중요한 일을 하게 되면 야근할 수 있어?

163 Would it be okay if~ ?

…한다면 괜찮을까?

- Would it be okay if I came in and waited?
  내가 들어와서 기다려도 돼?
- Would it be okay if I just let him know I was waiting?
  내가 기다리고 있다는 걸 걔한테 알려줘도 괜찮겠어?

164 **Would you believe it if I said S+V?**

내가 …라고 말한다면 믿겠어?

- Would you believe it if I said she and I had dated?
  걔와 내가 데이트를 했다고 하면 믿겠어?
- Would you believe it if I said that I was famous a long time ago? 오래전에는 내가 유명했었다고 말한다면 믿겠어?

165 **Would you care for~ ?**

…을 들래?, …을 원해?

- Would you care for some coffee now?
  이제 커피 좀 들래?
- Would you care for some breakfast? An omelet?
  아침 좀 먹을래? 오믈렛?

166 **Would you care to~ ?**

…을 할래?

- Would you care to be a little more specific?
  좀 더 구체적으로 말해줄래?
- Would you care to dance with me? 나와 함께 춤을 출래?

167 **Would you feel better if~?**

…하면 기분이 더 좋아지겠어?

- Would you feel better if you lie down for a while?
  잠시 누워있으면 기분이 더 나아지겠어?
- Would you feel better if you talk about your problems?
  네 문제들에 대해 얘기하면 기분이 더 좋아지겠어?

168 Would you like me to~?

내가 …을 할까?

- Would you like me to close the window?
  창문 내가 닫을까?
- Would you like me to go over it again with you?
  다시 얘기해 드려요?

169 Would you like to ~?

…할래?

- Would you like to come home with me?
  나와 집에 함께 갈까?
- Would you like to go out with me sometime?
  언제 한번 나랑 데이트 할래?

170 Would you mind ~ing?

…하면 안될까?

- Would you mind joining us for a second?
  잠시 우리와 함께 하면 안될까?
- Would you mind waiting just a second?
  잠시 기다리면 안될까?

171 Would you mind if~ ?

…하면 안될까?

- Would you mind if I join you for a brief second?
  잠시 너와 함께 하면 안될까?
- Would you mind if I borrow your cell phone?
  네 핸드폰을 빌리면 안될까?

172 Wouldn't you rather + V~, instead of ~ing?

…하는 대신 ~하는게 좋지 않을까?

- Wouldn't you rather be free instead of being unhappy?
  불행해지는 대신 자유로운게 좋지 않을까?
- Wouldn't you rather start a business instead of working for someone else?
  다른 사람 밑에서 일하느니 사업을 시작하는게 좋지 않을까?

173 Wouldn't it be better to~ ?

…하는게 더 낫지 않을까?

- Wouldn't it be better to keep it covered up for a while?
  잠시 그걸 비밀에 부치는 게 더 낫지 않을까?
- I was thinking, wouldn't it be better if the staff wore uniforms? 생각해봤는데, 직원들은 유니폼을 입는 게 더 낫지 않을까?

174 Wouldn't you agree~ ?

…에 동의하지 않을래?

- Wouldn't you agree that we should change this?
  우리가 이걸 바꿔야 한다는 데에 동의하지 않을래?
- Wouldn't you agree he needs our help?
  걔가 우리의 도움을 필요로 하고 있다는 데에 동의하지 않을래?

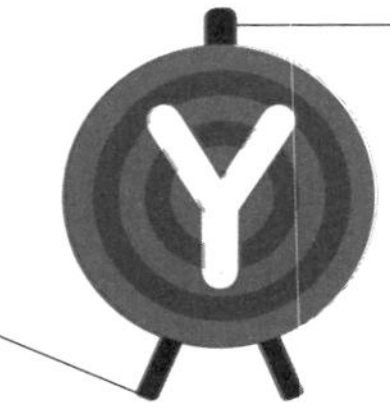

001

You act like~

넌 …처럼 행동해

- You act like he is already dead.
  이미 돌아가신 것처럼 행동하네.
- You're acting like a spoiled child.
  너 버릇없는 아이처럼 행동하는구나.

002

You are going to have to ~

…해야 할거야

- You're going to have to introduce me to your new girlfriend. 너 새로운 여친 내게 소개시켜 줘야 돼.
- This is your mistake. You're going to have to fix it yourself. 네 실수야. 스스로 고쳐야 돼.

003

You better believe S+V

정말이지 …해

- You better believe I want a raise.
  정말이지 급여인상을 원해.
- You better believe he ran away.
  정신없이 도망쳤어.

004 **You can't help but + V**

…하지 않을 수 없어

- You can't help but break the law, can you?
  불법을 저지를 수밖에 없지, 그렇지?
- You can't help but smile when you hear that song.
  그 노래를 들으면 미소를 짓지 않을 수가 없어.

005 **You can't believe how~**

얼마나 …하는지 모를거야

- You can't believe how sorry I am. 뭐라 사과해야 할지 모르겠어.
- You can't believe how mad Chris was.
  크리스가 얼마나 화를 냈는지 믿지 못할거야.

006 **You can't say that~**

…라 말하지마

- You can't say it's fine. He doesn't perceive sarcasm or irony. 괜찮다고 말하지마. 걘 비꼬는거나 아이러니를 인지하지 못해.
- You can say that it's really soaked.
  흠뻑 젖어 있다고 할 수 있겠네.

007 **You can't say S+V, just because~**

단지 …하단 이유로 …라고 말하면 안돼

- You can't say you are a genius just because of your test score. 네 시험성적으로 네가 천재라고 말하면 안돼.
- You can't say Chris is a jerk, just because he doesn't like you. 크리스가 널 좋아하지 않는다고 걔를 멍청이라고 부르면 안돼.

008 You could put it that way, but~

그렇게 표현할 수도 있겠지만, …

- You could put it that way, but no one would agree.
  그렇게 말할 수도 있겠지만 아무도 동의하지 않을거야.
- You could put it that way, but I would rephrase it.
  그렇게 말할 수도 있겠지만 나 같으면 달리 표현하겠어.

009 You deserve to + V

넌 …할 만해

- I get that you're mad. You deserve to be mad.
  너 화난 것을 이해해. 너는 화가 날 만해.
- You deserve to be happy. And so do I.
  넌 행복할 자격이 돼. 나도 그렇고.

010 You didn't tell me S + V

넌 …라고 말하지 않았어

You didn't tell me[say]~, did you?

- You didn't tell me you went to the hospital.
  넌 병문안 간다고 내게 말하지 않았어.
- You didn't tell me this store sells diamond rings.
  이 가게에서 다이아 반지 판다는 이야기를 내게 안했어.

011 You don't believe~

넌 …을 믿지 않아

- You don't believe we're one in the universe?
  넌 우리가 우주안의 존재라는 걸 믿지 않아?
- You don't believe in miracles? 넌 기적을 믿지 않는구나?

012

You don't have to worry about~

…걱정 안해도 돼

- You don't have to worry about a thing.
  걱정 할 필요 전혀 없어.
- You don't have to worry about him cheating.
  걔가 바람피는거 걱정안해도 돼.

013

You don't know what it's like to~

…하는게 어떤 건지 넌 몰라

- You don't know what it's like to be out of work.
  넌 실직하는게 어떤 건지 몰라.
- You don't know what it's like to live away from your family for years. 그렇게 오랫동안 가족과 떨어져 산다는 게 어떤 건지 넌 몰라.

014

You don't look like S+V

…처럼 보이지 않아

- You don't look like it's okay.
  괜찮아 보이지 않아.
- You don't look like you have good news.
  넌 좋은 소식이 있는 것처럼 보이지 않아.

015

You don't mean to say that S+V

진심으로 …라 하는 건 아니지

- You don't mean to say that the boss is sick?
  사장이 아프다는 말은 아니지?
- You don't mean to say that Becky quit?
  베키가 그만둔다는 말은 아니지?

016 You don't want me to~

내가 …하는게 싫구나

- You don't want me to move back to Vermont, do you?
  넌 내가 버몬트로 돌아가길 바라지 않는구나, 그지?
- You don't want me to see him, so I'll leave him alone.
  넌 내가 걜를 만나는 걸 싫어하니 내가 걜를 만나지 않을게.

017 You don't want to + V

…해선 안될 것 같은데요

- You don't want to ask anybody anything.
  누구에게도 아무런 질문을 하지 않는게 좋아.
- You don't want to play this game with me.
  나랑 이 게임을 하지 않는게 나아.

018 You forgot that[what] S+V?

…을 잊었어?

- You forgot that you had that suit?
  저 정장이 있다는 걸 잊었다고?
- You forgot what you're thinking?
  네가 뭘 생각하는지 잊었다고?

019 You forgot to mention~

…는 말하지 않았잖아

- You forgot to mention where you come from.
  넌 출신이 어디라고 말하지 않았어.
- You forgot to mention she doesn't live here.
  걘는 여기에 살지 않는다고 말하지 않았어.

020 **You have every reason to ~**

네가 …하는 것은 당연해

- You have every reason to **be angry with me.**
  내게 화를 내도 할 말이 없다.
- You have every reason to **be upset. We did lie.**
  넌 화를 낼 만도 해. 우리가 거짓말을 했어.

021 **You have no chance of ~**

넌 …할 가능성이 없어

- You have no chance of **getting promoted.**
  넌 승진할 가능성이 없어.
- You have no chance of **finding a boyfriend.**
  넌 남친을 찾을 가능성이 없어.

022 **You have no idea~**

넌 …을 몰라

- You have no idea **how much I miss you.**
  내가 얼마나 너를 보고 싶어하는지 모르는구나.
- You have no idea **who I'm talking about.**
  넌 내가 누구에 대해 얘기하는지도 모르는구나.

023 **You have to remember S+V**

…을 기억해야 돼

- You have to remember **that he is immature.**
  걔가 미성숙하다는 걸 기억해둬야 돼.
- You have to remember **I just got here.**
  난 방금 여기 왔다는 걸 기억해둬.

024 You know how ~

…가 어떤지 알잖아

- You know how rich people stay rich? They are cheap.
  부자들이 어떻게 계속 부자인 줄 알아? 구두쇠라고.
- You know how to change her mind.
  어떻게 해야 걔 마음을 바꿀 수 있는지 알고 있지.

025 You know what got me through~?

내가 …을 어떻게 극복했는지 알지?

- And you know what got me through it?
  내가 그것을 극복하게 해주도록 한게 뭔지 알아?
- You know what got me through my most difficult part of my life? 내가 내 인생의 최대 힘든 시기를 어떻게 극복했는지 알아?

026 You look like S+V

…한 것 같아

- You look like you've had a long day.
  아주 힘든 하루를 보낸 것 같아.
- You look like you're comfortable.
  너 아주 편해 보여.

027 You made it sound like~

넌 …라고 얘기하는 것 같았어

- You make it sound like we are criminals.
  넌 우리가 범죄자인 것처럼 얘기하는 것 같아.
- You make it sound like they hate us.
  넌 걔네들이 우리를 싫어하는 것처럼 얘기하는 것 같아.

028 You make me feel~

넌 나를 …하게 만들어

- You make me feel special.
  넌 날 특별하다고 생각하게 해줘.
- You make me feel like a loser.
  너 나를 바보로 만드는 구나.

029 You may be right, but~

네가 맞을 수도 있지만, …

- You may be right, but you'll have to prove it.
  네가 맞을 수도 있지만 넌 그걸 증명해야 돼.
- You may be right, but we need you to explain it.
  네가 맞을 수도 있지만 우리는 네가 그걸 설명하기를 바래.

030 You may not want to~

…하지 않는게 좋겠어

- You may not want to be here for this.
  넌 이것 때문에 여기 있고 싶어하면 안돼.
- You may not want to try skydiving.
  스카이 다이빙을 시도해보지 않는게 좋겠어.

031 You mean ~?

그러니까 네 말은 …라는거니?

- You mean she's married?
  그 여자가 유부녀란 말이야?
- You mean you told her everything?
  너 걔한테 다 얘기했단 말이야?

032 You need to~

넌 …을 해야 돼

- You need to get some sleep.
  넌 잠을 좀 자야 돼.
- You need to give him money.
  넌 걔한테 돈을 줘야 돼.

033 You never heard me say that~ ?

내가 …라고 말하는거 못들어봤어?

- You never heard me say that he had died?
  걔가 죽었다고 내가 한 말 못들었어?
- You never heard me say that we were moving?
  우리 이사간다고 내가 한 말 못들었어?

034 You never know what~

어떻게 …할지 아무도 몰라

- You never know what could happen.
  무슨 일이 일어날 지 모르는 거야.
- You never know what you need until you find it.
  원하는 걸 발견할 때까지는 뭘 원하는 지 모르잖아.

035 You never told me ~

넌 절대로 …에 관해 말한 적이 없어

- You never told me what you got for your birthday.
  생일선물로 뭘 갖고 싶은지 내게 말하지 않았어.
- You never told me about your trip to the fortune teller.
  너 점쟁이 만나고 온 이야기 내게 말하지 않았어.

036 **You remember sb ~ing?**

…가 …한거 기억나?

- You remember me **telling you that joke, right?**
  내가 너한테 그 조크한 거 기억해, 응?
- You remember Mary **traveling to Tokyo?**
  메리가 도쿄로 여행을 한게 기억나?

037 **You remember what~?**

…인지 기억나?

- You remember what **that is?**
  그게 뭔지 기억나?
- You remember what **I told you?**
  내가 네게 뭐라고 했는지 기억나?

038 **You remember~ ?**

…가 기억나?

- You remember **that?**
  그게 기억나?
- You remember **the last time you were here?**
  네가 마지막으로 여기 있던 때가 기억나?

039 **You said ~**

너 …라고 했잖아

- You said **you're happy with the way things are.**
  일 돌아가는 것이 맘에 든다고 했어.
- You said **you need more friends. What does that mean?**
  친구가 더 필요하다고 했는데 그게 무슨 말이야?

A-D E-H I-K L-T W-Y

040 You said you wanted~

…원한다고 말했다며

- You said you wanted a new manager.
  새로운 매니저를 원했다며.
- You said you wanted to go to the park today.
  넌 오늘 공원에 가고 싶다고 했잖아.

041 You say~

네 말은 …하다는거지

- You say you got a case of hives for no reason.
  아무런 이유없이 두드러기가 생겼단 말이지.
- You say that you like girls lying on the beach?
  해변에 누워있는 여자들이 좋다는거지.

042 You told me that S+V

…라고 말했잖아

- You told me that you didn't like John.
  존을 싫어한다고 내게 말했잖아.
- You told me it was safe.
  넌 그건 안전하다고 했잖아.

043 You told me to~

…라고 말했잖아

- You told me to get a life, remember?
  나보고 제대로 살라고 했지, 기억해?
- You told me to trust you.
  넌 너를 믿으라고 했잖아.

044
You told me[said]~ didn't you?

너 …라고 말했잖아, 그렇지 않아?

- You told me your father visited, didn't you?
  네 아빠가 방문하셨다고 말했잖아, 그렇지 않아?
- You told me you made a lot of money, didn't you?
  돈을 많이 벌었다고 했잖아, 그렇지 않아?

045
You won't believe this, but~

믿기지 않겠지만, …

- You won't believe this, but I won the lottery.
  믿기지 않겠지만 내가 로또에 당첨됐어.
- You won't believe this, but I saw a ghost.
  믿기지 않겠지만 유령을 봤어.

046
You would think S+V

…라고 생각하고 싶겠지

실은 그렇지 않은 경우에 쓰면 된다.

- You would think that Jack would help us.
  넌 잭이 우리를 도울거라 생각했겠지.
- You would think the concierge would be polite.
  넌 관리인이 친절할거라 생각하겠지.

047
You wouldn't believe ~

…을 믿지 않을거야

- You wouldn't believe what he told me.
  걔가 내게 무슨 말을 했는지 믿을 수 없을거야.
- You wouldn't believe the number of hours I put in.
  내가 얼마나 많은 시간을 쏟아부었는지 넌 믿지 못할거야.

048 You wouldn't believe what I ~

내가 뭘 …했는지 믿을 수 없을거야

- You wouldn't believe what I saw on the beach.
  내가 해변가에서 뭘 봤는지 너는 믿지 못할거야.
- You wouldn't believe what I bought.
  내가 뭘 샀는지 너는 믿지 못할거야.

049 You'll be surprised when ~

…하면 깜짝 놀랄거야

- You'll be surprised when you see Brandy again.
  네가 브랜디를 다시 보게 되면 깜짝 놀랄거야.
- You'll be surprised when you meet your blind date.
  네 소개팅 상대를 만나게 되면 깜짝 놀랄거야.

050 You're probably right, but ~

아마 네 말이 맞겠지만, …

- You're probably right, but I couldn't find any evidence.
  네 말이 맞을 수도 있지만 어떤 증거도 찾지 못하겠어.
- You're probably right, but it will take time to convince her. 네 말이 맞을 수도 있지만 걔를 설득하는데 시간이 걸릴거야.

051 You'll be sorry if~

…하면 후회하게 될거야

- You'll be sorry if you don't earn a larger salary.
  네가 많은 급여를 받지 못하면 후회하게 될거야.
- You'll be sorry if you don't start preparing.
  준비하기 시작하지 않으면 후회하게 될거야.

052
You'll never forget~

넌 절대로 …을 잊지 못할거야

- You'll never forget falling in love.
  넌 사랑에 빠졌던 것을 절대로 잊지 못할거야.
- You'll never forget what he said.
  걔가 말한 것을 넌 절대로 잊지 못할거야.

053
You'll see that~

…을 알게 될거야

- You'll see that this goes on and on and on.
  이런 것들이 계속되는걸 알게 될거야.
- You'll see that it's just the two of us.
  단지 우리 둘만이라는 것을 알게 될거야.

054
You're a part of~

넌 …와 관련되어 있어, …의 일원이야

- You're a part of the group that caused these problems.
  넌 이 문제들을 야기한 집단의 일원이야.
- You're a part of the most successful basketball team.
  넌 가장 성공한 야구팀의 일원이야.

055
You're just saying that to+V

괜히 …라고 말하는거지

- You're just saying that to make me feel better.
  나 기분 좋으라고 하는 말이지.
- You're just saying that to confuse me.
  괜히 날 혼란하게 하려고 하는 말이지.

056 You're not allowed to~

…하면 안돼

- You're not allowed to smoke in this office.
  이 사무실에서 흡연하면 안돼.
- You're not allowed to yell at each other.
  서로 소리를 지르면 안돼.

057 You're not gonna believe~

넌 …가 믿어지지 않을거야

- You're not gonna believe this. Check this out.
  너 이거 믿어지지 않을거야. 자 봐봐.
- You're not gonna believe what my agent just told me!
  내 에이전트가 뭐라고 했는지 믿어지지 않을거야!

058 You're not supposed to~

…하면 안돼

- You're not supposed to hit on your teacher.
  선생을 유혹하면 안돼지.
- You're not supposed to be gossiping!
  넌 뒷담화를 하면 안돼!

059 You're right except~

…만 빼고 네 말이 맞아

- You're right except there is still more we need to do.
  우리가 해야 할 일이 더 많다는 점만 빼고 네 말이 맞아.
- You're right except we might have to do it again.
  우리가 그걸 다시 해야 될지도 모른다는 점만 빼고 네 말이 맞아.

060 You're right in saying~

…라는 네 말이 맞아

- You're right in saying we need more free time.
  우리는 좀 더 많은 자유시간이 필요하다는 네 말이 맞아.
- You're right in saying Frasier is very funny.
  프레이저는 무척 웃긴다는 네 말은 맞아.

061 You're right in the sense that~

…라는 점에서 네 말이 맞아

- You're right in the sense that the future is uncertain.
  미래가 불확실하다는 점은 네 말이 맞아.
- You're right in the sense that I need a drink.
  내가 술이 더 필요하다는 점에서 네 말이 맞아.

062 You're right when you say[said]~

…라고 말했을 때 네 말이 맞아

- You're right when you say the cops are upset.
  경찰들이 화났다고 한 네 말은 맞아.
- You're right when you say the teacher is very strict.
  선생님이 매우 깐깐하다고 한 네 말이 맞아.

063 You're saying~

…라는 말이지

- You're saying you need to take a day off.
  하루 쉬어야 된다는 말이지.
- You're saying you don't know anything about this?
  너 이거에 대해 아무것도 모른다는 말이지?

064 You're telling me that~ ?

…라고 말하는거야?

- You're telling me that doesn't bother you?
  그게 신경쓰이지 않는다는 말이야?
- You're telling me you didn't try to hit him?
  넌 걔를 치려고 하지 않았다는 말이야?

065 You're welcome to + V

…해도 좋다, …하고 싶으면 해라

- You're welcome to come in and look around.
  어서 들어와 둘러봐라.
- You're welcome to stay as long as you'd like.
  원하는 만큼 머물러도 된다.

066 You're wrong in saying~

…라는 네 말은 틀려

- You're wrong in saying that Shelia will forgive you.
  쉴라가 너를 용서할거라는 네 말은 틀려.
- You're wrong in saying that this is not important.
  이건 중요하지 않다는 네 말은 틀려.

067 You're wrong to~

…하는 것은 네가 틀렸어

- You're wrong to worry so much over this.
  이거로 너무 많이 걱정하는 것은 네가 틀렸어.
- You're wrong to complain to the boss so much.
  사장에게 그렇게 많이 불평하는 것은 네가 틀렸어.

068 **~ is a time when**

(날짜/명절)은 ~의 시기야

- Christmas is a time when families get together.
  성탄절은 가족들이 함께 모이는 때야.
- Summer is a time when we head to the beaches.
  여름은 사람들이 해변가로 몰려가는 때야.

069 **~ I've ever heard**

내가 들어본 것 중에서 …

- That was the worst plan I've ever heard!
  내 여짓껏 들어본 계획 중에서 최악였어.
- That's the creepiest thing I've ever heard.
  내가 들어본 것 중에서 가장 기이한거야.

070 **~ like I was saying**

내가 말했듯이 …

As I was saying 내가 말한 것처럼

- Like I was saying, I hate putting people out of work.
  내가 말했듯이, 난 사람들을 자르는게 싫어.
- As I was saying, we were both painting and tired
  내가 말했듯이, 우리는 그림을 그리다가 지쳤어.

072 **~than ever before**

그 어느 때 보다도 더 …한

- My dad is fatter than ever before.
  아버지는 그 어느 때보다도 뚱뚱하셔.
- Our students are smarter than ever before.
  우리 학생들은 그 어느 때보다 더 똑똑해.

CHECK IT OUT! 문장속에서 확인해보기!

A: Let's go out to dinner tonight.
B: That sounds good. Where should we go?
A: **Why don't we** try that new Italian place?

A: 오늘 저녁, 외식하자.
B: 좋아. 그런데 어디로 가지?
A: 새로 생긴 이탈리아 식당 어때?

★ 새로운 음식을 시도해볼 때는 try+음식명사, 새로운 옷을 입어볼 때는 try ~on을 쓰면 된다.

A: **What do you think about** the new office manager?
B: He's a nice guy, very friendly and easy-going.
A: Gee, that's great. It's difficult to work for uptight bosses.

A: 새로 온 상사 어때요?
B: 좋은 분이죠. 정도 많고 털털해요.
A: 와, 잘 됐네요. 깐깐한 상사 모시기가 얼마나 힘든데요.

★ easy-going (person)은 합리적인 사람으로 일하기 편한 사람이라는 뜻으로 uptight와 반대되는 표현이다.

A: So, what do you do for a living?
B: Right now I'm between jobs.
A: I see. **What was** your last job?

A: 그럼, 직업이 뭐야?
B: 지금은 백수야.
A: 아, 그래. 전엔 무슨 일 했었는데?

★ 직업이 뭐냐고 물어볼 때는 What do you do? 혹 더 분명히 하고자 할 때는 What do you do for a living?이라고 한다.

A: **Would you like to** go out to lunch with me?
B: Sure. Would you like to eat at McDonald's?
A: No, let's go to a fancy restaurant. It's my treat.

A: 나랑 점심 먹으러 나갈래?
B: 그래. 맥도날즈에서 먹을래?
A: 아니, 고급 레스토랑에 가자. 내가 쏠게.

★
내가 낸다고 할 때는 It's my treat, It's on me라고 하면 된다.

A: So, are you coming camping with us again this year?
B: Of course, I will be there!
A: **You must remember to** bring insect repellent this time!

A: 올해도 우리와 캠프 같이 가는 거죠?
B: 꼭 가죠!
A: 이번에는 벌레약 꼭 가지고 와야 돼요!

★
be there은 go, be here는 come의 의미로 구어체에서는 많이 쓰인다.

A: **When was the last time** you saw him alive?
B: I'm sorry?
A: When did you see him last?

A: 생전에 그를 마지막으로 본 게 언제였죠?
B: 뭐라구요? A: 마지막으로 그를 본 게 언제냐구요?

★
상대방에게 다시 말해달라고 할 때는 I'm sorry?, Excuse me? 그리고 Come again? 등이 있다.